21世纪教育研究院
21st Century Education Research Institute

乡村教育新观察

中国乡村教育发展报告

（2021）

China Rural Education Development Report（2021）

主编／黄胜利

副主编／刘胡权　赵宏智　李成越

社会科学文献出版社
SOCIAL SCIENCES ACADEMIC PRESS（CHINA）

本书系广东省时代公益基金会资助出版，内容并不代表广东省时代公益基金会立场。本书研究活动的组织、协调由 21 世纪教育研究院负责。

本书涉及的大量统计和调查数据，由于来源不同、口径不同、调查时点不同，可能存在不一致的情况，请在引用时认真核对。

主编简介

    黄胜利 21 世纪教育研究院执行院长，"教育蓝皮书"副主编，统筹"2020：中国教育改革方略"、LIFE 教育创新峰会、区域教育创新共同体等多个重大课题及项目，长期关注教育公平、教育创新、非营利组织发展等领域，曾在中央级媒体从事记者工作多年。

摘　要

　　进入 21 世纪以来，尤其是最近 10 年，教育改革和发展进入了快车道，发展的速度和成效举世瞩目。中国基础教育的重中之重和短板在农村。经过多年的努力，我国脱贫攻坚战取得了全面胜利。通过实施一系列教育脱贫攻坚战略举措，推动贫困地区教育面貌发生格局性变化，为阻断贫困代际传递奠定了坚实基础。在我国义务教育、高中阶段教育基本普及，高等教育已经进入大众化阶段之后，要了解农村教育的下一步如何发展，需要厘清"后普及教育阶段"农村教育面临的新情况和新问题。

　　2020 年初受新冠肺炎疫情影响，全国大中小学开学推迟，教学活动改为在线教学，推动了在线教育用户数量快速增加。研究发现，中西部农村学生在线学习经验较少，大部分中西部农村学生在在线学习中将手机作为终端设备，家长陪伴成为在线服务支持的重要力量，但仍有超过 40% 的学生无陪伴或偶有陪伴，七成农村家长愿意为优质在线教育资源付费。

　　乡村教师职前职后一体化定向培养应从面向偏远乡村或邻近区域定向培养乡村免费师范生、强化师范生的在地认同以及创新考核方式方面采取相应的策略，以提升乡村教师定向培养的实效性。乡村教师是否具备"互联网＋教学"胜任力，是教育信息化时代能否确保教学质量提升的关键。

　　在国家脱贫攻坚取得全面胜利之后，乡村教育将面临更深层次的改革，亟须从教育扶贫转向教育现代化。乡村小规模学校改革亟须从扶贫思路转向教育现代化思路，真正树立以儿童为中心的教育观念，从资源支持走向系统变革，建立现代学校制度，明确政校关系，形成教师、家长、学生、社区、教育专家共同管理学校的治理结构。

当前，许多地区、乡村及学校做了诸多因地制宜、力所能及的探索与实践，其中不乏创新之举，值得学习借鉴。浙江缙云县基于区域教育实际，提出"从孩子真实生活出发"的乡村小规模学校建设思路，为我国乡村小规模学校的发展提供了可资借鉴及学习的区域经验，有其重要的意义及价值。

破解西部学前教育难题，需要把西部村级学前教育纳入基本公共服务、政府为西部地区村级幼儿园发展提供经费保障、充分鼓励和动员社会力量参与等。

在乡村振兴战略实施所带来的人才、技术与文化机遇面前，我国农村中等职业教育需通过如下路径突破当前发展藩篱、助推乡村振兴进程：城乡融合，助力农村生计恢复力提升；明确定位，提升农村中等职业教育吸引力；扩容提质，探索农村中等职业教育新模式。

面向2035，发展乡村音体美教育需要加强考核评价，重塑育人观念；完善制度设计，缓解师资短缺；加强教师教育，提高专业能力；发挥区域优势，挖掘乡土资源；打通各维边界，促进各类资源的深度融合。

进入"十四五"时期，面对新形势新变化，乡村教育发展需进行顶层设计、系统规划，继续完善学前教育发展、小规模学校和寄宿制学校建设、教师队伍建设和乡村儿童关爱教养体系等方面的政策。

关键词： 农村教育　乡村振兴　在线教学　小规模学校　农村中等职业教育　乡村音体美教育

目　录

总报告

政策综述

特别关注

探索与创新

观察与反思

附　录

总报告

后普及阶段农村教育的发展和改革

杨东平[*]

摘　要： 2020 年是中国历史上非常特殊且重要的一年，我国取得了农村全面脱贫的胜利成果，全面完成了"十三五"规划的各项目标，而农村教育也取得了脱贫攻坚、"全面改薄"等成就，进入了教育的"后普及阶段"。在此阶段，中国农村教育仍面临着城挤乡空、大班额、寄宿制学校和小规模学校存在短板、留守儿童和流动儿童教育保障不完善、区域间教育不均衡、中等职业教育发展滞后以及农村教师队伍不稳定、保障差等系列问题。本文建议，应该以乡村教育振兴作为乡村振兴的基础和核心，实施面向农村学生的素质教育，以教育为抓手实现乡村文化和乡村社会的恢复重建。

关键词： 教育改革　教育扶贫　教育普及

一　教育扶贫攻坚的历史性成果

（一）教育发展的重大成效

进入 21 世纪以来，尤其是最近 10 年，教育改革和发展进入了快车道，

---

* 杨东平，国家教育咨询委员会委员，21 世纪教育研究院理事长。

发展速度和改革成效举世瞩目。

全国财政性教育经费连续实现"三个增长"，并从 2012 年起保持教育投入占 GDP 的比例在 4% 以上。2015 年，国务院发出《国务院关于进一步完善城乡义务教育经费保障机制的通知》，建立城乡统一、重在农村的义务教育经费保障机制。2019 年国家财政性教育经费为 40049 亿元，比上年增长 8.25%，占当年 GDP 的比重达 4.04%①，比 2009 年增长了 227%。

2019 年，全国学前三年毛入园率达到 83.4%，提前实现《国家中长期教育改革与发展规划纲要（2010—2020 年）》（以下简称《规划纲要》）提出的"基本普及"的发展目标；义务教育巩固率达到 94.8%，在 2020 年能如期实现其设定的 95% 的目标；高中阶段教育毛入学率达到 89.5%，接近实现《规划纲要》设定的 90% 目标；高等教育毛入学率达到 51.6%，提前迈入普及化阶段，超过《规划纲要》设定的 40% 目标 11.6 个百分点，为各项指标中超出最高项。《特殊教育提升计划（2014—2016 年）》实施后，盲、聋、智力残疾三类残疾学生义务教育入学率已达到 90% 以上。②

中国人力资源水平 2018 年相当于 OECD（经合组织）国家平均水平的 90.9%，比 2009 年的 82.3% 提高了 8.6 个百分点。③ 2019 年新增劳动力平均受教育年限为 13.71 年，提前超额实现 2010 年《规划纲要》设定的 13.5 年目标。2019 年新增劳动力受过高中阶段及以上教育的比例是 92.4%，比 2009 年增长了 25.4 个百分点，提前超额实现《规划纲要》设定的 90.0% 的目标。2020 年中国人力资源水平已接近 OECD 国家平均水平。④

（二）农村教育脱贫攻坚的成就

中国基础教育的重中之重和短板在农村。21 世纪以来，国家一直把脱

---

① 教育部：《2019 年全国教育经费执行情况统计快报》，2020 年 6 月 12 日。
② 国务院新闻办公室：《教育部举行教育 2020 "收官"系列新闻发布会（第一场）》，2020 年 12 月 1 日。
③ 人力资源水平根据人口数量、人口素质、人才竞争力、支持能力、贡献能力五个维度指标数值来评估。
④ 国务院新闻办公室：《教育部举行教育 2020 "收官"系列新闻发布会（第一场）》，2020 年 12 月 1 日。

贫攻坚摆在治国理政的突出位置。经过多年的努力，我国脱贫攻坚战取得了全面胜利。在现行标准下，9899 万名农村贫困人口全部脱贫，832 个贫困县全部摘帽，12.8 万个贫困村全部出列，区域性整体贫困得以解决，完成了消除绝对贫困的艰巨任务。① 通过实施一系列教育脱贫攻坚战略举措，推动贫困地区教育面貌发生格局性变化，为阻断贫困代际传递奠定了坚实基础。其显著的成果，是贫困家庭学生辍学问题得到历史性解决，这是阻断贫困代际传递的治本之策。

贫困地区各级各类学校发生了深刻变化，累计改善贫困地区义务教育薄弱学校 10.8 万所，学生营养改善计划每年惠及 4000 多万人，乡村教师队伍整体素质大幅提升，2020 年贫困县九年义务教育巩固率达到 94.8%。累计6.41 亿人次贫困学生得到资助，数千万名贫困家庭学生通过接受职业教育培训实现脱贫。接受高等教育的建档立卡贫困学生有 514.05 万人，70 万名农村和贫困地区学生进入重点高校学习。实施"一村一名大学生计划"，为贫困地区培养了 50 万名乡村干部、乡村致富带头人。②

在完成农村全面脱贫的目标之后，2021 年 1 月，《中共中央 国务院关于全面推进乡村振兴加快农业农村现代化的意见》提出："民族要复兴，乡村必振兴。全面建设社会主义现代化国家，实现中华民族伟大复兴，最艰巨最繁重的任务依然在农村，最广泛最深厚的基础依然在农村。"教育振兴的任务主要是："提高农村教育质量，多渠道增加农村普惠性学前教育资源供给，继续改善乡镇寄宿制学校办学条件，保留并办好必要的乡村小规模学校，在县城和中心镇新建改扩建一批高中和中等职业学校。完善农村特殊教育保障机制。推进县域内义务教育学校校长教师交流轮岗，支持建设城乡学校共同体。面向农民就业创业需求，发展职业技术教育与技能培训，建设一批产教融合基地。开展耕读教育。加快发展面向乡村的网络教育。加大涉农高校、涉农职业院校、涉农学科专业建设力度。"

---

① 新华网：《全国脱贫攻坚总结表彰大会在京隆重举行 习近平向全国脱贫攻坚楷模荣誉称号获得者等颁奖并发表重要讲话》，2021 年 2 月 25 日。
② 国务院新闻办公室：《人类减贫的中国实践》白皮书，2021 年 4 月 6 日。

二　后普及教育阶段的新情况新问题

在我国义务教育、高中阶段教育基本普及，高等教育已经进入大众化阶段之后，农村教育的下一步发展，需要厘清"后普及教育阶段"农村教育面临的新情况和新问题。

（一）人口减少和城乡格局的变化

中国农村人口的人数，有 9 亿人、6 亿人、3 亿人之说。9 亿人是指具有农村户籍的人口数，6 亿人是指仍然生活在农村的人口数，这意味着约有 3 亿农村户籍人口成为城市的常住人口。3 亿人是指在农村中从事农业生产的人口，这是依据国际组织统计中农民的定义。

2001 年我国常住人口城镇化率只有 38.0%。2011 年，我国总人口 13.47 亿人，其中城市人口 6.9 亿人，乡村人口 6.57 亿人，城市化率为 51.2%，中国城市人口首次超过农村人口。2019 年末，中国人口总数达 14.0 亿人，城市化率达到 60.6%，首次突破 60%，18 年增长了 22.6 个百分点。这意味着我国有 60% 以上的人口居住在城市，是新型城镇化的一个标志性的节点。预计在 2050 年，我国的城市化率将达到 71.2%。

在快速城市化背景下，随着人口大规模流动、学龄人口减少和（为时 10 年的）农村"撤点并校"，许多县域新的教育格局是"城挤、乡空、村弱"。数据显示：我国小学在校生城镇化率由 2001 年的 31.0% 提升到 2019 年的 75.8%，18 年增长了 44.8 个百分点；初中在校生城镇化率由 2001 年的 51.0% 上升到 2019 年的 86.5%，18 年增长了 35.5 个百分点（见图 1）。小学、初中在校生城镇化率分别反超常住人口城镇化率，显示的是大量农村学生"进城上学"的现实。这意味着，在义务教育阶段，有 7 成以上的学生居住在城镇。[1]

---

[1]　邹志辉、秦玉友主编《中国农村教育发展报告 2019》，北京师范大学出版社，2020。

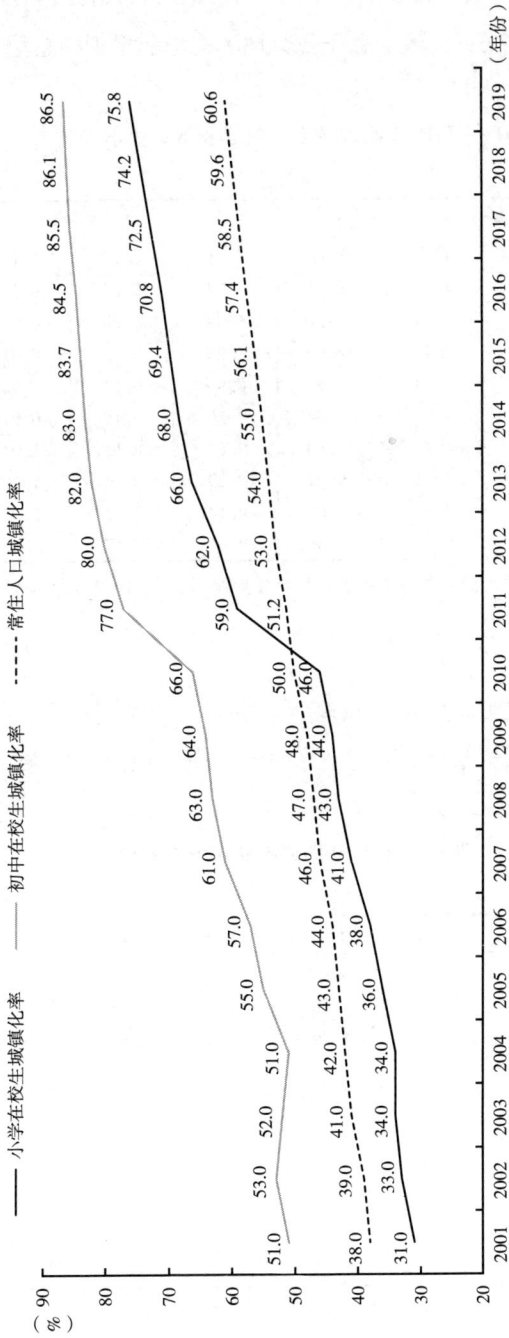

图 1　2001～2019 年我国常住人口和小学、初中在校生的城镇化率

2011 年至 2019 年，我国城区小学学校数量呈增加的趋势，而镇区和乡村小学的学校数量则持续减少；教学点在各类地区均呈现增加的趋势（见表 1）。

表 1　2011～2019 年我国城乡小学学校数、教学点数

单位：万所

年份	普通小学				教学点			
	合计	城区	镇区	乡村	合计	城区	镇区	乡村
2011	24.12	2.62	4.60	16.90	6.74	0.08	0.56	6.10
2012	22.86	2.61	4.74	15.50	6.98	0.08	0.64	6.25
2013	21.35	2.60	4.72	14.03	8.28	0.12	0.81	7.36
2014	20.14	2.63	4.64	12.87	8.90	0.14	0.90	7.86
2015	19.06	2.61	4.61	11.84	9.30	0.15	0.97	8.18
2016	17.76	2.66	4.46	10.64	9.84	0.15	1.01	8.68
2017	16.70	2.71	4.38	9.61	10.29	0.16	1.10	9.03
2018	16.18	2.78	4.34	9.06	10.14	0.17	1.09	8.88
2019	16.01	2.84	4.31	8.86	9.65	0.17	1.03	8.45

资料来源：2011～2018 年数据来自《中国农村教育发展报告》，2019 年数据来自教育部官方网站 2019 年教育统计数据。

初中阶段的情况类似，学校总数逐年减少。其中城区和镇区的初中学校数量增加，城区初中增幅最大；而乡村初中学校数量则逐年递减（见表 2）。

表 2　2011～2019 年我国城乡初中学校数

单位：万所

年份	普通初中（含九年一贯制学校）			
	合计	城区	镇区	乡村
2011	5.41	1.08	2.23	2.10
2012	5.32	1.09	2.29	1.94
2013	5.28	1.11	2.28	1.85
2014	5.26	1.15	2.34	1.77
2015	5.24	1.15	2.39	1.70
2016	5.21	1.19	2.40	1.62
2017	5.20	1.24	2.43	1.53
2018	5.19	1.28	2.44	1.48
2019	5.24	1.24	2.45	1.45

资料来源：2011～2018 年数据来自《中国农村教育发展报告》，2019 年数据来自教育部官方网站 2019 年教育统计数据。

另一个重大的发展态势，是中国的新生儿出生率持续下降和新生儿童数量持续减少，进入了"少子化"的时代。统计显示："80后"的人口总数是2.28亿人；"90后"的人口总数是1.74亿人，比"80后"少了约1/4；"00后"的人口总数是1.47亿人，比"80后"少了约1/3。[①]

"少子化"对应的就是"老龄化"。在许多农村社区，我们都可以明显地感受到这种变化。中国人口的快速老化难以避免。为确保人口安全、促进人口的可持续发展，国家出台了鼓励生育三孩的政策。为此，需要切实减轻养育家庭的负担，让普通家庭愿意生孩子、生得起孩子、养得起孩子，把养育身心健康的孩子作为民族复兴的战略基础。

人口变化和生育政策的改变会对各地的教育资源配置带来巨大影响，需要未雨绸缪、提前准备。例如，按现在的趋势预判，几年之后，幼儿园就会出现供求关系的拐点，幼儿园将面临大幅撤并。然后，生源减少会依次波及小学、初中教育。2023年之后，小学的学位也会出现过剩。

（二）三类农村学校的变化和布局调整

截至2017年，中国义务教育在校生人数为1.45亿人，其中乡村及乡镇学生人数为9505万人，占义务教育总人数的65.6%；义务教育学校数量为321901所，其中乡镇教学点有270000个，占义务教育总数的84%。[②] 可见乡村教育、乡村学生是基础教育中不容忽视的主体，农村社会的现代化是社会现代化的基础，农村教育的现代化是中国教育现代化的前提。

农村地区的"三类学校"是指，城区的大班额、大规模学校，乡镇的寄宿制学校和乡村的小规模学校。由于城市化具有强大引力，农村学生仍在"虹吸"状态下向城镇集中，城区学校的大规模学校和大班额仍然是突出问

---

① 数据来源：国家统计局。
② 邬志辉、秦玉友主编《中国农村教育发展报告2019》，北京师范大学出版社，2020。

题。集中了最多留守儿童的乡镇寄宿制学校、乡村小规模学校，则是农村教育最薄弱的短板，亟待补齐。政府提出了加强乡镇寄宿制学校和乡村小规模学校"两类学校"建设的任务。

1. 消除大班额

2017 年，全国义务教育阶段学校有 66 人以上超大班额 8.6 万个，占全国总班数的 2.4%。全国有 56 人以上大班额 36.8 万个，占全国总班数的 10.1%，大部分集中在中西部县镇，其中，湖南大班额比例为 22.9%，广西、海南均达到 18%。随着城镇化进程加快、生育政策调整以及人民对优质教育资源的需求不断增长，消除城镇大班额的任务艰巨。[①]

2019 年教育部等部门的有关"意见"文件，要求在新增人口较多的地区优先建设学校，采取集团化办学、学校联盟、教育信息化等措施，扩大优质资源覆盖面，避免学生向少数学校过度集中。采取学区化管理、扩大九年一贯制对口招生等措施，有序分流学生。扩大优质高中招生计划分配到区域内初中的比例，引导学生合理选择学校。各地要制定消除大班额专项规划，争取到 2020 年底，全部消除 66 人以上超大班额，基本消除现有 56 人以上大班额，将全国大班额比例控制在 5% 以内。[②]

2. 关于农村寄宿制学校

据教育部统计，2011 年，我国寄宿学生总数达到 2907.6 万人（小学987.8 万人，初中 1919.8 万人），农村中小学生总体寄宿率达到 26.6%。截至 2015 年底，我国农村地区（镇区＋乡村）义务教育寄宿生达到 2600 多万人。2011 年西部农村地区初中寄宿生比例高达 62.4%。[③] 寄宿生绝大多数分布在镇区和乡村，小学寄宿生呈增长的趋势。

---

① 教育部：《2017 年全面改善贫困地区义务教育薄弱学校基本办学条件工作专项督导报告》，2018 年 5 月 10 日。
② 《教育部、国家发改委、财政部关于切实做好义务教育薄弱环节改善与能力提升工作的意见》，2019 年 7 月 8 日。
③ 《农村教育年度报告：乡村小规模学校数量还将增加》，搜狐网，https://www.sohu.com/a/122753421_498091，最后检索时间：2016 年 12 月 27 日。

表 3　2011 年我国农村寄宿生占在校生的比例

单位：%

区域	小学	初中	合计
西部	19.7	62.4	34.3
中部	14.2	54.5	27.1
东部	5.72	40.0	17.1

资料来源：教育部发展规划司《2011 年全国教育事业发展简明统计分析》。

表 4　2013～2016 年城乡普通中小学寄宿生数

单位：万人

年份	普通小学（含教学点）				普通初中（含九年一贯制）			
	合计	城区	镇区	乡村	合计	城区	镇区	乡村
2013	—	—	—	—	1974.91	286.94	1182.05	505.92
2014	1061.38	113.76	452.06	495.56	2014.77	319.35	1210.18	485.24
2015	1070.39	115.17	469.64	485.58	2002.13	320.82	1200.63	460.69
2016	1063.70	121.18	476.47	466.05	2012.16	346.48	1225.62	440.06

资料来源：邬志辉、秦玉友主编《中国农村教育发展报告 2019》，北京师范大学出版社，2020。

在农村的寄宿制学校中，低龄儿童寄宿成为突出问题，有很多孩子甚至是从幼儿园开始就离家住校。据不同的调查，低龄寄宿的比例在 20%～50%。低龄学生在幼年即离开父母，缺乏基本的生活自理能力，心理、情感问题非常突出。

农村寄宿制学校在实际运行中存在着运行成本高、办学经费紧张、学生上学难回家难、情绪不稳定、伙食和营养差，以及安全、卫生、医疗管理制度欠缺等一系列复杂的问题。寄宿制学校的运行经费远高于普通学校，对教师编制的需求也更多。多项调查显示，寄宿制学校存在的各种突出问题，超出了办学条件改善对学生成绩的正向影响。我们必须正视这一现实，采取有效措施改善农村寄宿制学校的条件。

3. 关于农村小规模学校

截至 2017 年底，全国有农村小规模学校 10.7 万所，其中小学 2.7 万所，教学点 8 万个，占农村小学和教学点总数的 44.4%；在校生有 384.7 万人，占农村小学生总数的5.8%。农村小学寄宿生有934.6万人，占农村小学生总数的14.1%。^①乡村普通小学呈减少之势，而教学点则在增加，因为随着农村学龄人口减少和向城镇流动，一些小学"缩减"为只有一至三年级的教学点。

2021年中共中央、国务院一号文件要求按照城乡一体化发展的思路，统筹城乡教育资源配置，同步建设好农村地区的三类学校：县城的学校、乡镇学校（以寄宿制为主）和村小（小规模学校）。从而既保障随迁子女进城上学，消除城镇的大班额，同时，加强控辍保学和留守儿童关爱保护，提升乡村学校的教育品质。

对于难以撤并的村小、教学点，必须继续建好。农村小规模学校依然数量众多，满足了山区、偏僻地区农村孩子"有学上"的基本需求。目前多数这类学校仍处于"小而差""小而弱"的状况，因为师资难以补充和稳定、教育投入难以保障等。但是必须看到，农村小规模学校是可以办好的，全国各地已经涌现了一批"小而优""小而美"的学校。这首先取决于地方主管部门的意志和举措，是尽力为它们输水施肥，还是过早地"停止施救"，其后果是完全不一样的。还应当看到的是，这种"小班小校"具有一种"未来性"，是以学生为本、开展个性化教育的"未来学校"的前提。目前农村乡镇的中心学校，随着学龄儿童减少，也将逐渐小规模化。我们必须把建设好农村小规模学校作为一种长期行为。

建设好乡镇中心学校，是兼顾县城和村小的政策选择。乡镇学校是村小学生向上流动的首选，比去县城上学的成本更低；也是为县城学校分流、控制大班额的重要渠道。许多地方通过这一措施强基固本，既缓解了县城"大班额"现象，同时"救活"了乡村学校。因此，建设好乡镇中心学校也是一个重要选项，可推动按学区联合发展乡镇示范性中心小学。

---

① 《国务院办公厅关于全面加强乡村小规模学校和乡镇寄宿制学校建设的指导意见》，教育部官网，http://www.gov.cn/xinwen/2018-05/11/content_5290308.htm#1，最后检索时间：2018年5月11日。

（三）农村留守儿童和流动儿童

在快速城市化进程中，出现了两个新的教育边缘化群体，即农村的留守儿童和进入城市的农民工子女，即流动儿童。据 2015 年全国人口普查 1% 抽样的结果，2015 年全国流动儿童 3426 万人，留守儿童 6877 万人，受人口流动影响的儿童总数达 1.03 亿人，占中国儿童数的 38%。生活在城镇的流动儿童规模达 2896 万人，占全部流动儿童的 84.5%。生活在农村的留守儿童达 4051 万，占留守儿童总数的 58.9%，占全部农村儿童的 29.4%。也就是说，大约每 10 名农村儿童中就有 3 名是留守儿童。与此同时，还有多达 2826 万的城镇留守儿童，占全部留守儿童的 41.1%。①

在农村小规模学校和寄宿制学校，留守儿童的比例通常占到一半以上。因此，建设好这两类学校，是农村教育底部攻坚、补齐短板，保障教育公平的重点所在。

（四）区域差距

教育的城乡差距问题是长久以来研究者最为关注的主题。由于教育公平并不仅仅是教育领域本身的问题，更是社会问题在教育领域的反映，城乡二元结构体制是我国社会经济发展中最大的体制障碍之一，其带来的户籍壁垒、差异化的资源配置是导致我国城乡教育不平等的重要因素。

2020 年 9 月，教育部宣布全国义务教育阶段的辍学人数从上一年度的 60 万人大幅下降，基本已经消灭了辍学现象。2019 年，我国小学的净入学率达到了 99.94%，初中阶段毛入学率达到了 102.6%。"义务教育有保障"的目标基本实现。②

有研究者统计国家教育事业发展公报中的历年小学招生数、小学毕业生

---

① 联合国儿童基金会：《2015 年中国儿童人口状况报告》，http：//cache. baiducontent. com/。

② 《教育部：全国义务教育阶段辍学人数由 60 万降至 2419 人》，中国网，https：// baijiahao. baidu. com/s？id = 1678605198583356962&wfr = spider&for = pc，最后检索时间：2020 年 9 月 23 日。

数、初中招生数、初中毕业生数，认为近年来以 2014 年的累计辍学率最高，为 469 万人；2020 年辍学人数下降到了 38 万人，较 2014 年的降幅高达 91.9%，是非常了不起的成绩。①

西部民族省区教育明显落后。深入的分析显示，在义务教育县域内教育公平得以改善的同时，县域之间、省域之间的教育差距在加大。全国几个西部省区的教育发展明显落后，与内地的学业水平差距拉大。这些地方校舍和硬件资源建设、教育经费保障、教师的年轻化、学历达标等均已实现，也就是说"能够用钱解决的问题都解决了"，但就是教不好，学业水平低下，这成为亟待关注、有待认识和破解的难题。

例如，据教育部 2012 年对四年级、八年级数学、科学水平的监测，甘肃、云南、新疆、广西、贵州、青海、西藏、海南等省区学生的学业水平低于全国均值，尤其是水平Ⅰ（不合格）的比例较高，感到压力较大、经常疲惫的学生比例较高。

此外，教育"中部塌陷"的问题尚未解决。这是指中部地区学校的基础设施建设、师资队伍建设、经费投入等方面多项生均指标明显落后于东部和西部地区，"中部塌陷"状况具有时间差异，呈现不同程度的加剧态势，成为当前我国义务教育发展的新短板。②

（五）农村中等职业教育面临的挑战

普及高中阶段的教育是我国教育发展的重要目标。2017 年 3 月，教育部等四部门印发《高中阶段教育普及攻坚计划（2017—2020 年）》，明确提出：到 2020 年，普及高中阶段教育，全面满足初中毕业生接受高中阶段教育需求，各省（区、市）毛入学率均达到 90% 以上；要重点解决农村等贫困地区教育资源缺乏和中等职业学校招生比例不断下降等问题。据

---

① 《教育即将过剩》，https：//weibo.com/ttarticle/p/show? id = 2309634611341183746273&sudaref = www.baidu.com，最后检索时间：2021 年 3 月 4 日。

② 尚伟伟、陆莎、李廷洲：《我国义务教育发展的"中部塌陷"：问题表征、影响因素与政策思路》，《北京大学教育评论》2020 年第 2 期。

《2020年全国教育事业发展统计公报》：2020年全国高中阶段共有学校2.44万所，招生1504.00万人，在校生4127.80万人；高中阶段毛入学率91.2%，当年招生中普通高中学生占比为58.3%，在校生中普通高中学生占比为60.5%。

虽然我国已经成为世界第二大经济体，但第七次全国人口普查数据显示，全国总人口中，大学（大专及以上）人口占15.1%，高中人口占14.8%，15岁及以上人口平均受教育年限由第六次全国人口普查时的9.08年提高到9.91年，即初中毕业水平；而OECD发达经济体为13~14年，即高中毕业水平。我国25~34岁人口中高中以下学历仍然占主体，为64%，高中和高等教育学历的比例各占18%。[①]

近些年来，农村职业教育机构持续减少，高中阶段农村职业教育招生数自2011年后呈现"断崖式"下降的趋势，中职招生数从2009年的711.8万人下降为2017年的451.5万人，降幅达36.60%。同样，技工学校招生数由2009年的156.4万人下降至2016年的127.2万人，降幅达18.67%。[②] 西部地区相当多的初中毕业生毕业后直接进城打工。尽管国家对中职生实行免学费政策，但许多学生进学校后往往半年、一年即离开。他们对中职教育的感受不好，首先是学不到东西，一些学校的教学缺乏应有的规范，甚至处于放任状态。另外，由于没有学业压力、管理松弛，部分学校的风气不好，很多家长担心学生学坏。这是20世纪90年代末以来，我国职业教育被边缘化的直接后果。2020年，全国中职招生627.56万人，回升较为明显。部分原因是中等职业教育通过"职教高考"，打通中职、专科、职业教育本科、应用型本科到专业学位研究生的升学通道。这对于缩小普职发展差距，加快民族地区、经济欠发达地区发展，有明显的促进作用。但农村职业教育的真正破题，还需要一些基础性、制度性的变革。

---

① 谢宇、李汪洋、靳永爱：《应对人口结构转型压力，中国应普及包括职高在内的高中义务教育》，界面新闻，2021年5月20日。

② 邬志辉、秦玉友主编《中国农村教育发展报告2019》，北京师范大学出版社，2020。

（六）农村教师问题

《中国农村教育发展报告2017》显示，目前我国乡镇教师、乡村教师的人均月收入分别达到3965.23元和3550.38元，高于县城教师的人均月收入（3446元）。① 但由于工作环境差、远离城市、生活不便、封闭、孤独等问题，乡村教师队伍稳定性仍然比较差。

农村教师的短缺问题依然严重。据教育部《2018年全国义务教育均衡发展督导评估工作报告》，全国162个县不同程度上存在有编未补问题。有128个县聘任4.6万名合同制教师和代课教师，未做到编外教师与在编教师同工同酬。有257个县缺少音乐、体育、美术、科学、外语、信息技术教师2.8万名。少数学校女教师比例达到70%，而有的城镇小学女教师占比达到90%。由于冻结编制，新增长的教师需求无法从正常途径满足，出现了"新代课教师"群体。这是指接受过高等教育、在城乡公立中小学从事教师工作，但不具有事业编制的教师群体。他们基本都具有教师资格证，日常教学任务与编制内教师一样，但待遇和福利保障水平明显低于公办教师，这成为影响教师队伍建设的新问题。

综上所述，在新的形势下，有必要提出高层次的乡村教育改善计划，针对现实问题，教育资源投入需要实现从硬件到软件、从物到人的转变。新增的教育投入要致力于改善农村学校、教师的生活设施，改善教师待遇，增加教师编制，加强农村教师培训，提高教师队伍整体素质。而且，需要反思并突破义务教育"以县为主"的制度安排，将缩小区域之间的巨大差距提上议事日程。

三 在乡村振兴的视野中认识乡村教育的功能

在实现普及教育目标和乡村全面脱贫之后，要巩固教育脱贫攻坚成果、

---

① 《中国农村教育发展报告显示：乡村小规模学校依然普遍存在》，启达教育网，最后检索时间：2018年1月5日。

防止反弹，首先要健全义务教育有保障的长效机制，巩固和提升乡村义务教育的水平，持续改善农村寄宿制学校和小规模学校办学条件，改善教师队伍的待遇和提升其素质。然而，要真正使农村的反贫困从"阻击战"转向"持久战"，就必须建立乡村教育与乡村振兴的有效衔接，将乡村教育振兴作为乡村振兴的基础和中心环节，促进乡村教育和乡村振兴的良性循环。

（一）以乡村教育振兴作为乡村振兴的基础和核心

从乡村社会的现实出发，许多人都能真实地感受到乡村社会的巨大改变。一方面道路、房屋、通信、交易等面貌日新；另一方面，兴旺的表象难掩乡村社会的凋敝，这是许多人乡愁难解、有乡难回的重要原因。人们日益认识到教育问题的内部性和外部性——教育问题很多不是教育自身的问题而是社会问题。没有乡村社会的振兴，就难有乡村教育的振兴。要从社会治理中寻找方案，已经成为一种共识。

乡村社会变化的动力机制当然是方兴未艾的城市化。中国社会正从"乡土社会"走向"离土社会"，大量农民离开自己生活了一辈子的"乡土"，涌向城市。当人的生存发展不再依赖乡土，乡村教育的发展和乡土文化的传承也就渐成无源之水，日益边缘化和"荒漠化"。

乡村社会的凋敝，表现在以下方面。

首先是老龄化和少子化。青壮年以外出打工为主的生活方式，导致乡村的"无人化"，主要是没有青壮年，老人和留守儿童成为乡村的主体，大量的农田撂荒。

其次是农村家庭功能的退化。由于流动家庭、留守家庭不断增多，隔代教养成为常见的家庭教育模式。由于婚姻、情感的变化，农村的单亲家庭、失能家庭较多，许多儿童处于困境之中。

再次是社区功能的缺失。农村作为以亲情维系的熟人社会，具有血缘、亲缘联系的"小共同体"，其传统的治理功能在许多地方已经不存在。当前乡村实行的行政化、干部化的基层治理，复制的是城市社会的模式。它本身就是乡村文化凋敝的表征。

最后是乡村文化的异化。当凝聚乡土社会的忠孝仁爱、邻里乡亲守望相助的文化消失后，取而代之的是商业化的消费文化和流行文化，网络和手机的巨大影响，以及种种有违乡约民俗的"亚文化"，例如赌博、高额的彩礼（许多地方要求男方在县城有房）等等。2021 年中共中央、国务院的一号文件，对于加强新时代农村精神文明建设提出了明确的要求："深入挖掘、继承创新优秀传统乡土文化，把保护传承和开发利用结合起来，赋予中华农耕文明新的时代内涵。持续推进农村移风易俗，推广积分制、道德评议会、红白理事会等做法，加大高价彩礼、人情攀比、厚葬薄养、铺张浪费、封建迷信等不良风气治理，推动形成文明乡风、良好家风、淳朴民风。"

（二）乡村文化、乡村社会的恢复重建

关于乡村教育振兴和乡村振兴，其实质是乡村文化、乡村社会的恢复重建。只有在乡村建设的大视野中，才能破题和解题，而不是靠各种碎片化的政策。

20 世纪三四十年代，我国乡村建设的先贤开展了多样化的乡村建设实践。据统计，1934 年全国从事乡村建设运动的团体达六百多个，建立的实验点、实验区有一千余处。① 这些探索为我们今天思考如何振兴乡村和乡村教育，提供了非常丰富而珍贵的思想资源，积累了具有极高价值的经验，值得我们重温和汲取。

晏阳初在普及教育的过程中，认识到仅靠教育并不能救治农村问题。他认为中国农村的问题可归为"愚、贫、弱、私"四端，主张以"四大教育"分别医治之：以文艺教育救"愚"，以生计教育治"贫"，以卫生教育救"弱"，以公民教育救"私"，以养成人民的公共心与合作精神。其采取的是"学校式、社会式、家庭式"三种教育方式。

黄炎培主张"先富后教"，从解决农民生计问题入手，注意依靠当地的人力和财力，促使农村自动改进。发动农民共同修桥筑路、开展文娱活动、劝学识字，设立了乡村改进委员会、民事调解委员会、仓库保管委员会、青年

---

① 章元善、许仕廉编《乡村建设实验》，中华书局，1935。

服务团等自治组织，试行农村自治。在实验区组织农民成立了 50 个合作社，开展信用、购买、生产、运输方面的经济活动。黄炎培创办了中华职业学校，采取"做学并进""半工半读""工读结合"的方针，主张把职业教育与普通教育放在同等地位，目标是"使无业者有业，有业者乐业"。

陶行知主张"生活教育"，认为乡村学校要做乡村生活改造的中心，乡村教师要做乡村生活的灵魂。为此，他提出师范教育下乡，举办"中国的、省钱的、平民的"实验乡村幼稚园。他设立的著名的晓庄师范学校，附设有小学师范院、幼稚师范院，以及中心小学 8 所、中心幼儿园 4 所；还办有民众夜校 3 所、晓庄医院、晓庄联村救火会、中心茶园、中心木匠店、石印工厂等，实施农村改造计划。正是在举办晓庄师范学校期间，陶行知提出了著名的"生活教育"理论，主张生活即教育、社会即学校、教学做合一，反对死读书、读死书、读书死，反对培养少爷小姐书呆子的教育。

梁漱溟企图按照儒家文化的传统复兴农村，实现民族的自救和自强。他在山东邹平建设实验县政府，进行系统实验，探索了乡村治理的新模式，在地方自治运动中吸取"草根民主"的养分，培植地方精英的力量以改造农村。他实行所谓的"乡治"，以村学、乡学这一政教卫合一的新型农村基层组织，取代原来的区镇公所，乡农学校既是教育机关，也是政权机关，以实现"社会学校化"的理想。乡学和村学的学董系由乡村推举的"品学最尊"者，实际是恢复传统的乡绅统治，恢复伦理本位的社会秩序。

20 世纪二三十年代的乡村建设丰富复杂，类型多种多样。其共性都不是关起门来谈学校教育，而是在社会教育的大视野中，通过发展乡村经济来普及教育，所谓"富而后教"；通过普及教育、生计教育来探索农村社会的治理结构。面向未来，重新理性地梳理我们的文化之根，重建民族的、科学的、大众的现代教育文化，是 21 世纪中国教育必须面对的课题。

20 世纪 80 年代，我国开展农村教育综合改革，就是一次有益的探索。为改变农村教育脱离实际的状况，农村教育综合改革强调普通教育、成人教育、职业技术教育"三教统筹"，强调教育与农业科技、农村经济发展相结合，即"农科教三结合"，以"燎原计划""星火计划"为支撑，促使教育与经济协调发展，提升农业现代化水平和促进农民增收，取得了积极的成效。可惜，这一农村教育改革的探索，在 20 世纪 90 年代中期"无疾而终"，农村教育渐被纳入升学教育、应试教育的单一轨道。

在城乡教育一体化发展、乡村振兴的大背景下，农村教育需要重建教育与生活、教育与社会的关系，使学校成为农村社区发展的新引擎。农村学校应该逐步成为社区的教育和文化中心，以教育为核心纽带，综合农村发展的经济、政治、社会、文化各个方面功能，与新农村建设良性互动。学校与社区生活紧密结合，不仅面向学前和学龄儿童，同时面向成人的继续教育、职业教育、社会教育，其内容可以是全方位的，包括扫盲、文化生活、移风易俗、家庭育儿、卫生健康、法制、科技等等，实现普通教育、成人教育、职业教育"三教结合"，有效发挥其文化中心的功能，使学校成为农村社区发展的新引擎。

农村教育与农业经济携手，为社区发展服务，已有一些地方做出了极有价值的探索。山西省永济市蒲韩乡村社区自 1998 年以来陆续成立了多家合作组织，如社员消费者合作社、有机农业联合社、红娘手工艺合作社、合作社资金服务部等社区经济合作部门，并以发展社区为宗旨开办了农民学校。与被割裂的教育不同，蒲韩乡村社区学校的教育是一个有机整体，农民学校的课程不拘泥于书本，关注的不是文凭和学历，而是生活中各种基本问题的解决，共同讨论、分享和总结经验，为农民提供终身学习的机会，构建起教育与提升生活品质、促进生活幸福的关系。这些农村教育改革的实践探索，使我们看到了未来农村教育的新图景。

山西省祁县段家窑村委、小学大胆实践，创新办学机制，探索出了村委、小学"村校合一"的发展模式。学校"一校多牌""一室多用"，通过"村校合一"实现资源共享。村校委员会办公室、成人文化技术学校、农民文化活动中心、党员活动室等都设在学校。学校的多媒体教室、图书阅览室、电脑室、文体活动室等场所在节假日、晚上和农闲时间全方位向村民开放。学校成教部成立了农民文艺宣传队、舞蹈队、篮球队、乒乓球队。学校还承担了乡成人文化技术学校和村农业技校对农民进行实用技术培训的功能，促进了经济与教育同步发展。

浙江上虞市和湖北的郧西县，尽管经济发展程度不同，但都通过弘扬"新乡贤文化"，丰富和激活农村教育。因为每一所乡村学校的毕业生中，都有各行各业的成功人士。通过高调地将他们引入学校，不仅可以为学校提供短缺的经济资源，吸引他们为乡村建设发挥作用，更为重要的是为学生提供了积极向上、有所作为的人生榜样。

（三）面向农村学生的素质教育

在我国农村教育整体上进入了普及九年义务教育阶段之后，农村教育不仅需要补齐短板、解决好各种热点难点问题，也需要抬头看路、反思教育，思考什么是适合农村需要的好的教育、理想的教育，探索在互联网和智能机器人的时代，在满足了"有学上"的基本需求之后，农村的教育现代化之路向何处去。

1. 解析"公平而有质量的教育"

实施"公平而有质量的教育"，是在解决了"有学上"之后，一个升级版的教育目标。对于农村教育，它首先需要回答"公平仍然是一个重要的问题吗？"答案是明确的。我们不仅需要弥补许多显而易见的短板，还要"起点公平"（入学机会的公平），同时关注"过程公平"，使不同群体享受大致相同的教育。另外，也许更为重要和更为困难的，是需要回答什么是高质量的农村教育，它涉及对什么是好的教育的不同理解。

长期以来，我国的农村基础教育基本是一种升学教育。许多农村教师和孩子的教育理想就是走出大山、离开家乡、"跳出农门"。今天的农村教育，需要同时满足升学、进城务工和新农村建设这样不同的需求。升学教育满足了许多农村学生离开农村的需求；但对于更多升学无望的农村学生，这种教育却是"无用"的，它未能为进入劳动力市场的年轻人提供生产技能、职业发展方面的任何帮助。高强度的应试训练、激烈的学业竞争，使许多学生成为学习的失败者而过早离开了学校，这是农村学生流失辍学的主要原因。2015 年的义务教育监测显示，不愿意上学的八年级学生占 11.4%，这部分学生也是初中辍学的高危人群。①

回答什么是高质量的农村教育，涉及以下几个核心概念。

第一，是为大多数人的教育。将公平与质量挂钩，着眼点应当是关注大多数学生和关注弱势学生，基础教育的功能应当是点燃大多数学生的梦想，而不是仅关注少数能够"跳龙门"的"锦鲤"。这是理解公平而有质量的教育的关键。

第二，是完整的、基础的教育。即在提高学业成绩、发展认知能力的同时，弥补农村学生非认知能力的短板，重视创新和创造的能力。需要培养学生的"关键能力"即"核心素养"，重视非认知能力、社会情感技能，而不是单纯的学科知识。

第三，重视农村教育的地方化、多样化。以西南少数民族地区的教育为例，导致民族地区学业成绩难以提高的主要原因，是语言和文化障碍。由于缺乏学前教育，一、二年级的学生不会说汉语，难以掌握学科知识，致使到高年级学业成绩仍然低下。近年来，四川大凉山的彝族地区，实行"一村一幼""学前学普"，在幼儿园主要教普通话，使得目前小学低年级学生的学习状况明显改善。假以时日，这将会带动当地民族学生整体学业水平的提升。

影响民族地区学生学业成就的，还有一个重要因素，即文化障碍。由于国家统编教材是高度城市化的，是基于汉族地区城市基础教育的水平而编制的，因而明显脱离了民族地区学生的生活经验。因此，即便少数民族的孩子会说普通话了，也很难理解语文的相关词义。例如：什么是司马光砸缸的"缸"？他们的民族没有；什么是"电梯"，是能发电的梯子吗？什么是"阳台"，是羊走的台面吗？更不用说组织、理论之类比较抽象的概念了。因此，小学教材应当采取地方化、多样化的改革，使它适应不同地区、不同民族学生的需要。

---

① 数据来源：教育部基础教育质量监测中心材料。

2. 面向农村学生的素质教育

毫无疑问，我们需要继续为提高学业成就而努力；但是，也要看到"成长"或许是比升学更重要的教育目标。对于许多注定上不了高中、大学的农村孩子，只要给他们适切的教育、有用的教育，他们照样可以有自己的幸福人生。为此，需要用"达标＋成长"的评价取代单纯的学业达标评价；需要在规范性的课程教学内容之外，重点加强农村学生非认知能力、综合素质的培养，开展健康教育和创业教育，包括为农村学生提供进城务工所需的生活技能、法律常识、就业指导和生涯规划等等。这是对农村教育、农村学校新的认知和定位。

这需要建立完整的学生发展观，它包括生理发展、人格发展、社会发展、认知发展这 4 个方面，而非单纯的认知发展。要高度重视非认知能力、综合素质的培养。这种面向农村学生的核心素养，需要认真探索和构建。第一是人格、态度、价值观、自信心；第二是一些综合素质，如口头表达和沟通能力、管理和领导力、健康知识和良好的生活方式等；第三是实践技能，包括理财、信息素养、团队合作、动手能力等。围绕核心素养的培养，为农村学生提供能够改善生活、自我发展和终身受益的东西。

3. 走向"为生活而教"

这种能够为农村教育、农村学生带来实质性变革的创新模式，用一句话来概括，叫作"为生活而教"。这是个世界性的主题和潮流，是哥伦比亚的新学校计划（Escuela Nueva）的核心价值。由 Vicky Colbert 领导的这一教育变革，被世界银行视为发展中国家最杰出的改革之一，获得 2013 年世界教育创新峰会（WISE）大奖，以及 2017 年首届"一丹教育奖"。

如同《重新定义发展中国家的教育》研究报告所称，许多发展中国家辍学率很高，其背后的原因，主要是教育内容与生活的严重脱节，上学对于生活改善和就业无用。"这种脱节在发展中国家表现得尤为明显"。因此，农村教育需要有一场革命性的变革。作者认为："我们坚定地相信，贫困地区的学生需要的不是更多的学业方面的技能，而是能够让他们提升自己收入的前景和促进身心健康的生活及生存技能。这些技能包括财商素养、创业技能、维持自身健康的能力以及一些管理能力，如团队合作、问题解决和项目管理的能力。"①

在"为生活而教"的模式中，学校的教育目标从"达到一定标准测试的考试成绩"，转变为"对学生及其社区的经济和社会福祉产生积极的影响"。那些有助于改善学生及其家庭、社区的生存状况和身心健康的课程，如创业和健康模块将是所有小学生必修的课程内容。在教学过程中增强学生的参与性，学生以小组的方式进行学习，做到以学生为中心、学以致用。这种教育的实质是"以学生为本"而不是以考试分数和升学率为本，通过综合素质教育和公民教育，促进学生的人格发展、公民道德和能力培养，为农村孩子的终身发展奠基，为他们提供走向社会、安身立命的"通行证"。

其实，"为生活而教"并不是全新的概念。早在一个世纪前，杜威和陶行知所倡导的"生活教育"即已开辟了这一方向。陶行知提出"来自生活的教育，依据生活而教育，为改善生活而教育"，提出生活教育的五大目标："健康的体魄、科学的头脑、艺术的兴趣、生产的技能，改造社会的精神"，提出"生活即教育、社会即学校、教学做合一"的原则，发明了"小先生制"等许多行之有效的教学方法。它启示我们应当以"生活世界"作为教育的意义基础，重视非认知能力的培养和个性发展，通过做中学、自主学习、个性化学习等方式，培养完整的人、能够自立于社会并面向未来的人。这不仅对农村教育，而且对中国教育整体的更新改革都具有重要的指导意义；不仅是农村教育的方向，也应当是城市教育改革的方向。

4. "以学生为本，以乡土为根"

强调乡土教育，涉及一个重要概念，即如何理解城乡教育一体化。农村教育与城市教育究竟应当是不同的还是相同的？城乡教育一体化就是城乡教育一样化吗？

---

① Mark J. Epstein, Kristi Yuthas, "Redefining Education in the Developing World：A New Approach that Builds Relevant Marketplace, Entrepreneurship, and Health Care Skills is Needed," *Stanford Social Innovation Review* 2012.

　　应当认识，我国由户籍制度形成的城乡二元结构、城乡之间巨大的发展差距是一个基本国情。现在我们在生态文明的视野中，提出城乡教育一体化发展的概念，主要是指国家的公共政策、资源配置不仅需要一视同仁，而且需要改变多年来"城市中心"的取向，补偿和反哺农村社会，逐渐缩小城乡差距。只有在城乡差距基本消除之后，"乡村教育"作为一种教育类型，才有可能退出教育政策，如同我们在发达国家看到的那样。

　　另外，就教育教学的方法、过程、内容而言，教育的在地属性决定了教育本来就应当是因地制宜、自下而上，从各地不同的生产生活、自然地理、历史文化出发的，从而形成如同自然生态那样多姿多彩的教育生态。因此，农村教育既不可能也不应当与城市"一样化"。城市的教育也不应当"一样化"，例如北京、上海的教育与兰州、乌鲁木齐的教育应该是一样的吗？正因为如此，新课程改革规定，在国家课程之外，设立地方课程和校本课程。

　　这样看问题，就可以认识农村教育的特点和城市所不具备的优势。例如，农村接近自然大地，山清水秀，环境优美，具有丰厚的历史、自然、乡土知识的积淀，可以转化为学校教育的资源。通过发掘和传承乡土文化，促进"乡土文化进校园"，不仅可以弥补农村学校文化单薄苍白的缺陷，使校园生活生机盎然，激励学生有效学习，也可以培养学生爱家乡、爱农民，参与乡村治理和文化建设。因此，农村教育不应该照搬城市化的"应试教育"，不应该是单一的升学教育。通过将普适性知识与乡土文化、地方性知识有机结合起来，实施适合农村青少年成长需要的植根乡土的教育、有根的教育、有机的教育、绿色的教育。

　　近些年来，如四川的阆中市、蒲江县、广元市利州区，浙江的缙云县等许多县区，将乡村学校纳入美丽农村的建设过程中，使乡村学校的面貌发生了巨大变化。各地农村创新型的小规模学校，也做出了多样化的探索，优秀的案例层出不穷。典型如在环境保护、民族文化保护、村校共建等方面取得积极成效的泸沽湖畔的达祖小学，吸引了大城市家长前来择校的山区小学四川广元利州区的范家小学，践行"生活即教育，教育即生活"的云南楚雄分众美丽小学，践行"乡土人本教育"的贵州正安兴隆田字格小学，将甬剧引入学校、激活乡村教育的缙云县长坑小学，用足球队给山里孩子带来希望的贵州毕节元宝小学，无论是成绩还是学生素质都让当地人刮目相看的河南商丘王二保小学，等等。"草色遥看近却无"，正在出现的这些案例，还没有"形成气候"；但它们从无到有、从少到多的发展，具有一种"知时节"的适应性。我们需要更多地去探讨它们得以生存、生长的机制机理，去研究作为一种教育模式它们所具有的共性和普适性，去推动农村教育实际的改变。

政策综述

乡村教育政策回顾与展望[*]

刘善槐　朱秀红　殷美娜　秦田田^{**}

摘　要:"十三五"期间,乡村教育发展的重要性愈加凸显,政策体系更加完备。随着系列政策的出台落实,我国乡村教育发展成效显著:教育资源保障能力明显增强,教师队伍建设卓有成效,乡村学生发展得到高度重视。进入"十四五"时期,乡村教育发展面临学龄人口变动、师资力量薄弱和家庭教育缺位等多重挑战。同时,乡村振兴战略和教育现代化的推进将为乡村教育发展带来新的机遇。面对新形势新变化,乡村教育发展需进行顶层设计、系统规划,继续完善学前教育发展、小规模学校和寄宿制学校建设、教师队伍建设和乡村儿童关爱教养体系等方面的政策。

关键词:乡村教育　政策回顾　政策展望

我国基础教育发展的重点和难点在乡村。改革开放以来,国家多次在重

---

* 本文系吉林省教育厅"十三五"社会科学研究项目"吉林省农村教师结构优化与编制需求预测研究"(项目编号:2016-471)的研究成果。

** 刘善槐,博士,教育部人文社会科学重点研究基地东北师范大学中国农村教育发展研究院教授,研究方向:农村教育、教育政策等;朱秀红,教育部人文社会科学重点研究基地东北师范大学中国农村教育发展研究院2018级博士研究生,研究方向:农村教育、教育政策等;殷美娜,教育部人文社会科学重点研究基地东北师范大学中国农村教育发展研究院2020级博士研究生,研究方向:农村教育、教育政策等;秦田田,教育部人文社会科学重点研究基地东北师范大学中国农村教育发展研究院2019级博士研究生,研究方向:农村教育、教育政策等。

要文件中提到要把农村学校教育工作抓紧抓好。近年来，农村教育发展的重要性愈加凸显，系列重大政策相继出台。2017 年，党的十九大报告指出"高度重视农村义务教育"；2018 年，中共中央、国务院颁布《中共中央 国务院关于实施乡村振兴战略的意见》，强调"优先发展农村教育事业"。"十三五"时期，我国乡村教育水平得到显著提升，教育事业发展取得重要进展。进入"十四五"时期，我国乡村教育发展面临新形势新要求，高质量发展成为这一阶段的主要目标。

一 "十三五"期间乡村教育政策发展回顾

国家战略意志是实现教育事业新跨越的直接推动力量。[①] "十三五"期间，我国出台了系列政策推动农村教育事业发展，乡村教育政策体系更加健全。这五年，乡村教育政策关注重点主要聚焦在乡村教师队伍建设、乡村学前教育发展以及乡村弱势儿童权益保障等。

（一）全面加强乡村教师队伍建设

提高教育质量，关键在教师，重点在乡村。经过多年努力，我国乡村教师政策体系日趋完善。2015 年，《乡村教师支持计划（2015—2020 年）》出台，首次以"组合拳"的方式对乡村教师建设进行顶层设计，提出乡村教师队伍建设八大举措。2016 年，《国民经济和社会发展第十三个五年规划纲要（2016—2020 年）》中将"加强乡村教师队伍建设"作为推进教育现代化的重要一环。[②] 2018 年，《中共中央 国务院关于实施乡村振兴战略的意见》中也明确强调要建好建强乡村教师队伍。为了破解乡村地区教师"下不去、留不住、教不好"的难题，相关部门采取了多种政策举措。

---

① 袁振国、王占军：《我国教育发展的新跨越及其历史启示——教育规划纲要十年回眸与展望之一》，《中国教育学刊》2021 年第 1 期。

② 《国民经济和社会发展第十三个五年规划纲要（2016—2020 年）》，共产党员网，https://www.12371.cn/special/sswgh/wen/，最后检索时间：2021 年 4 月 25 日。

第一，拓宽乡村教师补充渠道。"数量充足"是乡村教师队伍建设的必要条件。《国民经济和社会发展第十三个五年规划纲要（2016—2020年）》强调，应通过多种方式解决乡村教师短缺问题。《乡村教师支持计划（2015—2020年）》中把"拓展乡村教师补充渠道"列为一项重要举措。《国务院关于印发国家教育事业发展"十三五"规划的通知》指出，推动省级政府建立统筹规划、统一选拔的乡村教师补充机制。总体来说，我国乡村教师补充渠道可分为"选拔性补充"和"援助性补充"两类。其中，"选拔性补充"主要指通过考核筛选等形式为乡村学校挑选合格教师，如公开招聘优秀高校毕业生、农村教师特岗计划、定向培养"一专多能"的乡村教师等；"援助性补充"一般是指通过跨区调配等二次分配方式引导优秀骨干教师到乡村学校任教，如推动城镇优秀教师向乡村学校流动、银龄讲学计划、"三支一扶"计划等。2020年，《关于加强新时代乡村教师队伍建设的意见》指出，"应结合乡村教育需要，多种形式配备乡村教师，探索构建招聘和支教等多渠道并举，高端人才、骨干教师和高校毕业生、退休教师多层次人员踊跃到乡村从教、支教的格局。"

第二，提升乡村教师综合素质。"质量精湛"是乡村教师队伍建设的核心目标。2015年，《乡村教师支持计划（2015—2020年）》把"素质优良"作为2020年乡村教师队伍的重要要求；2018年，《中共中央 国务院关于全面深化新时代教师队伍建设改革的意见》提出"造就高素质专业化创新型的教师队伍"，并将"提升教师专业素质能力"列为新时代教师队伍建设改革的重点任务；2019年，《中国教育现代化2035》再次强调建设高素质专业化创新型的教师队伍是实现中国教育现代化的重要战略部署。在提升乡村教师综合素质的具体举措中，师德师风建设和提升专业化水平是关注和加强的重点。政策始终坚持把良好师德师风作为教师素质的第一标准，并提出"建立健全乡村教师政治理论学习制度""加强党建工作""开展师德教育""建立师德奖惩机制"等多项具体措施。教师教育是教师专业化水平提升的主要途径。近年来，政策围绕乡村教师的培养制度和培训体系重点突破，从经费保障、培训培养方式、内容和质量等方面全面把控。2018年，教育部等五部门专门印发《教师教育振兴行动计划（2018—2022年）》，对教师素质能力提升做出具体规划，并把"乡村教师素质提高行动"作为一项举措单列。2020年，教育部等六部门印发《关于加强新时代乡村教师队伍建设的意见》，要求"创新教师教育模式，以乡村教育需求为导向，构建五级一体的乡村教师专业发展体系"。

第三，提高乡村教师的岗位幸福感。"工作幸福"是乡村教师队伍得以持续向好发展的重要保障。长期以来，由于城乡客观条件和外在环境的差距，乡村教师岗位吸引力整体偏弱，严重影响了乡村教师的岗位幸福感和成就感，对教师队伍的稳定和工作质量的提升产生了不利影响。2014年，习近平总书记在北京师范大学发表重要讲话，提出要"使教师成为最受社会尊重的职业"。2016年，习近平总书记在八一学校讲话时再次表明"要让广大教师在岗位上有幸福感、事业上有成就感、社会上有荣誉感，让教师成为让人羡慕的职业"。在习近平总书记重要讲话精神的引领下，党和国家高度关注乡村教师的工作幸福感，着力解决乡村教师综合待遇和社会地位问题。

一是完善乡村教师待遇保障机制。其一，提高教师整体工资收入水平。近几年教师相关重要的文件均强调"确保中小学教师平均工资收入水平不低于或高于当地公务员平均工资收入水平"的基本原则。2020年，国家教育督导委对此项工作进行了全面核实和督导。其二，着力提升乡村教师生活待遇。政策始终坚持把"全面落实集中连片特困地区乡村教师生活补助政策"作为提升乡村教师生活待遇的重要任务，并要求做好乡村教师重大疾病救助工作和周转房建设工程。其三，优化乡村教师发展环境。继职称评聘、培训机会、荣誉奖励等方面政策向乡村教师倾斜后，国家开始重视关注乡村青年教师的发展。在教育部等六部门印发的《关于加强新时代乡村教师队伍建设的意见》中，乡村青年教师的工作发展问题被单独提出，指出要"拿出务实举措，帮助乡村青年教师解决困难，关心乡村青年教师工作生活，巩固乡村青年教师队伍。优化乡村青年教师发展环境，加快乡村青年教师成长步伐"。

二是提升乡村教师社会地位和声望。社会地位关系教师自我价值认同以及社会对教师职业的肯定和认同。近年来，国家对于提升教师尤其是乡村教师社会地位的决心愈加明确坚定。2015 年，《乡村教师支持计划（2015—2020 年）》把"提高乡村教师地位待遇"作为教师队伍建设的基本内容；2018 年，《中共中央国务院关于学前教育深化改革规范发展的若干意见》中提出要"明确教师的特别重要地位，提升教师的政治地位、社会地位和职业地位，真正让教师成为令人羡慕的职业"。做好乡村教师的荣誉制度建设。教育部等六部门印发的《关于加强新时代乡村教师队伍建设的意见》再次强调"要让乡村教师享有应有的社会声望"，并提出完善乡村教师荣誉制度、提高教师乡村治理参与度、开展教师服务慰问活动等具体举措。

三是减轻乡村中小学教师工作负担。2019 年 12 月，中共中央办公厅、国务院办公厅印发了《关于减轻中小学教师负担进一步营造教育教学良好环境的若干意见》，提出"应统筹规范督查检查评比考核事项、统筹规范社会事务进校园、统筹规范精简相关报表填写工作、统筹规范抽调借用中小学教师事宜，切实减少对中小学校和教师不必要的干扰，让教师全身心投入教书育人工作"。此后，各省份陆续出台教师减负清单，乡村中小学教师减负工作逐步推进。

（二）大力发展乡村学前教育

为实现农村地区"幼有所育"，"十三五"期间，发展农村学前教育成为国家农村教育发展的重要政策要求。

第一，明确农村学前教育发展的阶段目标。2018 年，《中共中央 国务院关于学前教育深化改革规范发展的若干意见》提出"大力发展农村学前教育，每个乡镇原则上至少办好一所公办中心园"的政策目标，开启了学前教育普及普惠安全优质发展的新征程。同时，明确了"到 2035 年，全面普及学前三年教育，建成覆盖城乡、布局合理的学前教育公共服务体系，形成完善的学前教育管理体制、办园体制和政策保障体系，为幼儿提供更加充裕、更加普惠、更加优质的学前教育"的阶段目标，并要求"办好一批幼儿师范专科学校和若干所幼儿师范学院，支持师范院校设立并办好学前教育专业；采取多种形式扩大农村学前教育资源"，为农村学前教育明确了发展重点和方向。

第二，明确县级政府发展学前教育的主体责任。2017 年教育部、国家发改委等四部委联合印发的《关于实施第三期学前教育行动计划的意见》中强调"建立健全'国务院领导，省地（市）统筹，以县为主'的学前教育管理体制"。2018 年，《中共中央 国务院关于学前教育深化改革规范发展的若干意见》坚持政府主导的基本原则，强调要"落实各级政府在学前教育规划、投入、教师队伍建设、监管等方面的责任，完善各有关部门分工负责、齐抓共管的工作机制"。2020 年，《县域学前教育普及普惠督导评估办法》进一步强调了县级人民政府履行发展学前教育的职责，并表明将从学期教育的普及普惠水平、政府保障情况、幼儿园保教质量保障情况三大方面进行督导评估。并建立了"对于存在抽查县明显不达标、群众对学前教育投诉多、负面反映强烈、数据弄虚作假等严重问题的，将终止对该省（区、市）当年的评估认定工作。对履行学前教育普及普惠工作职责不力的，要以约谈有关负责人、通报批评等方式进行问责"的反馈问责机制。

（三）保障乡村弱势儿童的基本教育权益

教育公平是我国教育发展的长期目标，也是乡村教育发展关注的重要维度。"十三五"期间，乡村教育政策致力于为促进教育公平提供充分的制度保障，其中，保障农村儿童的受教育权益是重点内容之一。我国农村地区存在诸多处境不利儿童，包括留守儿童、随迁子女、残障儿童、家庭特殊儿童等，他们均面临教育发展滞后的困境。为了保障他们的基本教育权益，国家颁布实施了系列政策。

第一，关于农村留守儿童关爱的政策。"方便学生就近入学"是基础教育学校布局调整政策一以贯之的重要原则。[①] 作为留守儿童就学的主要阵

---

① 赵垣可、刘善槐：《新中国 70 年基础教育学校布局调整政策的演变逻辑——基于 1949—2019 年国家政策文本的分析》，《教育与经济》2019 年第 4 期。

地，乡村小规模学校和乡村寄宿制学校的发展备受重视。为让农村学生在家门口享受高质量的教育，2016 年国务院出台了《国务院关于加强农村留守儿童关爱保护工作的意见》，要求建立家庭、政府、学校尽职尽责，社会力量积极参与的农村留守儿童关爱保护工作体系和强制报告、应急处置、评估帮扶、监护干预等农村留守儿童救助保护机制。2018 年，国务院颁布实施《国务院关于全面加强乡村小规模学校和乡镇寄宿制学校建设的指导意见》，表示"加强两类学校建设，是加快教育现代化、促进乡村振兴的必然要求，对于满足学生对公平优质教育的需求具有重大现实意义"，并提出"建立留守儿童关爱帮扶体系，完善农村留守儿童信息管理功能，健全信息报送机制，健全优先保障、精准帮扶等制度；加强农村寄宿制学校建设，促进寄宿制学校合理分布"的具体任务。

第二，关于随迁子女异地就学的政策。2016 年国务院印发《国务院关于统筹推进县域内城乡义务教育一体化改革发展的若干意见》，明确要求改革随迁子女就学机制，简化随迁子女的异地入学流程，并提出"将随迁子女义务教育纳入城镇发展规划和财政保障范围，推动'两免一补'资金和生均公用经费基准定额资金随学生流动可携带"，真正实现"钱随人走"。为了促进随迁子女尽快融入学校和社区，该文件还提出了"实现混合编班和统一管理"的具体建议。2019 年，国家发展和改革委员会发布的《2019年新型城镇化建设重点任务》，把随迁子女的受教育权摆在突出位置，并要求各地"实现公办学校普遍向随迁子女开放，完善随迁子女在流入地参加高考的政策"。

第三，关于农村特殊儿童教育保障的政策。2014 年，我国实行两期特殊教育提升计划，将义务教育阶段特殊教育生均财政拨款标准提高到 6000元以上，同年，国务院办公厅颁布《国家贫困地区儿童发展规划（2014—2020 年）》，提出"保障视力、听力、智力残疾儿童少年义务教育入学率达到 90%"，随后配套出台《普通学校特殊教育资源教室建设指南》。2020年，《教育部关于加强残疾儿童少年义务教育阶段随班就读工作的指导意见》出台，鼓励推行融合教育，实行"普特融合"，并提出"同等条件下在招生片区内就近就便优先安排残疾儿童少年入学"，切实保障残疾儿童的就学权利。

二　乡村教育政策取得的成效

"十三五"期间，我国颁布了系列政策以推进城乡教育一体化发展、确保乡村学生享受公平而有质量的教育。乡村教育发展稳步推进，在教育资源保障、乡村教师队伍建设以及乡村学生发展方面取得了显著成效。

（一）乡村教育资源保障体系更加完备

"十三五"期间，按照统筹规划的城乡资源配置模式，县域内教育资源的分配差距逐步缩小，乡村学校标准化建设水平大幅提升。软硬件资源并重建设为乡村学校的教育教学和管理奠定了规范化、专业化、科学化的条件基础，对实现优秀教学资源共享，促进学校现代化、信息化、专业化水平的提升提供了有力支撑。

第一，学校基础设施设备配备标准显著提高。2014～2019年，乡村小学和乡村初中生均仪器设备值分别由723元和1298元增至1511元和2354元，增幅分别高达109.0%和81.36%；中小学阶段实验室、图书室、微机室面积，以及体育、美术、音乐器械配备达标校数，教学自然实验仪器数等办学指标均呈持续增长态势，涨幅约为20%。[①]

第二，学校信息化建设取得重大进展。2012年，国家提出建设义务教育阶段"三通两平台"，为进一步推动"十三五"期间农村教育信息化发展奠定了基础。"十三五"期间，我国乡村地区义务教育学校每百名学生拥有计算机台数以及每百名学生拥有网络多媒体教室数连年增加，乡村地区建立和接入互联网学校比例不断提高。到2019年，我国乡村小学每百名学生拥

---

① 数据来源于2014～2019年教育部公布的《教育概览》，文中未标明出处的数据除实地调研获取的数据外，均根据教育部官方公布数据整理所得。

有计算机台数和每百名学生拥有网络多媒体教室数分别为 16.47 台和 3.26 个，建设校园网和接入互联网学校比例分别为 58.23% 和 98.03%；乡村初中每百名学生拥有计算机台数和每百名学生拥有网络多媒体教室数分别为 21.49 台和 2.96 个，建设校园网和和接入校园网学校比例分别达 69.39% 和 99.30%。截至 2021 年 1 月，我国农村教学点数字教育资源全覆盖项目整合开发英语、音乐、美术等学科数字资源 6948 个学时，与基础教育阶段所有学科教材配套的资源达 5000 万条。[①]

（二）乡村教师队伍建设卓有成效

2015 年，国务院办公厅颁布《乡村教师支持计划（2015—2020 年）》（以下简称《支持计划》），针对乡村教师"下不去、留不住、教不好"的难题开始定向施策、精准发力。《支持计划》实施 5 年来，中央财政划拨奖补资金 206 亿元，惠及中西部 725 个县 8 万多所学校近 130 万名教师。[②] 乡村教师从教意愿增强，工作积极性提高，产生了极大的获得感。乡村教师队伍建设取得了明显的政策效益，向"造就一支素质优良、甘于奉献、扎根乡村的教师队伍"的建设目标迈进了一大步。

第一，乡村教师生活待遇稳步提高。提高生活待遇是吸引优秀教师到乡村任教的关键，也是全面深化新时代教师队伍建设改革的重要举措。[③] 一是乡村教师生活补助政策显著提高了教师的工资待遇。乡村教师生活补助政策实施以来，各地实现补助标准逐年增长，政策覆盖范围逐步扩大。2013 ~ 2019 年，全国集中连片特困地区县投入生活补助资金从 9.98 亿元增长至

---

① 《全社会研发经费年支出达 2.21 万亿元，国家财政性教育经费支出占 GDP 比例连续 8 年逾 4%》，http：//www. gov. cn/xinwen/2021 – 02/14/content_ 5587056. htm，最后检索时间：2021 年 2 月 14 日。

② 《全社会研发经费年支出达 2.21 万亿元，国家财政性教育经费支出占 GDP 比例连续 8 年逾 4%》，http：//www. gov. cn/xinwen/2021 – 02/14/content_ 5587056. htm，最后检索时间：2021 年 2 月 14 日。

③ 王爽、刘善槐：《乡村教师生活补助政策评估与优化——基于东中西部 8 省 8 县的调查分析》，《华中师范大学学报》（人文社会科学版）2019 年第 4 期。

56.13 亿元；2019 年，连片特困地区乡村教师生活补助人均月补助额增长为 369 元，有 10 个省级行政单位的人均月补助额达到 400 元以上；17 个连片特困地区省份主动扩大乡村教师生活补助政策覆盖面，将 657 个非连片特困地区县纳入补助范围，7 个非连片特困地区省份自主实施政策，覆盖 355 个县（市、区）。① 在乡村政策引导下，各地初步形成了科学的差序化待遇格局，提升了农村边远艰苦地区的教师岗位吸引力。课题组调查发现，乡镇及以下小学教师的人均月工资水平均高于县城小学教师，前者人均月工资达到 3223.33 元，后者则为 3064.74 元。② 二是乡村教师住房等生活条件有所改善。2015～2019 年，乡村教师周转宿舍建设面积由 663.65 万平方米增长为 1209.49 万平方米，涨幅为 82.25%。实地调查发现，甘肃、山东等地采取公共租赁住房、限价商品住房等多种形式解决教师住房问题。

第二，乡村教师荣誉感显著增强。一是《支持计划》颁布以来，社会尊师重教氛围更加浓厚。天津、河北等省份开展乡村教师表彰慰问大会、"寻找最美乡村教师"等主题活动，江西和宁夏分别组织 100 名优秀乡村教师到疗养点休假疗养，浙江赋予任教 30 年以上的乡村教师免费参观省内博物馆、科技馆和艺术馆等文化场所的权益。二是教师荣誉制度更加完善。截至 2016 年，有 106 万名教师获得乡村学校从教 30 年国家荣誉证书，各地在实践中还辅以相应的物质奖励。全国一半省份在教育类评选表彰中对乡村教师给予了倾斜，云南、山东等省份在教学名师、骨干教师等评比表彰中为获得荣誉的乡村教师单列指标。

第三，编制配置实现向乡村倾斜。编制是教师数量得以保障的前提，更加科学合理的教师编制核定和分配才能保证农村学校课程开足开齐。③ 一是乡村小学和教学点的编制核定更加科学。各地采取生师比与班师比相结合、

---

① 教育部办公厅：《2019 年乡村教师生活补助政策实施情况》，http：//www.moe.gov.cn/srcsite/A10/s7030/202006/t20200628_468807.html，最后检索时间：2021 年 2 月 12 日。

② 王爽・刘善槐：《乡村教师生活补助政策评估与优化——基于东中西部 8 省 8 县的调查分析》，《华中师范大学学报》（人文社会科学版）2019 年第 4 期。

③ 刘善槐：《我国农村教师编制结构优化研究》，《教育研究》2016 年第 4 期。

为每个教学点增加一名编制、增加附加编制等方式为小规模学校补充教师，"一人一校"和"一人包班"的现象逐渐消减，如安徽规定村小和教学点分别按照1：2.19、1：2.13的班师比配置师资，湖南将附加编制的范围从3%提高到5%。二是编制结构不断优化。内蒙古采取"老教师提前转岗"等方式解决乡村学校教师年龄结构、学科结构、岗位结构等矛盾。山东创新编制管理，建立临时周转编制专户，核定调剂出1.88万个编制，用于超编缺人学校。

（三）乡村学生发展水平不断提升

近年来，党和国家高度重视儿童特别是乡村地区儿童发展问题，实施了"农村义务教育学生营养改善计划""农村留守儿童关爱保护计划""学前教育三年行动计划"等重大工程。随着政策的深入推进，我国乡村学生发展取得重大进展，学生身心发展和营养健康水平有效提升，乡村儿童关爱队伍不断壮大；乡村学生上学问题基本解决。据统计，"十三五"期间，我国重点高校招收农村和贫困地区学生累计达到52.5万人，越来越多的农村孩子走进高等学府。①

第一，农村学生的营养健康状况明显改善。2011年，国家启动实施农村义务教育学生营养改善计划。截至2019年底，中央财政累计安排膳食补助资金1472亿元，政策覆盖全国29个省份1792个县，受益学生数达4060.82万名，占农村义务教育阶段学生总数的42.4%。国家监测数据表明，实施计划地区农村学生身高、体重等发展速度高于全国农村平均水平，贫血等营养不良状况有效缓解，学生身体素质明显提升。②

第二，农村弱势儿童关爱保护工作取得进展。2015年以来，国家多次

---

① 《全社会研发经费年支出达2.21万亿元，国家财政性教育经费支出占GDP比例连续8年逾4%》，http://www.gov.cn/xinwen/2021 - 02/14/content_ 5587056.htm，最后检索时间：2021年2月14日。

② 《农村留守儿童关爱保护专项行动取得阶段性成效》，民政部门户网站，http://www.mca.gov.cn/article/xw/mzyw/201709/20170915006081.shtml，最后检索时间：2021年2月9日。

在政策法规中明确对农村留守儿童和困境儿童关爱保护体系和教育保障工作的重视和关切，并提出具体落实方案。截至 2017 年底，全国所有省份都印发了农村留守儿童关爱保护具体实施意见。[①] 到 2017 年 8 月底，已有 68 万多名无人监护和父或母一方无监护能力的农村留守儿童得到有效监护，共计 11821 名失学辍学农村留守儿童返校复学。[②] 与此同时，各地关爱服务的形式更加丰富多元，关爱留守儿童的队伍不断壮大，学校教师、志愿者、社会各界力量纷纷加入关爱大军。

第三，乡村义务教育"控辍保学"工作基本完成。"十三五"期间，我国乡村学生辍学问题有效解决，乡村学生"有学上"的目标已经实现。据统计：截至 2020 年底，全国义务教育阶段辍学学生由台账建立之初的 60 万人降至 682 人；建档立卡贫困家庭辍学学生 20 万人全部动态清零；我国九年义务教育巩固率达 94.8%，小学学龄儿童净入学率达 99.94%，相关指标已达到世界高收入国家平均水平。[③]

三　乡村教育发展面临的挑战

进入"十四五"以后，追求高质量的发展水平成为乡村教育事业的主要任务。在新的发展阶段，乡村学校在硬件设施、师资配置和办学经费等方面应得到较高水平的保障，并且更加凸显家校共育的价值理念。但在当前及未来一段时间内，乡村教育发展仍将面临学龄人口变动、师资力量薄弱和家庭教育缺位等多重挑战。

---

① 杨剑：《农村留守儿童关爱保护和困境儿童保障工作取得阶段性成效》，《中国民政》2017 年第 11 期。

② 《农村留守儿童关爱保护专项行动取得阶段性成效》，中华人民共和国民政部门户网站，http：//www. mca. gov. cn/article/xw/mzyw/201709/20170915006081. shtml，最后检索时间：2021 年 2 月 9 日。

③ 《确保贫困地区义务教育有保障——改善教育面貌的格局之变》，中华人民共和国教育部网站，http：//www. moe. gov. cn/jybxwfb/xw_ zt/moe_ 357/jyzt_ 2020n/2020_ zt11/yiwujiaoyu/kongxue/202101/t2021019_ 511647. html，最后检索时间：2021 年 1 月 29 日。

（一）学龄人口变动的挑战

学龄人口分布格局显著影响教育资源的供需平衡状态，人口规模波动使资源配置陷入当下紧缺与未来过剩的两难境地。目前，我国的城市化水平正值稳步提升阶段，大量农村人口向城市聚集，学龄人口的分布密度和聚集程度处于动态变化过程中。在此背景下，如何配置教育资源既可保证当前人口规模的基本教育需求，又能应对未来学龄人口的分布格局，这是乡村教育发展规划过程中面临的决策难点。近年来，乡村学龄人口不断外流，人口密度进一步减小，小规模学校数量持续增加。有数据显示，2011 年至 2017 年，乡村义务教育在校生数量从 5228.18 万人减少到 3418.77 万人，减少了1809.41 万人。① 2015 年至 2016 年，全国乡村小规模学校（不足 100 人的小学和教学点）由 111420 所增长至 123143 所，增加了 11723 所。但随着乡村学龄人口的减少，人们对教育资源配置的实际需求并不会明显下降。按照学生发展的实际需要和学校标准化建设的政策要求，乡村学校包括小规模学校应设置必要的功能教室，匹配现代的信息化设备、音体美课程的教学用具等。按照学校质量提升的教育期望和课程改革的时代需求，乡村学校同样应配足配齐书法、法治知识、心理健康教育等课程教师。然而，在扩大教育资源投入以满足当前教育教学需要的同时，由学龄人口减少引起的资源浪费的风险也大大增加了。有数据显示，2016 年，全国小规模学校数量中，"空壳学校"占比达到了 8.15%。②

（二）师资力量薄弱的挑战

受编制紧缩政策和教师职业决策模式的影响，在较长一段时间内，乡村教师数量短缺、结构失衡的矛盾仍将难以解决。

第一，乡村学校尤其是小规模学校没有足够的编制数额消解师资供需矛

---

① 刘善槐、朱秀红、李昀赟：《农村教师编制制度改革研究》，《中国教育学刊》2019 年第 1 期。
② 刘善槐、王爽：《我国义务教育资源空间布局优化研究》，《教育研究》2019 年第 12 期。

盾。随着特岗计划、银龄讲学计划等多项教师补充政策的相继出台，乡村学校的师资供需矛盾得到一定缓解。但按照现行的编制配置方式，乡村教师的年龄结构、学科结构还将处于失衡状态。从教师年龄结构来看，乡村学校尤其是村小、教学点的老龄化现象比较严重。调查显示，福建某县乡村学校40岁以上教师比例高达72.12%，陕西某县乡村学校40岁以上教师比例高达79.30%。① 从学科结构来看，按照生师比或班师比的方式配置编制，分配给小规模学校的有限资源不足以补全音体美等专业教师，只能由其他学科教师兼任。调查显示，仅有43.34%的乡村音乐教师有音乐或音乐相关课程的教育背景，仅有43.84%的乡村美术教师有美术或美术相关课程专业学习背景，仅有47.06%的乡村体育教师有体育或体育相关课程专业学习背景。②

第二，教师职业决策过程中，一些非经济因素制约了教师留任乡校的选择。在党和政府的高度重视下，乡村教师享受了乡村教师生活补助、周转房工程建设、重大疾病救助等多项政策红利，但乡村教师的岗位吸引力整体依然偏低。一是大部分乡村地区的基础设施建设尚不完备，图书馆、音乐厅、电影院等文化休闲活动场所还较少，大型超市、商场、健身馆等生活设施也不多，乡村教师的生活便利度和丰富性仍然较低。二是与家人两地分居的乡村教师难以兼顾工作和家庭。一方面，异地居住的乡村教师较难顾及老人日常生活的料理和及时体察老人的身体状况；另一方面，乡村地区很难为乡村教师的子女提供较高质量的教育，因此，子女受教育难题成为乡村教师向城流动的一大推力。诸如此类外在条件限制，使多数政策无法完全通过经济因素的刺激来增加乡村教师整体的岗位吸引力。

（三）家庭教育缺位的挑战

农村地区多数家长缺席孩子教养环节，家校联合育人与家庭教育缺位成为乡村教育发展过程中难以调和的矛盾。乡村学校学生的综合发展受学校、

---

① 刘善槐、朱秀红、李昀赟：《农村教师编制制度改革研究》，《中国教育学刊》2019年第1期。
② 刘善槐、朱秀红、李昀赟：《农村教师编制制度改革研究》，《中国教育学刊》2019年第1期。

家庭和社会等多个层面因素的影响，其中，家庭在学生许多发展维度上的作用甚至要大于学校。① 但随着农业自动化和产业化的加速发展，农村出现大量剩余劳动力，多数农村人口迫于生计选择外出务工，在工作环境、经济成本等限制性因素作用下，留其子女于乡村学校，农村家庭面临着维持生计与教养孩子的冲突。经摸底排查发现，截至 2018 年 8 月，全国不满 16 周岁、父母均外出务工的农村留守儿童数量还有 687 万人。② 有研究发现，父母在孩子成长过程中长时间的缺位必然会带来负面效应。第一，留守儿童在生理和心理方面均面临发展障碍。如农村留守儿童身高、体重、营养状况等多项指标的发展水平稍次于非留守儿童。留守男生、女生的平均身高分别比非留守男生、女生低 1.37 厘米和 1.10 厘米，留守男生、女生的平均体重分别比非留守男生、女生少 1.12 千克和 0.15 千克，留守儿童每天或经常能吃到肉的比例比非留守儿童低 3.77 个百分点。③ 留守儿童在自我概念上易处于极度自卑、认同感低的认知状态，在性格特征上易走向暴躁焦虑和畏缩胆怯两个极端，在行为表现上易产生人际交往困难和环境适应障碍。第二，父母外出显著影响留守儿童的学业成绩。有研究表明，母亲外出打工会使留守男生、女生的数学成绩分别降低 4.77 分和 5.54 分，语文成绩分别降低 1.27 分和 4.43 分。④

四 乡村教育政策展望

进入"十四五"后，在乡村振兴战略和教育现代化的推动下，乡村教育发展将迎来新的发展机遇。为了让乡村学生在家门口也能接受高质量的基

① 刘善槐：《农村教育高质量发展的多重挑战与改革建议》，《中国教育学刊》2020 第 12 期。
② 《全国农村留守儿童数量下降》，中华人民共和国中央人民政府网站，http://www.gov.cn/xinwen/2018 - 10/30/content_ 5335992. htm，最后检索时间：2021 年 1 月 9 日。
③ 邬志辉、李静美：《农村留守儿童生存现状调查报告》，《中国农业大学学报》（社会科学版）2015 年第 1 期。
④ 郑磊、吴映雄：《劳动力迁移对农村留守儿童教育发展的影响——来自西部农村地区调查的证据》，《北京师范大学学报》（社会科学版）2014 年第 2 期。

础教育，需要系统规划、顶层设计，在乡村学前教育发展、乡村小规模学校和寄宿制学校建设、乡村教师队伍建设等方面完善政策体系。

（一）补齐乡村学前教育发展短板

乡村教育是基础教育的薄弱环节，学前教育是乡村教育的短板。近年来，在国家政策的推动下，各地更加重视学前教育发展，使乡村学前教育的普及率已经达到较高的水平。但是，由于乡村公办园数量非常少，未能满足乡村适龄幼儿的入学需求；而普惠性民办园难以产生规模效益，在收费较低的情况下难以改善办园条件和招聘高素质的幼儿教师，保教质量必然受影响。为了让乡村适龄幼儿能够接受更高质量的学前教育，应完善相关政策，增加公办园的数量，与之同时，支持并规范普惠性民办园发展，提供必要的资源支持，并定期评估保教质量，淘汰质量不达标的民办园。

（二）进一步加强乡村小规模学校和寄宿制学校建设

我国许多乡村地区学龄人口分散，且学龄人口持续外流。这也就意味着，在未来较长一段时间，乡村小规模学校将长期存在。而为了解决学生"上学远"的问题，乡镇地区兴建了大量寄宿制学校，这两类学校的发展状况直接关系乡村教育的整体质量。2018年《国务院办公厅关于全面加强乡村小规模学校和乡镇寄宿制学校建设的指导意见》发布后，这两类学校的办学条件和师资水平有了明显提升。但是，有许多问题仍需得到重视，比如，乡村小规模学校的师资水平与中心校仍有较大差距、音体美的教育教学质量仍有待提升、教育信息化水平仍不高、许多寄宿制学校缺乏专业的生活教师等。未来，应完善政策设计，破解难点问题，提升两类学校的办学质量。

（三）落实好乡村教师队伍建设政策

师资是影响教育质量的关键要素。2020年，教育部等六部门联合发布了《关于加强新时代乡村教师队伍建设的意见》，从师德师风建设、编制配备、交流轮岗、教师教育、职业成长、地位待遇、制度和人文环境等方面系统性地推进乡村教师队伍高质量发展，为下一阶段乡村教师队伍建设提供了的指导。"如何让这些政策举措精准落地"是发挥政策效能的关键。这些政策举措的落实程度与乡村教育的总体规模、地方的客观自然条件和教育资源的存量等方面均有密切的关系，这考验了地方政府对乡村教育的重视程度和教育统筹协调能力。为了落实好这些政策，应健全政策落实的监督和奖惩机制，督促地方政府制定符合实际的实施方案和实施细则。

（四）完善乡村儿童关爱教养体系

当前，乡村地区仍有许多家境不利的儿童，比如留守儿童、单亲儿童等。部分地区这类儿童的比例较高。与普通儿童相比，这类儿童在发展过程中将面临更多困难。为此，应把弱势关照作为公共政策的重要价值维度，完善早期关爱教养体系，让所有的乡村学生均能够充分发展。

特别关注

新冠肺炎疫情期间我国在线教学情况调查

——基于城乡比较的视角

王晓艳　张　橦　牟云娟　张艳玲*

摘　要：本研究对我国东部、中部和西部的城乡中小学生的家长在新冠肺炎疫情期间对在线教育的认知进行了调研。研究发现，中西部农村学生在线学习经验较少，大部分中西部农村学生在在线学习中将手机作为终端设备，家长陪伴成为在线服务支持的重要力量，但仍有超过40%的学生无陪伴或偶有陪伴，城乡家长均表示担心在线学习影响孩子视力以及孩子沉迷网络，大多数城乡家长均希望开学后增加在线教育资源，七成农村家长愿意为优质在线教育资源付费。本文建议，家长应正确引导孩子使用网络，提升孩子的自我管理能力，同时在线教育应关注城乡数字鸿沟及农村学生网络素养问题，制定适宜本地的在线教育策略，让农村学生能借助网络接触到优质的教育资源。

关键词：新冠肺炎疫情　全面在线教育　城乡学生　家长视角

一　引言

2020 年初受新冠肺炎疫情影响，全国大中小学开学推迟，教学活动改

---

* 王晓艳，四川师范大学四川文化教育高等研究院；张橦，浙江大学公共管理学院；牟云娟，四川省社会科学院；张艳玲，中关村互联网教育创新中心。

为在线教学，推动了在线教育用户数量快速增加。数据显示，2020年3月在线教育用户达到4.23亿人，① 较2019年6月的2.32亿人②有大幅度增长。有研究者指出，疫情结束后线上线下混合供给的教学模式将持续发展优化下去，成为学生学习的方式之一。

基础设施的建设为疫情紧急情况下实行全面在线教育（本研究将疫情中所有学段的学生在家利用数字资源或工具学习统称为"全面在线教育"）提供了现实基础。随着互联网的普及，农村和城市在网络的物理接入层面上的差距已经逐渐缩小，2013年国务院发布《国务院关于印发"宽带中国"战略及实施方案的通知》（以下简称《通知》），将宽带问题正式纳入国家战略。根据《通知》提出的目标，到2020年，行政村通宽带比例将超过98%，几乎可以实现"村村通"。③ 网络基础设施的完善，为此次全面在线教育的实施提供了物理基础。随着我国"村村通"和"电信普遍服务试点"等工程的实施，农村的互联网普及率逐步提高，截至2020年3月，农村地区互联网普及率达46.2%。④ 疫情期间转向在线教育的全国中小学生数以亿计，可以说，"这是人类历史上从来没有过的最大规模的在线教学实践"⑤。但是，就疫情中被迫从面授教学转向全学科、全学段的在线教学的教育实践来看，中小学学生的在线教育对教育管理部门、学校、教师、网络平台、学生乃至家长都是全新的挑战。⑥

尤其对农村学生来说，其所在地区和学校的教育信息化程度相对城市地

---

① 中国互联网络信息中心（CNNIC）：第45次《中国互联网络发展状况统计报告》，http：//www.cac.gov.cn/2020 - 04/28/c_ 1589619527364495.htm，最后检索时间：2021年3月24日。

② 中国互联网络信息中心（CNNIC）：第44次《中国互联网络发展状况统计报告》，http：//www.cac.gov.cn/2019 - 08/30/c_ 1124939590.htm，最后检索时间：2020年12月10日。

③ 刁兴玲：《工信部：2020年实现"村村通宽带"光纤入户再得一剂"强心针"》，《通信世界》2017年第7期。

④ 中国互联网络信息中心（CNNIC）：第45次《中国互联网络发展状况统计报告》，http：//www.cac.gov.cn/2020 - 04/28/c_ 1589619527364495.htm，最后检索时间：2021年3月6日。

⑤ 陈丽：《在线教学助力停课不停学的实践创新》，搜狐网，https：//www.sohu.com/a/386583736_ 115563，最后检索时间：2020年4月20日。

⑥ 郑勤华、秦婷、沈强等：《疫情期间在线教学实施现状、问题与对策建议》，《中国电化教育》2020年第5期。

区更低。疫情一方面加速了农村中小学教育信息化的发展，一定程度上推动了农村教育的发展和变革；另一方面，农村地区在线教育的基础设施薄弱、既有的在线学习经验缺乏、农村家庭支持欠缺等因素使农村中小学生的全面在线教育面临诸多的挑战。在线教育存在巨大的数字鸿沟，比如城市富裕家庭的孩子拥有更好的硬件设备、更好的带宽等。从媒体报道的一些事件来看，部分地区在线教育的普及还受制于家庭是否有适配的硬件（比如足够的手机或者平板，以及网速）。2020 年 3 月凤凰网等发起"为网课困难学子送平板电脑"公益活动。此次活动对 1800 名受助学生发放调查问卷。调研报告显示，受助学生里，有 2/3 的学生表示，上网课困难与缺乏上课设备有关。比如家中没有适合上网课的智能手机，或是兄弟姐妹多人共享一部手机轮流上网课。父母常年不在家的留守儿童，其主要照料者爷爷奶奶不懂在线教育，不会使用智能手机或者网络，这部分孩子很难得到家庭的在线学习支持服务。

此前诸多研究大多是从教育公平、教师的角度关注在线教育，较少从家长视角反馈学生在家学习的状况。事实上，疫情期间学生的学习基本是在家庭的物理空间进行，因此，从家长视角反馈出来的学生在家进行在线教育的数据非常值得关注。疫情期间进行的在线教育，将家庭场景和学校场景进行了链接，家庭在基础教育中的作用被挖掘。[①] 家庭的在线学习经验、家长对在线教育的服务支持、家长对在线教育的评价、家长对在线教育的态度等都值得关注和探讨。

二　调研的基本情况

本次调研主要采用分层抽样的方式确定参与问卷调查的人员。在东部、中部、西部城市的城乡学校进行了抽样。问卷主要通过在线的方式发放到相

---

① 朱迪：《疫情常态化后持续发展青少年数字教育》，环球网，https://lx.huanqiu.com/article/9CaKrnKs4Ag，最后检索时间：2020 年 12 月 13 日。

应地区选定的学校，通过学校发放给家长。问卷从 2021 年 2 月 27 日开始发放，截止到 2021 年 3 月 17 日，最后收到有效问卷 28864 份。其中，东部地区占 11.40%，中部地区占 72.39%，西部地区占 16.21%。家庭居住在城市的占 28.00%，居住在农村的占 72.00%。孩子所处学段方面，小学占 74.27%，初中占 20.62%，高中占 5.11%。同时，结合调查问卷，研究者还对家长、校长和老师进行了 120 多人次的网络访谈。

本次调研主要从家长的角度了解中小学生在家进行在线学习的情况，主要关注了以下三个维度：家庭环境的信息化程度（包括网络的可得性）、学生在线学习经验（此前是否进行过在线学习）、家长对在线教育的认知。需要说明的是，因调研问卷主要发放给家长填写，因此，本研究中的中小学生学习状况的数据主要源自家长的观察和感受。

三　研究发现

（一）中西部地区农村学生在线学习经验较少

从数据来看，城乡家长和学生在线教育的经验均不足。从 2020 年 1 月底开始，除了教育部门推出的在线教育资源外，还有众多的在线教育公司推出免费或者部分付费的内容。可以说，学生可利用的在线教育资源非常丰富，但是资源太多对家长和学生造成资源选择困难。访谈中，很多家长和学生都不知道如何选择合适的在线教育资源，所使用的在线教育资源主要来自学校和老师的推荐。虽然家长并不完全靠教师提供信息，但学校教师的推荐很大程度上影响着家长和学生对在线教育的选择。在访谈中，大多数家长提到，其获取在线教育信息的途径主要是学校/老师的推荐，其次是朋友的直接推荐。

调研结果显示，城乡学生在疫情之前参加过校外在线教育的比例分别为 21.15% 和 9.83%（见图 1）。由此可知，农村学生在线学习的经验相对比较缺乏。对于较少接触在线教育的农村学生来说，全面在线教育一方面有利于其快速学会使用在线教育平台，但另一方面，如何有效利用在线教育的资源，是数字素养层面值得关注的问题。

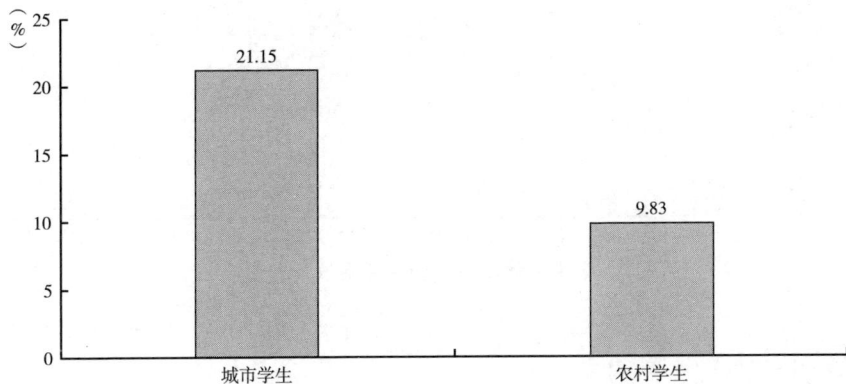

图1　疫情之前城乡学生参加过校外在线教育课程占比情况

（二）全面在线教育中，大部分中西部地区农村学生以手机作为终端设备

硬件、网络状况是支撑学生在线学习的基础条件，是影响在线学习效果的重要因素。本次调研关注了学生在全面在线教育中所使用终端设备情况。数据显示（截至2021年3月17日），使用智能手机的学生最多（68%），使用平板电脑的次之（12%），也有部分学生使用笔记本电脑、网络电视和台式电脑（见图2）。城市学生使用手机学习的占53%，农村学生占79%（见图3）。东部地区学生使用手机学习的占63%，中部占73%，西部占74%（见图4）。第45次《中国互联网络发展状况统计报告》显示，截至2020年3月，中国手机网民规模达8.97亿人，农村网民规模为2.55亿人，网民利用手机上网的比例达99.3%。这与本次调查的结论较为一致，手机上网已成为最常用的上网渠道之一。从数据来看，中西部地区农村学生使用手机进行在线学习的更多。在网络访谈中也了解到，利用智能手机上网学习对大多数农村家庭来说都比较方便。

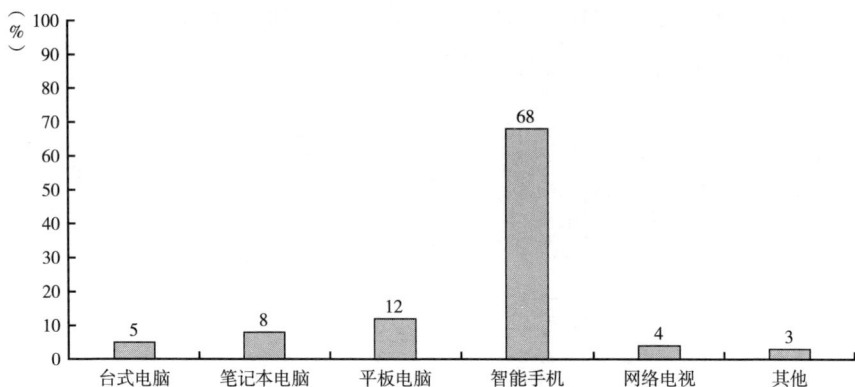

图 2　学生在线学习中使用终端设备占比情况

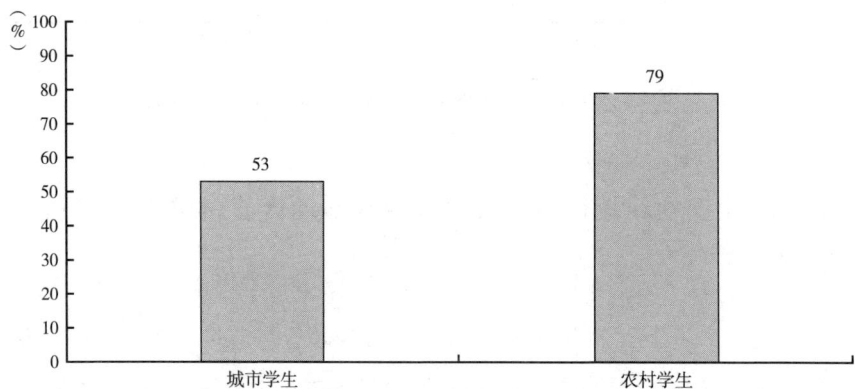

图 3　城乡学生在线学习中使用手机占比情况

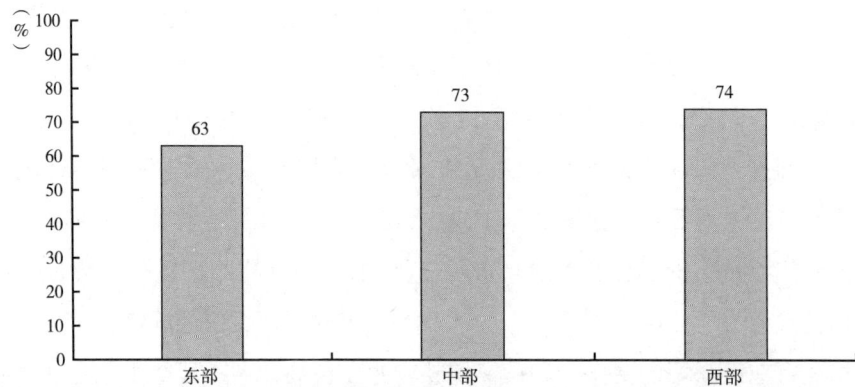

图 4　东中西部地区学生在线学习中使用手机占比情况

（三）家长陪伴成为在线服务支持的重要力量，但仍有超过40％的学生无陪伴或偶有陪伴

优质的学习资源并不代表知识的获得，个体能够从在线教育中获得知识，还需要和学习者的学习习惯相匹配，还需要相应的服务支持，才能促进有效学习的发生。事实上，随着在线学习时间的增加，越来越多的家长表示，在线学习中孩子缺乏自律性，导致在线学习的效果不如线下学习。通过网络访谈了解到，部分家长认为孩子学习成绩下滑的主要原因是在疫情期间的在线学习中缺乏自律。学生在上课的时候，容易被网络弹出来的广告吸引或者趁家长不注意的时候偷偷上网。这个问题还涉及学生和家长的数字素养，如何合理地使用互联网的功能，在学习和娱乐之间进行平衡，对学生和家长来说都是挑战。

当学习的空间从课堂转至网络空间，教师和学生之间的学习服务支持方式发生了变化，在这种情况下，家长的陪伴式学习成为疫情期间在线教学中的重要力量。全面在线学习期间（截止到3月17日问卷收集结束），大多数家长都有机会居家，这也为家长的学习陪伴创造了条件。调研数据显示，仅有6％的小学生没有陪伴，而没有陪伴的高中生达到25％，这也说明随着年龄的增长，学生的自律性在不断地发展。60％的小学生是一直有陪伴或者经常有陪伴，偶尔有陪伴的小学生占34％；38％的初中生是一直有陪伴或者经常有陪伴，偶尔有陪伴的初中生占48％；仅有27％的高中生是一直有陪伴或者经常有陪伴，偶尔有陪伴的高中生占47％；高中生仅第一次课有陪伴的占2％，而小学生仅第一次课有陪伴的仅占1％（见图5）。但是也需要看到，小学生也有6％的比例没有陪伴。

从图5可以看出，随着自律性以及能力的增强，高中生在上网课时候的陪伴较少，小学生由于需要得到的服务支持更多，包括父母对硬件设备的调试，得到的陪伴也更多。

调研中还发现一些问题，很多家长不懂家庭教育的方法，教育引导孩子

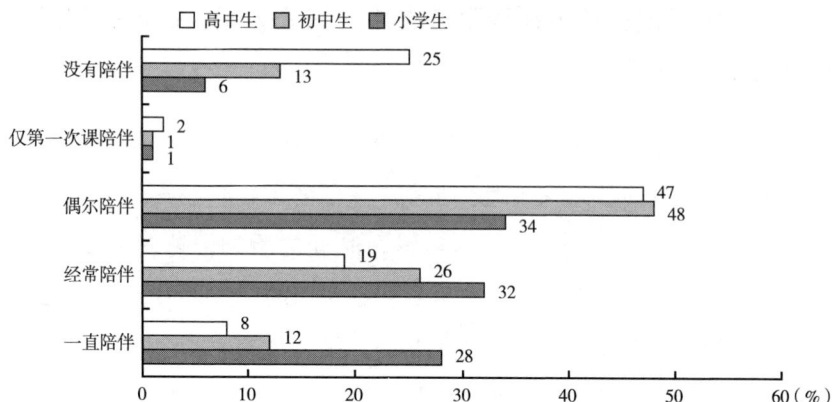

图5　中小学生在线学习时的家长陪伴情况

的方式比较粗暴，当孩子没有按照老师或者家长的要求来做的时候，家长采用的粗暴教育方式容易引发孩子的逆反心理。老师建议，家长面临孩子问题的时候，需要保持平和的心态，和孩子一起探讨问题的解决方案，包括和孩子一起制定学习计划、提醒孩子按时上课，和老师进行及时沟通等。尤其是一些低龄的孩子，其自控力还处于发展中，因此，家长需要与老师合作，共同帮助孩子培养良好的学习、生活习惯。

（四）城乡家长均表示担心在线学习影响孩子视力

调研中特别关注家长对在线教育的担忧，在对以下担心进行排序时："担心影响孩子视力、担心孩子沉迷网络、担心学习资源质量不好、担心孩子跟老师互动交流减少、担心缺乏监督、担心孩子缺乏跟同学的互动互助、担心缺乏老师对学习效果的及时反馈"中，不管是城市家长还是农村家长，对在线学习的担心都集中于担心电子产品的使用会影响孩子视力，担心孩子沉迷网络。同时，家长还担心学生缺乏自律，会在上课的时候偷偷上网、打游戏，从而影响学习效果。家长还表示，网络上弹出的一些广告可能会对学生有负面的影响（见图6）。

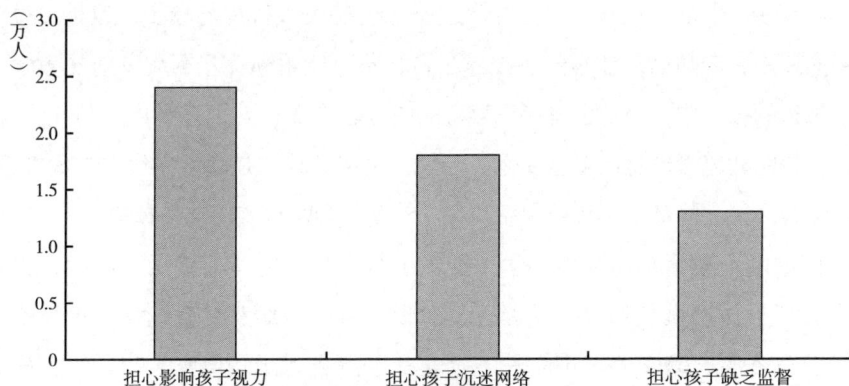

图6　城乡家长对在线教育主要担心的排序

（五）大多数家长希望开学后增加在线教育资源，七成农村家长愿意为优质在线教育资源付费

线上线下融合的方式是未来教育的方向。58%的城市家长和69%的农村家长赞成开学后在学校的课堂教学中增加在线教育资源（见图7）。农村家长更倾向于支持开学后课堂教学中融入在线教育的主要原因，可能是因为农村学校的教育信息化程度相对城市学校有一定的差距。虽然农村家长和城市家长有着一样的担心（担心影响孩子视力以及担心孩子沉迷网络），但农村家长也希望孩子能够接受更优质的教育。而在当前情况下，在线教育是农村学生获得优质教育资源的重要途径。

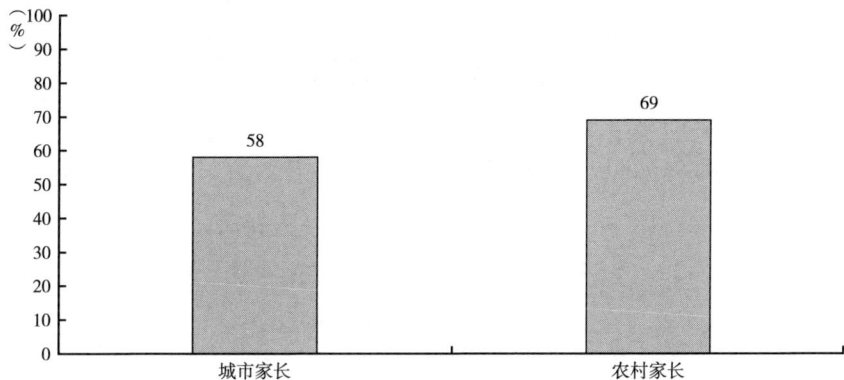

图7　城乡家长对学校增加在线教育资源的意愿情况

　　访谈中一些农村校长表示，疫情之前学校在线教育用得较少，但是经过疫情中的使用，老师已经非常熟悉技术平台，不可能重新完全回到以前的教学方式。未来的教学中，一定会将在线教育的资源融合到面对面授课中。与此同时，部分学校的教育管理也已发生变化。比如，家长会基本是通过在线的方式进行，在线家长会大大降低了学校组织家长会的难度，同时也方便家长参加。

　　疫情中，教育部门为中小学生提供了很多免费的学习资源，同时，也有很多教育机构提供了部分公益课程。对于未来是否愿意付费让孩子接受优质在线教育资源，65%的城市家长表示非常愿意或者比较愿意，72%的农村家长表示非常愿意和比较愿意。这说明只要是优质的教育资源，只要价格合理，大多数农村家长也愿意付费。

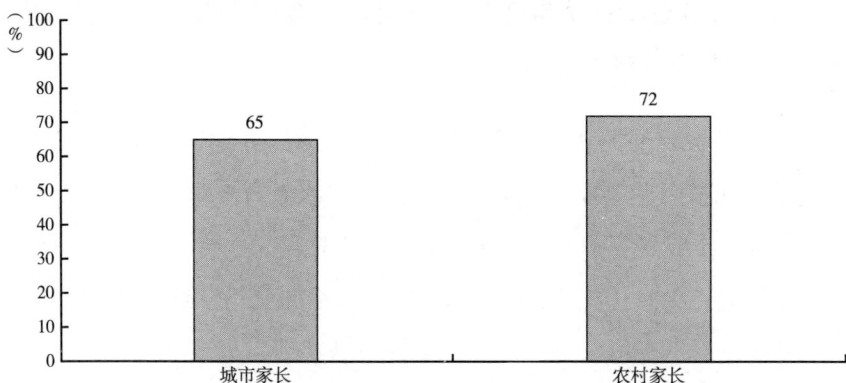

图 8　城乡家长对优质在线教育资源的付费意愿情况

四　讨论和建议

　　针对疫情期间如此大规模的全国中小学生在线教育，需要关注其中呈现的规律。认识这些规律一方面会有利于在线教育的发展，促进教育的变革；另一方面，也能够促使我们反思如何才能帮助学生在这个时代学会学习，以及什么样的在线教育才能让学生充分发挥自主能动性，达成预期的教学效果。

（一）学生需要提升自我管理能力，家长需要采用正确的方式引导孩子正确使用网络

本次全面在线教育缓解了疫情期间师生无法到校的燃眉之急，同时，如此长时间的在线学习，也暴露出了在线教育的很多问题，比如师生互动的不足、学生学习的自律能力欠缺等。传统的学校教育高度依赖教师，学生和教师处于一个相对较强的互动环境中，但是在网络上，这种强互动的环境被打破。尤其是在疫情期间，教师只能通过远程的方式监督学生，监管的力度不如面对面教学中的力度强。调研数据显示，学生在线学习的自律能力欠缺是家长非常担心的问题。同时，在网络访谈中，家长表示，恢复正常工作以后，没法在家陪伴孩子学习。部分家长对孩子所学习的内容并不了解，因此，家长并不确定孩子到底是在学习还是在上网玩游戏等。部分老师反馈，从阶段性学习测试结果来看，对于学习不自律的孩子来说，在线学习的效果会比较差。

自律问题一方面和学生的生理发育有关系，对于低龄的孩子来说，其自律性仍然处于发展之中；另一方面也和家长和老师的引导有关，尤其是全面在线教育期间，学生大多数时间是在家里，家长应该引导孩子正确使用网络。数字化时代，家长也需要提升自身的数字素养，更新对媒介的认知，发挥家庭教育的作用，引导青少年学生积极利用数字化资源促进自身发展。因此，建议根据不同地区、学校和学段的学生的需求，为其匹配合适的学习资源，引导学生合理使用在线教育，避免出现"学习资源超载"或者学习资源不能满足学生需求的问题。同时，要引导家长采用科学的、非暴力的沟通方式引导孩子正确利用网络，避免因为网络或者在线学习产生严重的亲子冲突。

除了担心孩子不能自律地学习，家长还担心上网、网络游戏，以及网络上弹出的一些广告对孩子有负面的影响。因此，建议网络监管部门建立一定的监管机制，保证过滤教育软件弹出的广告等。在线教育资源作为一种新型教育服务，具备供给主体多元、类型多样等特征。应厘清政府部门的职责边

界，明确监管责任，划分职能权限，建立健全教育服务供给的准入机制、退出机制、筛选机制、评价机制等。这样才能把全社会的教育资源汇聚到一起，更好地满足人民群众的多样化需求，也有利于构建一个与社会融合的终身教育体系。[①] 比如，参考广东等地实行的进校 App 白名单制度，通过这种方式对学生使用的在线教育资源进行监管。

（二）关注"数字鸿沟"，制定适宜本地的在线教育策略

新冠肺炎疫情期间的全面在线教育推进了农村学校和家庭的教育信息化，让不少农村地区、偏远山区的学生也采用在线的方式进行学习，让更多的农村学生接触到更优质的教育资源。需要反思的是，优质的在线教育资源的存在，对他们来说，是缓解了还是加剧了教育的不均衡，是提升了教育的质量，还是进一步拉大了他们和城市学生之间的差距。对这些问题的追问需要持续。1970 年，美国传播学者蒂奇诺等人在大量实证调查的基础上提出了"知识沟"理论，即由于社会经济地位高者通常能比社会经济地位低者更快地获得信息，因此，大众媒介传送的信息越多，这两者之间的知识鸿沟就越有扩大的趋势。在线教育对农村儿童的影响也是如此。

在线教育可能会加大数字鸿沟，但是对农村儿童而言，在线教育也增加了他们接触优质教育的机会。各地应该因地制宜，制定出适合本地的在线教育策略。华东师范大学叶澜教授指出：农村教育不是城市教育的翻版，而是独具风格和内涵的新农村教育。不认真地分析、研究差异，教育优质公平化就会倾向乌托邦式的拔高，或者以简单扯平差异为目标，良好的愿望距离现实会越来越远。农村基础教育的优质化，不是简单搬运城市指标。根本的宗旨是让农村的孩子身心得到健康发展。[②] 教育均衡问题的解决涉及多方要素，并不仅仅是有了技术支持和优质的教育资源就能解决教育公平问题，还需要制度、政策等的支持。未来，如何借助教育信息化推进

---

① 陈丽：《教育信息化 2.0：互联网促进教育变革的趋势与方向》，《中国远程教育》2018 年第 9 期。

② 叶澜：《关于教育优质公平发展的三重思考》，《光明日报》2019 年 10 月 16 日，第 13 版。

教育公平，将优质教育资源辐射到更多的农村学校和家庭，仍然是需要关注和探索的问题。①

（三）关注农村青少年网络素养，减少网络依赖等负面影响

农村青少年儿童的在线教育使用中，还需要注意对其网络使用的引导。《中国儿童发展报告（2019）——儿童校外生活状况》显示，儿童使用电子产品游戏休闲时间较长，且呈现乡镇农村儿童电子产品使用时间明显长于城市儿童的情况。② 尤其对部分留守儿童来说，缺少父母的引导，可能会让他们在利用网络促进自身发展方面面临更多的困境。虽然父母外出打工并不必然导致孩子放纵自我、沉迷游戏，比如部分家长会选择通过手机、微信等通信工具实时和孩子及其老师沟通，关注孩子在学校的成长；但总体来说，需要关注农村学生对网络或者手机等电子产品的使用。

互联网的发展让农村青少年儿童也能够通过网络了解到外面的世界，拉近他们和城市、和世界的距离，但是他们也容易受到互联网上的各种不良信息的影响。一方面，需要加强农村文化、娱乐基础设施建设，开展丰富多彩的活动，减少农村青少年群体娱乐方式对于网络的依赖。另一方面，需要关注农村学生在线教育中的数字素养，探究如何提升青少年利用互联网教育资源的能力，帮助青少年更加理性、自律地使用在线教育资源，帮助他们发展终身学习的能力。这将有利于把他们培养成为未来社会的具有社会责任感的数字公民。

总体来说，新冠肺炎疫情期间的在线教育是非常时期的非常举措，部分解决了因疫情导致的延期开学的问题，但其更长远的意义则是一定程度上推动了教育的变革——学生的线上线下混合式教学，未来可能成为教与学的新常态。

---

① 雷朝滋：《教育信息化：从 1.0 走向 2.0——新时代我国教育信息化发展的走向与思路》，《华东师范大学学报》（教育科学版）2018 年第 1 期。

② 苑立新主编《中国儿童发展报告（2019）——儿童校外生活状况》，社会科学文献出版社，2019。

乡村教师"互联网+教学"胜任力模型的构建

——一项行为事件访谈研究[*]

赵 丹 易美玲 杨国光[**]

摘 要:"互联网+教学"为乡村学校拓展优质教育资源、推进教育公平提供了新路径。乡村教师具备"互联网+教学"胜任力,是确保教学质量提升的关键。本研究基于胜任力理论,采用行为事件访谈法,对3省8县28名乡村教师的168件教学关键事件进行行为编码和差异分析,构建了乡村教师"互联网+教学"胜任力模型。"互联网+教学"技术、知识掌握与应用,"互联网+教学"实施能力,"互联网+教学"内驱力,"互联网+教学"态度与动机四大胜任特征群,为乡村教师职业发展提供了针对性的"互联网+教学"能力指标,有助于对其教学能力进行有效评估和精准提升。

关键词:乡村教师 教学胜任力 行为事件访谈 教育信息化

[*] 本研究由国家自然科学基金面上项目"基于集群发展的乡村小规模学校教育质量提升研究"(项目编号:71874140)、西北农林科技大学人文社会发展学院凤岗卓越人才支持项目"乡村小规模学校布局的空间演变及 GIS 优化"(项目编号:FGZY202003)、国家级大学生科创项目"乡村教师互联网+教学胜任力评价及提升对策研究"(项目编号:S202010712058)资助。

[**] 赵丹,陕西师范大学教育学部特聘教授,西北农林科技大学人文社会发展学院教授,博士生导师,主要研究方向为农村教育;易美玲,西北农林科技大学人文社会发展学院 2018 级本科生;杨国光,西北农林科技大学党委政策研究室研究人员,主要研究方向为教育管理。

互联网信息技术的快速发展，使得教育资源在世界范围内的流动成为常态，同时也改变了人类获取知识的渠道与方式。基于此，广大学生群体对教育教学形态的需求也日益呈现智慧化、个性化、多样化等趋势。"互联网＋教学"成为教育信息化时代满足学生多元学习需求的有效手段，特别是对于教育资源相对短缺的乡村学校，"互联网＋教学"是提高教学质量、推进教育优质均衡发展的重要保障。在"互联网＋教学"的实施中，乡村教师的教学胜任力是确保教学质量提升的关键。教育部等六部门联合发布的《关于加强新时代乡村教师队伍建设的意见》中明确提出："发挥 5G、人工智能等新技术助推作用……把信息化教学能力纳入师范生基本功培养，实施中小学教师信息技术应用能力提升工程 2.0，促进信息技术、智能技术与教育教学的深度融合。"《教育信息化 2.0 行动计划》和《教育信息化"十三五"规划》也分别提出"要大力提升教师信息素养，促进信息技术与教育教学融合进一步深入、教师信息化教学能力显著提升"。可见，无论从现实需求还是从高层政府的政策导向来看，乡村教师"互联网＋教学"胜任力都是影响乡村教育高质量发展的关键。

教师胜任力包括教师能力、知识、自我意象、动机以及人格特点等，它能将教学绩效优秀的教师与一般教师区分开来。教师胜任力模型是指教师这一特定角色需要具备的胜任特征的总和，它是针对教师职业表现和任务要求形成的一组特征。[1] 在乡村学校中，教师"互联网＋教学"胜任力具有独特性，它主要指教师在运用"互联网＋"技术开展教学活动的过程中应具备的胜任特征的总和。

近年来，部分学者针对教师"互联网＋教学"能力和胜任力问题开展了研究。如王卫军提出教师信息化教学能力结构框架包括六种子能力：信息化教学迁移能力、教学融合能力、教学交往能力、教学评价能力、协作教学能力，以及促进学生信息化学习能力。[2] 郭春才从信息化教育环境的构成要

---

① 徐建平、张厚粲：《中小学教师胜任力模型：一项行为事件访谈研究》，《教育研究》2006 年第 1 期。
② 王卫军：《教师信息化教学能力发展研究》，西北师范大学博士学位论文，2009。

素及其相互关系中解析出教师胜任力的一级指标：媒介素养、组织素养、学习素养、传媒素养，并采用工作分析调查法确定其二、三级指标，进而构建了教师胜任力模型。[①] 赵忠君等运用行为事件访谈法对33位高校教师进行访谈，构建了智慧学习环境下的教师胜任力模型，包含个性动机、态度/价值、知识和能力四个维度。[②] 陈凯泉等提出数字化背景下教师教学胜任力体现为知识学习与整合、技术应用、课堂实施能力、情感态度、教学意识和互联网＋教学胜任力六个一级指标及27个二级指标等。[③] 总体来说，信息化背景下，系统构建乡村教师"互联网＋教学"胜任力模型的实证研究仍然较少。为此，本研究采用行为事件访谈法，以28名乡村教师开展"互联网＋教学"的168个关键事件为样本，考查其绩效行为，系统分析绩优教师与普通教师间的辨别性特征，进而构建起乡村教师"互联网＋教学"胜任力模型。

一　模型构建

构建胜任力模型的主要方法是行为事件访谈法（Behavioral Event Inter-View，BEI）。该方法是美国社会心理学家麦克利兰结合关键事件法和主题统觉测验而提出来的。根据BEI原理，访谈执行者让受访者（被试）分别描述工作中三件成功和三件失败的关键事件，包括事件的起因、情境、人物及其思考、言语和行为、处理方式、结果及影响等。专业访谈人引导受访者尽可能确切回忆当时的对话、行动和感受，并使用探测技术深入询问了解事件过程。访谈人员记录访谈内容，并分析事件主题、归类编码。之后，研究者根据重要性原则，从胜任力特征指标中选择最能反映受访者胜任力的10个

[①] 郭春才：《信息化教育环境下教师胜任力研究》，《中国远程教育》2012年第9期。

[②] 赵忠君、郑晴、张伟伟：《智慧学习环境下高校教师胜任力模型构建的实证研究》，《中国电化教育》2019年第2期。

[③] 陈凯泉、沙俊宏、郑湛飞、姜永玲：《智能时代教师教学胜任力的特质与操作模型——对抗疫时期在线教学的思考》，《教师教育论坛》2020年第4期。

标准项目。通过对胜任力特征、评鉴标准及评分等级的描述，建立胜任力模型。[①]

访谈对象须满足以下条件：在乡村学校或乡村教学点任教，学校生源为农村学生，民族不限；在教学过程中使用互联网或有"互联网 + 教学"经验；入选优秀组的乡村教师须为在岗教师，且曾获得县级及以上优秀教师、特级教师、优秀教育工作者、模范教师、教学能手、骨干教师等荣誉或称号。

根据取样标准，课题组在内蒙古的太仆寺旗、镶黄旗、多伦县、乌拉盖管理区、苏尼特左旗，陕西的石泉县、黄陵县和湖南的湘乡市等地选取了14 名乡村教师组成优秀绩效组、14 名乡村教师组成普通绩效组。访谈对象的平均教龄为 16.21 年，其中优秀组教师 18.7 年，普通组教师 13.72 年；访谈对象中本科及以上学历的有 11 名、大专学历 5 名、大专以下学历 12 名；男性 9 名，女性 19 名；在中学任教的有 12 名，在小学任教的有 16 名；访谈对象的平均年龄为 36.82 岁。

课题组在预调查阶段，形成《乡村教师"互联网 + 教学"胜任力编码词典》。在访谈过程中，研究者要求访谈对象分别叙述在"互联网 + 教学"过程中三件成功和三件失败的事件，叙事方式采用 STAR 法，即包括事件发生的情境、要解决的任务、采取的行动、处理结果及影响等。访谈结束后，研究者将访谈整理成 28 段访谈录音，并转录文本，生成 28 份访谈文本，168 件行为事件，共计 28.5 万字，为提炼概念化的胜任特征提供原始数据。经历了尝试、讨论、补充、再阅读、核查、修正和确认等若干环节的胜任力特征编码后，研究者对访谈中 168 件关键事件中被试的行为编码结果进行统计。随后使用 SPSS19.0 软件检验统计指标的有效性，最后根据优秀组和普通组每个胜任特征的平均等级分、最高等级分、频次差异检验和聚类分析结果，构建出乡村教师胜任力初步模型。在此基础上，汇集整理访谈文本中教师的关键行为表现，对每一胜任特征做出描述性说明，完善原有编码词典，最终形成教师"互联网 + 教学"胜任力模型。

[①] 徐峰：《人力资源绩效管理体系构建：胜任力模型视角》，《企业经济》2012 年第 1 期。

二　结果分析

根据优秀教师与普通教师组在胜任特征频次、平均等级分、最高等级分差异上的 T 检验结果，提取出 10 项差异显著的胜任特征，作为鉴别性胜任特征。依据《乡村教师"互联网＋教学"胜任力编码词典》合并部分特征，确定 10 项基准性胜任特征和 10 项鉴别性胜任特征，共同组成教师"互联网＋教学"胜任力模型（见表1）。

表 1　乡村教师"互联网＋教学"胜任力模型

类别	胜任特征	定　义
基准性胜任特征	专业知识掌握	教师精通所教授课程的相关理论知识,能做到知识间的联通、迁移与运用
	在线教学资源获取与应用	教师能围绕着知识体系收集、寻找大量的教学素材和资源,挖掘大量的图片、音频、视频、动画等在线教学辅助资源,根据教学大纲要求进行有效的整合以应用于"互联网＋教学"课堂
	课前导学能力	教师能在课前指导学生自学课程内容、自主分析、解决问题,制定学习计划,选择学习方法和策略,激发学生对"互联网＋教学"的学习兴趣
	线上学习内容传递	教师能为学生提供丰富的线上学习资源,为其在广泛的范围内选择信息、利用信息进行自主建构知识提供便利
	个性化教学	教师能够针对学生的兴趣、个性特长、知识基础等进行"互联网＋教学",满足学生学习需求,做到因材施教
	课堂教学管理	教师善于利用多元教学方式,提高课堂听课率和关注度,通过课堂监督与引导,做到学习过程的跟踪问效
	课后指导学生	教师能在课后利用互联网技术提供的多种渠道帮助学生及时查漏补缺,消除一知半解,完善知识体系,提升知识的综合理解和运用能力
	评价学生学习效果	教师能利用"互联网＋"、大数据技术制定更加全面、综合的学生评价标准,客观评价学生对学习内容的认知水平和学习效果,全面了解学生学习过程和质量
	自我评估	教师在"互联网＋教学"中对自己各个方面进行判断与评价的自我意识表现形式
	技术应用动机	教师对互联网教学技术、知识和原理具有很强的学习和应用动机,愿意积极采用信息化手段教学

续表

类别	胜任特征	定　义
鉴别性 胜任特征	理论与技术掌握	教师掌握"互联网＋教学"理论知识、发展动态以及相关的信息技术、通信技术、多媒体教学技术等
	技术应用	教师能够根据课堂内容要求与学生需求灵活应用与"互联网＋教学"相关的各种教学应用软件以及投影机等各种多媒体教学设备
	"互联网＋教学"设计能力	教师能对"互联网＋教学"目标、教学媒体、教学方法、教学评价等环节进行具体计划和形式设计,利用互联网技术将教学课堂的知识性和趣味性相融合的能力
	创新型教学模式应用	教师能在教学中借助于慕课、翻转课堂、在线学习、微课视频等现代技术手段,构建新型的双主体互动式、分组讨论式、沟通交流式、互学共进式等新型教学模式
	师生互动	教师在"互联网＋教学"过程中灵活运用多种形式与学生进行互动,活跃课堂气氛,调动学生思维,能对学生,特别是留守儿童投入人文关怀,并提供心理辅导
	创新性	教师能打破固有思维和传统教学定式,从新的角度去思考"互联网＋教学"的理论和规律,并创造性地提出新观点、新教学理念、新教学模式等的思维能力
	自信心	教师对自身所具备的专业知识和技能等有足够的信心,相信自己能够适应"互联网＋教学"环境,做好教学工作
	自我效能感	教师对自己能否进行"互联网＋教学"实践所具有的能力判断、信念,教师对自身教学能力的把握与感受
	职业认同	教师能以很强的职业责任感和使命感为学生提供学习服务,能做好"互联网＋教学"形式下的育人工作
	奉献精神	教师对投身于乡村学校"互联网＋教学"实践与探索这一行动具有义无反顾、不求回报的付出呈现

　　基准性胜任特征（包括专业知识掌握、在线教学资源获取与应用、课前导学能力、线上学习内容传递、个性化教学、课堂教学管理、课后指导学生、评价学生学习效果、自我评估、技术应用动机）是所有教师都应具备的开展"互联网＋教学"的基本能力,此类指标适用于对教师教学能力的初步甄选。鉴别性胜任特征包括"互联网＋教学"理论与技术掌握、技术应用、"互联网＋教学"设计能力、创新型教学模式应用、师生互动、创新

性、自信心、自我效能感、职业认同、奉献精神，这类特征能够有效区分绩效优秀、一般、较差的教师，为教师评优考核提供依据。

在此基础上，依据冰山理论，研究采用系统聚类中的组间联结法，对标准化后的平均等级分和最高等级分分别进行聚类分析。将上述模型中的 20 项特征划分为四大特征群："互联网＋教学"技术、知识掌握与应用，"互联网＋教学"实施能力，"互联网＋教学"内驱力，"互联网＋教学"态度与动机（见图 1）。

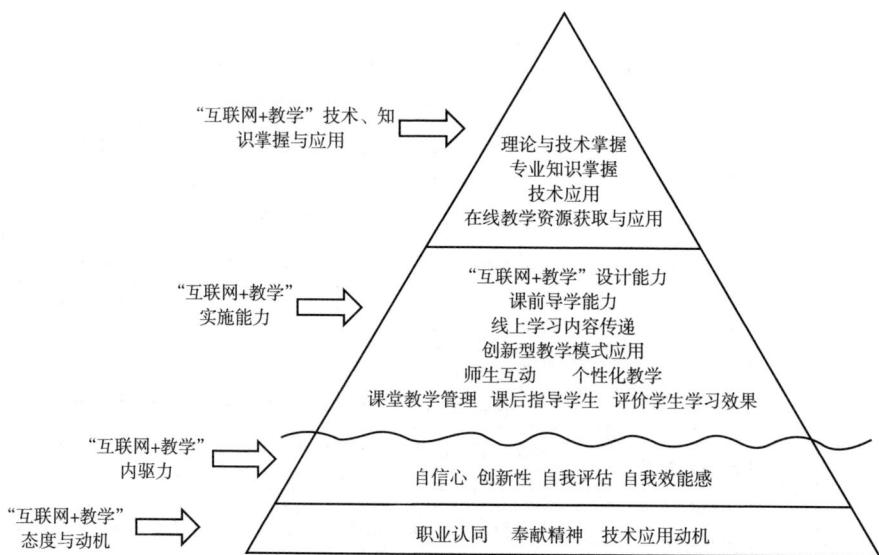

"互联网+教学"技术、知识掌握与应用

理论与技术掌握
专业知识掌握
技术应用
在线教学资源获取与应用

"互联网+教学"实施能力

"互联网+教学"设计能力
课前导学能力
线上学习内容传递
创新型教学模式应用
师生互动　个性化教学
课堂教学管理　课后指导学生　评价学生学习效果

"互联网+教学"内驱力

自信心　创新性　自我评估　自我效能感

"互联网+教学"态度与动机

职业认同　奉献精神　技术应用动机

图 1　基于冰山理论的乡村教师"互联网＋教学"胜任力特征群

具体来说：其一，互联网＋教学技术、知识掌握与应用能力是指教师对所授学科以及互联网教学知识的掌握能力、设备的使用水平以及结合课堂对网络信息资源的整合重组能力；其二，"互联网＋教学"实施能力是指教师在"互联网＋教学"课前、课中、课后三个教学环节中，能运用互联网知识与技术，开展教学设计、内容传递、互动交流、指导和评价等一系列教学活动的能力。这两项胜任特征群皆为冰山水上部分，是表层胜任力特征，属于容易培养和发展的能力。其三，"互联网＋教学"内驱力是指希望自身"互联网＋

教学"水平提高，且愿意为达到这一目标而付出努力的意愿。其四，"互联网+教学"态度与动机是指对互联网教学使用意愿以及对其意义的深层次理解。这两项胜任特征群为冰山水下部分，是深层次特征，属于相对稳定的核心人格特质，是决定教师"互联网+教学"行为及表现的关键性因素。

根据胜任力模型结构维度，结合相关专家意见，设计了乡村教师"互联网+教学"胜任力行为自评问卷，包括调查对象基本信息和胜任力行为自评量表。胜任力行为自评量表包括教学目标设计、教学方法选择、"互联网+教学"意愿等60个测项，涵盖了胜任力模型中的20个胜任特征。采用随机抽样方法，选取内蒙古自治区、湖南省和陕西省18所学校的355名教师进行问卷调查，获得一手数据。通过主成分分析的方法进行因子分析，最终将60个测验项目删减为40个项目。最后，根据问卷项目的具体内容对各个因素进行命名。研究发现，"互联网+教学"技术和知识掌握应用水平、技术应用动机、"互联网+教学"内驱力、关注学生、在线教学资源获取与应用、"互联网+教学"设计能力、"互联网+教学"态度、教学实施能力这八个因素及其包含的内容与前面建构的教师胜任力模型中的胜任特征全部吻合。相比较而言，教师胜任力模型的建构是基于个案访谈资料和行为事件访谈技术，这里的探索性因素分析是基于大范围问卷调查，这种交叉验证说明模型是有效的。

三　应用启示

在应用层面，该模型可以作为诊断工具，测评优秀乡村教师与普通教师在"互联网+教学"胜任力之间存在的差距，为乡村教师教学能力的培育和提升提供参照标准。同时，该模型也能为教育管理部门制定教师专业发展规划、优化教师培训内容等提供依据，对教师专业发展具有指导价值。

（一）对乡村教师的启示

1. 促进乡村教师科学诊断自身的"互联网+教学"能力

互联网时代，新思想、新技术、新模式的不断涌现对教育教学形态变革提出新的要求，教师教学胜任力也被赋予更丰富的内涵。乡村教师"互联网＋教学"胜任力模型为新时代乡村教师提供了科学评价自身教学能力的标准，教师可通过对照胜任力词典中每个胜任特征的定义、等级、行为描述，分析自身教学能力所处的水平、层次，对自身"互联网＋教学"能力进行准确的诊断。

2. 促使教师找到与优秀教师教学能力之间的差距

本研究构建的胜任力模型将教师的胜任特征区分为两类：鉴别性特征和基准性特征。其中，鉴别性特征是将优秀教师与普通教师区分开来的核心指标，包括"互联网＋教学"理论与技术掌握、技术应用、"互联网＋教学"设计能力、创新型教学模式应用等。教师可以此为参照，了解自身与优秀教师在"互联网＋教学"能力方面是否存在差距、在哪些方面存在差距，以及差距的大小，从而选择针对性的学习培训，进而持续性提升"互联网＋教学"能力。

3. 帮助乡村教师提升教学能力并规划发展方向

基于冰山理论划分的四大胜任力特征群包含表层特征和深层特征两部分，表层特征包括"互联网＋教学"技术、知识掌握与应用、"互联网＋教学"实施能力等，这些能力比较容易在短期内通过培训、学习等方式获得提升和发展。深层特征包括"互联网＋教学"内驱力、"互联网＋教学"态度与动机，这些特征与个体人格特质紧密关联，是决定教师行为、表现的关键性因素，需要进行长期浸润式培育。教师可据此反思自身教学能力中需要改进的胜任素质，逐步实现专业自主发展和胜任力水平的稳步提升。

（二）对教育管理部门的启示

1. 有助于系统评价乡村教师"互联网＋教学"胜任力现状

胜任力模型可作为教育管理部门系统评价所在区域中小学教师"互联网＋教学"能力水平的重要依据。管理部门可以将模型中的"互联网＋教学"技术、知识掌握与应用，"互联网＋教学"实施能力，"互联网＋教学"

内驱力,"互联网＋教学"态度与动机这四大特征群作为评价一级指标,将其对应的特征作为二级指标。在此基础上,设置三级微观测项来评价教师的外显行为表现和内隐的心理动机。通过系统评价,教育管理部门可以全面了解乡村教师在"互联网＋教学"中的优势和需要改进的地方。此外,基于胜任力模型的教师评价弥补了传统教师评价模式只注重考察教师外显性特征的不足,能起到深入探究教师教学动机和内驱力的作用。

2.为制定层次化的乡村教师"互联网＋教学"能力提升计划提供依据

胜任力模型能有效区分普通教师与优秀教师的教学绩效,利用这一功能可制定层次化的教学技能提升计划。对于普通教师,应注重提升其掌握"互联网＋教学"理论知识和教学工具使用技巧、将教学技术与课程内容完美融合、对"互联网＋教学"环节进行具体计划和形式设计等"互联网＋教学"基本能力。对于优秀教师,应指导其提升建设网络教学资源库、创新"互联网＋教学"模式等更高层次的教学能力。通过实施这种层次化教学能力提升计划,不同能力水平的乡村教师都能获得适合自身条件和特点的知识,也更容易在实践教学中应用这些知识。

3.助力开展针对性的乡村教师教学发展培训

近年来由教育部,各省、市、县组织的各级各类教师培训为提升乡村教师教学能力提供了丰富的机会和优质的资源。但当前教师培训内容针对性不强,特别是"互联网＋教学"能力的培训很不充分;教师参与培训的积极性也不高。本研究提出的模型可以作为科学评估教师"互联网＋教学"胜任力现状的基本依据,直接促进教育管理部门聚焦于这些微观层面的不足,制定个性化培训方案,有针对性地设置培训内容和培训方式,满足乡村教师的培训需求,有效提升其"互联网＋教学"胜任力,进而促进乡村教师整体素质的提高,为乡村教育高质量发展提供人才支持。

探索与创新

乡村学校变革中的效率与制度

——以云南分众美丽小学为例[*]

丁道勇　李　云　余　跃　陈灿灿[**]

摘　要： 乡村学校变革是乡村教育改革的难点。本文记述了对云南分众美丽小学的调研经历，通过对分众美丽小学中师生关系、教师工作方式、学生学业表现、校际交流、社区联系等要素的观察，分析乡村学校变革中的效率与制度问题。研究发现：分众美丽小学展现的效率证据，主要是师生关系、家校关系较为融洽；在适应本地文化和外界期待方面尚有提升空间，这表现在学生学业成绩和教师对外交流两个方面；分众美丽小学的自评和外评标准并不完全一致，分众美丽小学对于学业成绩的投入程度，还不能满足校外人员的期待——不仅在师生关系、家校关系，而且在学业表现等方面能够全面优于本地学校，以实现对本地其他学校的带动。

关键词： 乡村学校变革　师生关系　家校关系　学业表现　学校评价

---

[*] 这次调查得到了云南分众美丽小学王柯校长以及各位老师的大力支持。杨东平、李成越、陈昂昂、陈灿灿老师的支持，为这一系列调查的实现提供了可能。

[**] 报告主笔：丁道勇，博士，北京师范大学教育学部副教授，研究方向：教育哲学、课程哲学。报告完成后，云南分众美丽小学的王珂、陆翼、邱枚佳及参与调查工作的李云、余跃、陈灿灿提供了反馈意见。（文中学生均系化名，相关教师在征得分众美丽小学同意后保留实名）

一　研究背景

分众美丽小学（原兴隆完小，以下简称美丽小学）位于云南省楚雄州楚雄市东瓜镇兴隆村，是镇中心小学下辖的 7 所村完小之一。美丽小学是北京立德未来助学公益基金会下设项目之一，是在美丽中国支教项目的基础上设立的。我们访问的这所美丽小学，在 2016 年 9 月 9 日举行开学典礼，是美丽中国支教项目的第一所美丽小学（第二所美丽小学于 2017 年 9 月 12 日正式开学，2019 年 6 月更名为哔哩哔哩美丽小学）。

美丽小学 2016 年的年报上摘录了"立德未来"网站对于美丽小学项目的一段说明："立德未来派驻管理团队和教师团队，全面承办全日制公立小学。在保持公办学校性质不变的前提下进行全方位的探索与创新，总结中国农村办学经验与教训，创立一套可推广的农村办学规范标准——'美丽标准'，形成可复制的农村办学方法和模式，以点带面，有效探索和解决农村教育问题。"可以看到，美丽小学在建校伊始就强调"可推广""可复制"，终极目标并不限于办好这一所学校。根据这一目标定位，美丽小学在办学过程中对周边学校的影响，将成为一个有价值的观察对象。

尽管乡村学校变革的呼声由来已久，但是乡村学校的办学方式本身表现出巨大的惯性，长期保持稳定。一些早已为人诟病的问题，至今仍在乡村学校存在。已有的乡村学校变革项目，从局部调整到全局调整、从"传统疗法"到"手术疗法"都有过先例。但是，那些看起来有助于提升学校表现的干预策略，在实际中往往都会落空。比如，给学校配备的图书，却在项目结束以后被束之高阁。宽泛一点说，以改善一两项办学条件为突破口的学校变革项目，最终效果往往都不理想。那么，美丽小学有办法突破魔咒、实现自己的学校变革目标吗？在分析美丽小学的经验时，我们就以美丽小学在乡村学校变革方面的工作为主题。

二 研究问题与分析框架

截至 2020 年秋季学期，美丽小学一至六年级各有一个教学班，全校共计 164 名学生。其中，住校生 96 人，走读生 68 人。在民族构成上，全校共有汉族学生 129 人、彝族学生 32 人、傈僳族学生 2 人、傣族学生 1 人。学校现有 17 位在岗教师，其中 15 人为美丽中国员工或支教教师，2 人为原兴隆完小教师，教师平均年龄 28.6 岁，目前的生师比约为 10∶1。除 2 位兴隆完小留任教师以外，其余教师在进入美丽小学工作以前有 3 年以内教学经验。因为并非在编教师，这些年轻教师目前均未定职级。教师来源相当多样，分别毕业于南京大学、复旦大学、中山大学、上海外国语大学等高校，其中 2 人有硕士学位，其余有学士学位，涉及的专业包括信息管理与信息系统、计算机科学与技术、热能与动力工程、旅游管理、会展经济与管理、金融工程、新闻学、广告学、艺术与设计、法语、英语、俄语、数学与应用数学、社会工作以及教育学等。

从教师队伍的情况来看，美丽小学是以一群来自五湖四海的年轻人作为骨干的学校。在这群年轻人投入这个原生态农村社区，想要通过自身努力改变这里的教育面貌时，迎接他们的是理想与现实、个人期待与地方期待之间的巨大张力。这些人具有城乡生活经验的差异、教育经验的差异乃至年龄上的代际差异。为了实现乡村学校变革的宏大愿望，美丽小学不但要处理好教育理念的问题，而且要意识到、处理好办学过程中遇到的各种张力。学校变革的复杂性，在这里得到了充分的展现。美丽小学也因此成为一个有趣且有理论探讨价值的观察对象。

传统制度理论认为，组织结构的变化主要是为了实现更高的效率。比如，韦伯在分析"科层化"时就认为，因为在控制人方面卓有成效，所以科层化一旦建立就无法推翻。与传统制度理论不同，新制度主义社会学认为，组织除了面临效率压力外，还可能面临制度压力。顺应制度未必能提升效率，但是可以增强组织的合法性。不同于工厂和银行，如果学校之间没有明确的效率差异，那么它们就会高度重视对明文和不明文制度的服从。换句话说，学校是一种强制度、弱效率环境的组织。① 因此，学校组织往往表现出强烈的顺应制度的需求，而未必总是在谋求更高的效率。对于那些相对不成功的学校而言，情况尤其如此。它们倾向于模仿更成功的学校，以此来加强自身的合法性。② 组织结构与技术效率的脱节，是学校组织的特点。在考虑学校变革问题时，认为提供了效率证据，就可以顺理成章地引发组织变革，这还只是传统制度理论的观点。学校尤其是薄弱学校，往往更倾向于维持与其他学校的同质性，放弃对更高效率的追求。这是新制度主义社会学理论对于学校变革问题的理解，为我们分析美丽小学这个案例提供了概念工具。

美丽小学内部几乎全是新人，外部则全是本地人。在寻找"可复制""可推广"的方法和模式的过程中，美丽小学会采信上述哪一种理论？无论答案如何，美丽小学在效率和制度这两个方面的表现，都是有价值的观察对象。基于此，本报告重点回答三个研究问题：其一，美丽小学展现的效率证据有哪些？其二，美丽小学在适应制度方面的表现如何？其三，美丽小学的自评和外评标准是否一致？美丽小学在这三个问题上的表现，为我们提供了一个乡村学校变革的典型。

三　美丽小学观察

下文报告的是我们对美丽小学的观察，包含现场见闻（2020 年 11 月 27 日至 11 月 30 日）和事后研判。因为访问时间短暂，我们了解的情况多是个例，我们能够拿来作为根据的也只是所见所闻，每一个教育现场都会有大量

---

① Scott, W. R., Meyer, J. W., "The Organization of Societal Sectors: Propositions and Early Evidence," *The New Institutionalism in Organizational Analysis*; ed. Powell, W. W., DiMaggio, P. J., (Chicago: The University of Chicago Press, 1991), pp. 108 – 140.

② DiMaggio, P. J., Powell, W. W., "The iron cage revisited: institutional isomorphism and collective rationality in organizational fields," *The New Institutionalism in Organizational Analysis*; ed. Powell, W. W., DiMaggio, P. J., (Chicago: The University of Chicago Press, 1991), pp. 63 – 82.

无法诉诸语言也无法亲眼得见的东西，它们需要人们长期沉浸在现场才能感受得到。尽管有这样的局限，我们仍然试图透过一点切片式的见闻，来理解美丽小学多年的实践。请读者在阅读本文时始终注意这一点。

（一）师生关系

初次进入校园，我们就赶上了学生上午段的运动时间（8：30 ~ 8：55）。单兰迪老师正带着四、五、六年级学生做 Keep 健身操。伴着欢快的音乐，他们一起在做半蹲左右移动、左右侧大腿前侧拉伸、左右臂后侧拉伸之类的动作。马思晗等几位女老师也在学生群里跟着做。运动过后，谢瑞辉老师公布了下午"数学小用"活动的分组情况。[①] 下午，全校学生都参与，共分为 20 个小队，每个小队都由一位六年级学生担任领队，队伍里包含一、二、三、四、五各个年级的学生。每个小队的人数在 8 人左右。一开始看到这种混龄设计，我们很是兴奋，后来才知道学校的食宿安排都是采取类似的混龄方式。在下午的数学小用活动结束后，紧接着是当日的暮省课（15：30 ~ 16：20），师生会在班上讨论参与活动的感受，教师会谈带队感受。尽管我们只看到数学小用，没有亲眼见证语文小用和其余节日活动，但也可以从中窥见美丽小学师生关系的大致面貌了。

这次数学小用活动分为 10 个关卡和三个彩蛋环节。其中，除了二、三两个关卡以外，其余各关都为一到六年级孩子分别设置了题目。按照规则，各小队要集体行动，人数不齐不可以答题。每个关卡设有值守老师，学生答题后由值守老师判断是否得分。闯关题取材于校园物件，颇为有趣。比如，第四关的内容是测量新操场。一至六年级学生要分别用走一走、站一站、抻开双臂、用轮胎滚一圈等办法来测量操场周长。第六关设在学校小后门附近。小后门是一扇铁皮门，门后有交错焊接在一起的细钢筋。这些钢筋纵横交错，切割出形状各异、大小不等的三角形。与这道门有关，三年级孩子拿

---

① "数学小用"活动的目的包括：学生能将所学数学知识用起来；学生能积累活动经验；通过跨年级合作，学生能增加数学的全局认识。

到手的题目是："门框区域内有几个三角形？"同一个区域的一排塑料长凳，按照绿黄红蓝的顺序排列。利用这排长凳，出给二年级孩子的题目是："按现在的规律排下去，第 15 个凳子是什么颜色？"第二关是不分年级出题的关卡，闯关地点设在美术教室。孩子们要在这间屋子里找出 50g、500g、1kg、0.035t 等重量的物品。最困难的是寻找 0.035t 这一个。孩子们花了很长时间，才发现队伍里三年级孩子的体重接近这个数字。在整个活动过程中，大小不等的几个孩子在大孩子带领下一会儿东、一会儿西地匆匆跑着。负责守关的教师，能叫得出其中很多孩子的姓名。

在访问期间，我们很快结识了一个名叫李洪福的六年级男生。他对我们的摄像机很感兴趣，专门跑过来看。后来，我们干脆把机器借给他，让他去采访自己的同学，要每个受访人都说出自己的三条愿望来。就这样，我们得到了接近 30 条由李洪福完成的学生采访录像，并按约定以一元一条的价格向他支付了报酬。在美丽小学，不论成绩好坏，学生们都爱和教师说话。李洪福只是其中的一个例子。他不会绕着老师走，而是一有空就跑来看我们。除了我们的现场见闻外，东瓜镇中心学校的张智校长也专门谈到了美丽小学的师生关系："在其他学校，老师和学生、老师和学生家长的关系，感觉功利色彩很浓。成绩好的学生老师就喜欢，成绩差的老师那是能转走才更好。美小（的老师）不这样想，他（们）觉得老师的责任就是为了改变学生来的……老师应该是为了帮助学生更好地发展而产生的职业，应该境界高一点。"他的话，可以用孩子们对学校的一些评价得到证实（以下引文原样抄录，保留了口语形式）。

1. 毕业生的话

美丽小学已有四届毕业生，其中第四届毕业生目前在读初中一年级。这些学生在同一所初中，并且被安排在同一个班级，被称作"美丽初中班"。这些学生经历过兴隆完小和美丽小学两个阶段。他们的回顾包含孩子们的独特观察视角。当然也正因为如此，这些话未必完全符合实际情况。

李弘："美小成立后，我们学习压力大减，师生关系非常融洽，学生跟老师就是朋友。美小让我们长了世面，也改变了我们的生活环境，还给我们添了新'装备'，我们在美小见过外国人，见过一群博士后，有过'创客'提供的'创客室'，有'阿里巴巴'提供的多功能篮球场，因美小我多了很多可能，长了很多见识。"

盛婷："一开始的兴隆完小几乎没有什么活动，而且我们要考试的时候根本没有什么课可以放松的。但美小来了，我们要考试时也有机会可以放松放松。而且啊，我们几乎每一个月都有活动，那些活动很好玩……美小让我们有了足够的休息时间，以前美小还没有来时，我们周五原本是 4：50 放学，而美小来了之后周五是 3：30 放学。"

汪园："我们帅气又美丽的老师给我们举行了很多很多有趣的活动。我们有家长开放日、游学活动、语文节、数学节等活动。每一次活动都让我们见识更新的规则，而且他的编程技术还很好呢。我们的班主任给了我们一个印象：'精神小伙'……当我们犯错时，从来不体罚我们，而是和我们好好地谈，告诉我们什么应该做。"

2. 在校生的话

目前在读的学生当中，只有六年级学生经历过此前的兴隆完小。他们的回顾，同样包含对于兴隆完小和美丽小学的比较。当然，这些学生报告也未必符合实际情况。

张龙（六年级）："以前的老师大部分是男的，现在女老师较多。旧老师说的是方言，教我们时更多是用体罚……而现在的老师讲普通话，对我们很好，从不使用暴力，只是用口头表达。"

姚冉（六年级）："以前没有分众美丽小学我们只能上语文、数学课，有了分众美丽小学以后，可以上音乐课，老师给我们介绍了很多著名的歌手和经典的歌。还可以上美术课，美术课老师会教很多主题，我们的主题，是画中国画。"

吴梅（五年级）："我们的学校是一个人间天堂，学校里每一个角落，都是笑声满满，在学校里我们可以学编程、玩电脑，也可以和老师、同学们玩桌游，登 QQ 聊天，学校是我们最喜欢的地方。我说好听点就是仙境，说难听点就是天堂，这也是我喜欢学校的理由，开心满满。"

麦涛（五年级）："在现在的老师们还没来之前，这里一直都是当地的老师来教我们，听哥哥姐姐说，当时的老师十分凶……于是我便怀着极其不安的心态，去上一年级，生怕会做错什么。可是现实却与想象恰恰相反，现在的老师们来了。如果不是他们，或许我每天都会哭上好几次。"

校方提供的资料显示，"师生关系"是美丽小学"用心耕耘且已经得以在工作中'享受相关红利'"的地方。除了上文已经介绍过的这些，学校还开展了校级、班级的师生互动活动（比如"老师和我学""师生相处时间"）、在校园和班级设置互动装置（比如在楼梯入口的小黑板上设置师生日常互动问答）、在宿舍和班级事务中鼓励学生参与等。总之，师生关系好是美丽小学留给我们这批访客的第一个印象。

（二）工作方式

周五下午学生自习（13：30～15：20），教师开全体会。会议一开始的3分钟，17位老师（包括校长）逐一用一句话概括自己本周内高兴和不高兴的事。比如：董婷婷老师说希望"得到即时性的、针对性的鼓励"、单兰迪老师说自己最近处在"水逆期""非常烦"；有老师说自己两边牙龈肿了很烦，也有老师说自己"没什么特别开心和特别不开心的事"；校长王珂说自己本周烦的是周六的教师资格证考试。一句话说完，再说一个"过"字，就轮到下一个人发言了，现场偶尔会爆出笑声。接下来的15分钟，是本周的值周老师慕媛媛和谢瑞辉报告值周情况，主要是这期间发现的问题和相应的提案。比如，两位老师提议取消宿舍和浴室轮流打扫的制度，改为不同区域包干到人。说完一条，他们会询问在座老师是否同意，如果没人发言就倒数5秒通过。这周发现的另外一个新问题与走读生有关。这部分学生来上学时天色尚暗，值周老师提议给他们配发荧光马甲。现场马上有老师补充，马甲穿着不方便，提议在书包上粘贴荧光布条。总之，报告的这些问题，会迅速得到反馈，然后在接下来一周内执行。这次全体会，还有"工作组时间""通知＆更新"等环节。所有环节都没有出现一言堂的局面，参加会议的老师会在征求意见环节快速响应。在会上，老师们（包括校长）彼此直呼姓名，很少出现"××老师"或"××校长"的称谓。

美丽小学的独特工作方式，还可以从校园内随处可见的软硬件布置上感受到。在一层楼道上挂了块黑板，内容是"本周话题"。这一周的话题是"你觉得教育是什么"。老师们给出 8 个配图选项，孩子们可以从旁边挂的小桶内找到贴纸，在自己最喜欢的选项上贴一张贴纸。从结果来看，"永远不去打扰安静、专注的孩子"得票最多，大概得了 70 多票。"孩子间的事情让孩子自己去解决"得了 0 票。其余选项的得票都在 10 票以内，比如"让他爱上你的微笑""不唠叨""你不焦虑，他就开心"等。充作教师休息室的茶水间，门帘左侧的文字是"给我五"，右侧是"give me five"。茶水间的旧式铁窗上蒙着图片，内容是吐舌头的爱因斯坦、憨豆先生以及那张著名的第五届索尔维会议的合照。教学楼楼道上挂的是数学知识挂图，比如，"数字产生之前""阿拉伯数字""0 到底有哪些用处""进位制""万的探究""大数""小数""百分数""加""减""乘""除"等。这些挂图都不是那种采购的挂图，而是手工绘制在画布上的。比如，"百分数"的画面是打折信息："房租到期，全场降价 20％"。中间是大大的"痛快"两个字，上方是"老板不在，特价卖"，然后又画了一个张着嘴大哭的小人。

厕所旁的僻静小路，通向学校的垃圾房。垃圾房整面墙壁上画的是一张如何处理情绪问题的流程图：你能清楚说出自己的烦恼——Yes, I can（或 No, I can't——试着写下来、画下来）——你想解决吗？——Yes, I do（或 No, I don't——忍着吧）——你有试过解决它吗？——Yes, I have（或 No, I haven't——返回上一级）——你的尝试有用吗？——No, it didn't（或 Yes, it did——祝贺你）——想想明天后天一周后一年后你还会在意吗——Yes, I will（No, I won't——祝贺你）——那到那个时候再说吧——垃圾能量倾倒指北！（最后这几个字已经写到垃圾房的入口处了）。男生厕所内的几张挂图与青春期有关，比如遗精、射精、两性生殖器官之类，另外一张挂图上有关于尿液不同颜色的解说。厕所里还挂着负责打扫男厕所的五名学生的合影，照片里的几个人都摆着搞怪的姿态。文字内容是清洁步骤、一天三次的清洁时间，同时还细化了清洁等级（一级：吃苹果无压力；二级：上厕所没问题；三级：妨碍解决内急）。女生厕所内除了类似的张贴，还设有"卫生巾互助篮"。我们在离开学校的前一天看到了几段如厕指导视频。六年级的王燕同学，满脸笑意地给低年级同学介绍如何在公共厕所小便、大便："Hello，大家好，我现在来教你上厕所……"

除上文介绍过的数学小用活动外，学校的校本课程还有生活家（包含社会情感学习内容）、X-Time、暮省课等。这些课程当然也体现了学校在工作方式上的特点。比如，四年级李新雨是这样填写《美丽生活家自评表》的："1. 我是个这样的孩子：我是个不自私的孩子，还是一个听得进去的孩子。2. 我最厉害的地方：很能吃。3. 我和别人最不一样的地方是：生活上很大胆。4. 我觉得做什么事很难，遇到这些难题时我一般怎么做：我觉得做一个很难很难的事的时候很难。遇到难题时我一般会静静地想，或者和同学一起想。"在这份自评表上，另外的题目包括"什么时候我会感到高兴""什么时候我会感到有些尴尬""什么时候我会特别生气""什么时候我会特别难过"等等。在《人人都可以有自己的观点》的调查单上，列出的问题有"爸爸要跟一个我不喜欢的人再婚，我该不该阻止?"一个同学的选择是"Yes"，他在观点部分写道："不叫她妈，她买的东西不要，离她远点，不让她参加家长会。"另一个孩子写道："没妈妈一辈子，就已经很难过，还要个后妈来虐待我。"这两份表格来自生活家课程。在这里，孩子们有机会被询问和表达自己的真实感受。邱牧佳老师收到朋友寄来的一批童书，她就在校园里挂了告示："买书啦！时间：每周三四，课程结束后。地点：晴，双石台；雨，走廊。规则：①登记预订②完成任务③下周一凭任务向邱老师领书。"

总之，在美丽小学随处可见带有年轻人特点的工作方式。这些年轻的元素体现在教师的外表、用具、语言上，也体现在学校的校园文化上。与此同时，美丽小学保存了大量兴隆完小时期的元素。油漆斑驳的门窗与公立小学的各种作为规定动作的布置一道，与上面那些年轻要素形成了强烈的反差。我们一行人刚刚踏入美丽小学的校园，迎接我们的就是一段活力四射的Keep健身操。我们当时感受到的那种违和感，正可以代表我们后来在一系列见闻上的感受。

在新与旧的各种冲突中，美丽小学的选择也许可以用我们到访前不久发生的一件事作为代表。村落里不少人家的居室颇为凌乱，用一位老师话说，有个学生的床上恨不能长出蘑菇来。老师们实在忍受不了，就相携着去学生家里帮学生收拾屋子。我们跟随老师家访了两次，自己也单独做过家访，这一方面验证了村民家里不怎么收拾的事实，另一方面也发现老师们收拾好的屋子并没能保持下去——我们看到的，仍是老师们当初看到的面貌。老师们上手收拾屋子，在我们看来正好代表了他们在面对本地文化时的立场。

（三）学业表现

为了观察一个完整的学校日，尤其是为了看到寄宿生起床以后的部分，我们一行人决定早晨 6 点半赶到学校。深秋时节，这时天色还黑着，附近筑路队又临时管制了几个路口，结果城里来的司机找不到去往学校的路口了。幸好我们遇到了一个一早去学校跑步的走读生，她在校园里见过我们，就答应上车跟我们一道去学校。此后的两天，我们开始格外关注这个四年级女生吴静文。她班上的一节数学课，内容是过直线外一点画一条与已知直线垂直相交的直线。这个内容，也可以转化为做某个指定度数的角的问题。在课堂上，吴静文的解题过程是这样的：她先是根据题的意思画一条直线并在直线外标记一个点。接下来，她会用量角器量一量，确保量角器底边与那条直线重合，然后再平移量角器，确保量角器 90 度的刻度线正好通过她之前指定的点。接下来她会转动量角器，利用量角器底部的直边画一条与已知直线相交的直线。画完以后，她又用量角器量了一量，看看两条线是不是相互垂直的。她的运气不错，看起来画得挺垂直的。可是，虽然画出来的线不算错，但是这样的解题方法却不符合原理。虽然用到了量角器，但是在吴静文划线时作为凭据的只是纸面上的一个点。她是以目测的方式来确定那条垂线的位置。

为了帮助她学习，我们给吴静文出了一道新题：不是经过直线外的某个点做垂直相交的直线，而是要她画一个指定度数的角。一开始，吴静文还是用刚才的目测法来画。在作图过程中，她看似用到了量角器，实际上只是把量角器当作直尺用。在我们出的新题目上，这套目测的作图办法马上就不管用了，比如谁能靠目测准确画出一个 35° 角呢？等吴静文发现先前作图办法的缺陷以后，就有理由揭晓作图的真正"秘诀"了：有了确定的两点，就可以确定一条直线的位置。为了画出 35° 角，可以先在线上确定出角的顶点。这个顶点可以确定线段的任意位置，但是孩子们通常会选择两个端点中的一个。确定好顶点之后，用量角器的原点对准顶点，让底边与已有线段重合，这样就可以利用量角器的读数找到 35° 的刻度，进而得到另一个关键点了。这个点与之前确定的顶点一道，确定了角的另一边的位置。等秘诀揭晓，吴静文马上就掌握了度数已知的角的画法，紧接着又掌握了通过直线外一点做垂直相交或任意角度相交直线的办法。

这天放学，我们跟随吴静文去村里家访。她在村里有两个高年级好朋友，分别是读五年级的吴婷和读六年级的吴小蕾。我们在吴小蕾家给三个孩子出了几道与吴静文下午的数学课有关的数学题。三个孩子完成这些数学题的情况如表 1 所示。

表 1　三个孩子的数学表现

题号	题　　目	吴静文	吴婷	吴小蕾
		四年级	五年级	六年级
1	用量角器画一个直角	√	√	/
2	用量角器画一个 45° 角	√	√	/
3	用量角器画一个 125° 角	√	×	/
4	画一个三角形，一个角 90°，另一个角 25°	√	×	√
5	画一个三角形，一个角 45°，另一个角 75°	×	×	√
6	画一个四边形，已知的三个角分别是 90°、35°、50°	—	—	—

注："√"表示能独立完成，"×"表示未能独立完成。另外，1～5 题现场完成，第 6 题是离开前留下的题目，三个孩子当时都还没有找到解题思路。

在解题过程中，我们观察到了三人在学习方面的其他几个问题。第一，口算能力不强，比如在计算"135 - 75 ＝ "的时候，吴静文用到了掰手指的办法，先是低声从 7 数到 13，然后才在答案位置写下 60。第二，对三角形内角和、四边形内角和的认识出现过混淆。第三，画 45° 角时，实际画出的是 135°角，不能熟练利用钝角、锐角定义来判断自己画的角是否符合要求，也可能是还没有建立做完题做检查的习惯。第四，不善于处理变式问题。第五，口头布置完题目后，三个孩子都曾反复追问题目条件。这五个问题，涉及知识基础、综合应用以及学习习惯三个方面。

吴静文的情况不是个例，这和那节数学课的质量有关。在那节课上，教师始终在围绕同一个问题做同一个水平的反复：经过直线外一点，画一条与已知直线垂直相交的直线。在教学过程中，至少有两个可以商榷的地方：其一，课上没有强调使用量角器的方法、使用三角板的方法以及目测法的优劣。垂直相交涉及 90°这个特殊角。这个问题可以用量角器解决，也可以借助三角板或者书本等任何有直角的物体来解决，使用目测法也大致可以完成任务。在这节课上，教师没有否认使用三角板的办法，对于目测法为什么不好也没有说明理由。老师的课堂处理本身无可厚非，甚至恰恰表现了这节课的包容性。但是，这个知识点仅仅处理到这里是不够的。其二，课上没有总结使用量角器作图的要领。要知道，通过直线外一点做垂线与利用已有线段做直角的步骤是不同的。要确定一条直线（或者边），至少需要两个点。在前一个问题中已经有了一个既定的点，在后一个问题中一个点都没有确定。吴静文在课上使用的目测法，忽略了量角器圆心那个点的使用。教师在课上没有通过板书或别的办法来总结这一点、强调这一点。教师在课上始终在探究垂直相交（或直角）的作图问题，结果下课后吴静文座位附近的几名学生都不能正确解决画 35°角的问题。

在调查期间，我们几人先后在各个年级观摩了不同学科的课堂。除了刚才提到的重难点设计外，还有一些教学方面的陷阱也反复出现过。一是课堂缺乏阶段划分和层次性。缺乏阶段划分，是指一节课始终在做一件事；缺乏层次性，是指课堂呈现看不到层层递进的层次安排。二是教师不重视板书以及学生的课堂笔记。教师课上没有留下值得笔记的板书，老师把黑板用作稿本。学生不善于记笔记，有的是把笔记和演算随手写在书上、稿本上甚至作业本上。三是教师课堂提问的随意性较大，提问中较少看到匹配学情的预案。四是课上应用的学习策略比较单一，主要是一对多的师生问答。五是课上较少出现周边村落的生活素材，板演的例题均为课本上的例题。与此同时，我们不止一次看到有孩子在课间拿出螳螂之类的东西。他们会拿树叶、唇膏甚至肥皂来喂螳螂。他们显然在好奇螳螂的习性，可同时又知之甚少。这些素材和兴趣都停留在课间，没有机会进入这所乡村学校的课堂。除了以上这些见闻，下列数据表也可以大致刻画美丽小学学生的学业表现（见表2、表3）。

表2　东瓜镇中心学校2020年春季学期期末统测语数成绩情况

成绩情况	哨湾小学	邓官小学	桃园明德	永兴希望	龙河小学	美丽小学	中心完小	刘家明德
总平均分	95.4	95.2	92.9	88.0	87.7	87.5	87.1	86.1
排名	1	2	3	4	5	6	7	8

注：除中心完小外，东瓜镇中心学校下辖7所村完小，美丽小学是其中之一。

表3　东瓜镇中心学校2020年春季学期期末统测语数英平均分情况

学科	一年级		二年级		三年级		四年级		五年级		六年级	
	美小	中心	美小	中心	美小	中心	美小	中心	美小	中心	美小	中心
语文	88.8	95.6	84.2	94.2	88.2	87.8	76.4	78.0	75.9	83.0	78.4	85.9
数学	81.8	95.5	85.7	90.8	88.6	92.4	65.6	58.9	76.0	83.8	73.3	72.9
英语	—	—	—	—	75.6	68.6	81.0	65.1	85.5	72.6	84.9	74.2

注："中心"指东瓜镇中心完小，该校一年级5个班、二年级6个班、三年级4个班、四至六年级各3个班。"美小"指美丽小学，各年级都设1个班。

东瓜镇中心小学张智校长用"忽高忽低"来描述美丽小学的学业表现，并且直言美丽小学的学生成绩未必有本地教师教的学生好。关于小学期间的考试分数，张智校长是这样表达的："对于小学而言，在它（成绩）的差距不是太大的情况下，就是说你高我两分、我高你三分，这个都没有什么实际意义……在我们传统的教育模式下，成绩就是唯一的评价标准。成绩的背后，有获得成绩的方式。小学你通过大批量反复训练，他成绩可能就会好，但实际上这个成绩对于以后的发展来说是有一些虚假的成分的……小学这个考试，老师也知道考什么，所以经过大批量反复训练，没有问题。"尽管认为成绩上的微弱起伏意义并不特别重大，但是张智校长仍然期待美丽小学的学业表现能够更好："理想很丰满，现实很骨感。你说我要把这个娃娃送上更高的平台，那我还得要庸俗。小学语文、数学你得要过关。如果英语能够打好很好的基础（那就更好）。上了初中以后，在班级里这些核心学科他能超前，以后才有更高的平台给他。不能只谈理想，这个还是要讲点现实。"我们在调查期间，也表达过这样的想法："一个在文化课学习上总是遭遇挫折的学生，他的校园生活体验无论如何也谈不上美好。那种'我不行''我很笨'的糟糕感受，是任何温情脉脉的表扬都无法遮掩的。"

（四）社区联系

早晨 7 点，美丽小学的校园广播里开始播放民谣和英文歌曲，"男生宿舍 4"的 8 个男孩子和所有寄宿生一样开始起床了。这 8 个男孩子分属 6 个不同的年级。男孩子们穿好衣服，马上开始铺被子。鞋架摆在门口，一、二年级孩子席地坐在鞋架旁穿袜子、换户外鞋。像李洪福这样的大孩子，就把鞋子拿进屋里去换。之后，孩子们来到餐厅一侧的盥洗区洗漱。盥洗区右侧挂着一块木匾，上面镌刻着"浣溪沙"三个毛笔大字。此时，那里已经有很多寄宿生在刷牙了，女孩子们还披散着头发，天色蒙着一层淡蓝色的雾霭。7：15 以前，每间宿舍都开始有一个大孩子开始扫地、拖地，一些无事做的孩子就去教室或者在附近徘徊。7：20 左右，餐厅前开始有孩子排队等待就餐了，他们手里拿的是不锈钢餐具和一小瓶洗洁精。今早吃的是米线，孩子们先排队领一把煮好的米线，然后到旁边重新排队加一勺肉汤。有的孩子吃得快、吃得多，会一边吃一边加入领米线的队尾，额外再加一份。到8：00，孩子们已经就餐完毕，负责整理和打扫的同学也已工作完毕了。从起床到就餐结束，全程井然有序。两位值周老师在附近巡视，没有手持喇叭，没有面向全体讲过话，只是偶尔和个别同学说一点什么。

餐厅是半开放的蓝色钢瓦建筑，里面摆放着两排 15 张不锈钢方桌。在非就餐时间，可以看到方桌正中央倒扣的一只不锈钢浅盆（盆底画着编号，男生桌的字是蓝色、女生桌的字是黄色）。孩子们吃饭时的骨头、鱼刺可以放在这个盆子里。凳子平常是摆起来的，按照统一的方向摆在桌子一角。远处黑板上有各桌用餐的学生名单（男女生分开坐），桌角也贴着用餐学生的名字。学校此前尝试过在凳子上标明各人的名字，结果发现就餐时分凳子要多费一番周章，所以就废弃了这个做法。餐厅角落摆着四台双开门消毒柜，大致是一个柜门对应一个年级。柜门上除了年级挂牌就是一些文字指示，比如"照顾好自己的东西，就是照顾好自己呦""请洗净、摆齐并记住具体位置（旁边是谁的?）""方便他人的人最可爱"。在一张"餐具使用登记表"上，详细记录着各个年级、各个孩子的餐具编号。这些编号用激光刻录在他们的不锈钢餐盘或餐碗上。在体育课或者课间，偶尔可以看到有孩子过来取碗喝水。他们能快速找到自己的餐具，也知道自己在就餐时该去哪张饭桌。吃完饭以后，孩子们会去"浣溪沙"洗碗，把餐具放回消毒柜的固定位置后，再把洗洁精带回宿舍。这一天值周的几个孩子被值周老师留了下来，因为两排桌子的纵列没有对齐，凳子的摆放也没有统一位置。

孩子们的就餐过程迅速、有序，这是第一天到访时就留给我们的印象，为此我们在学生就餐时在附近流连了好几回。在走访了龙河、永兴这两所小学以后，我们得知这些是从兴隆完小继承下来的一套做法。就像刚刚提到的凳子要不要分配到人的做法一样，这些继承的东西在此后也经历过些许微调。比如，在兴隆完小时代，孩子们的被子被要求叠成豆腐块的样式，现在孩子们只要把被子平铺在床上、横向折成三叠的样式就可以了。为什么当时会有那么严格的管理标准呢？原来，兴隆完小历史上曾经经历一次重大转折，而推动转折的抓手就与纪律有关：在美丽中国接手兴隆完小以前，该校各年级语数总平均分在全镇 11 所完小（现在缩减为 8 所）中位列第 3。但是，更早的兴隆完小要糟糕许多，据说学生成绩曾经排在全镇倒数第 1 的位置。美丽小学旧教学楼的会议室后门是一扇旧式的淡绿色木门，木门下方的木板是深绿色的，显得颇为突兀。这块木板显然是后补的。据说在成绩倒数的时期，兴隆完小只有这一栋教学楼。楼里的 18 道门，多数都有洞——那是学生踹出来的。当时学校管理者提升成绩的第一步，就是从抓纪律开始的。那块深绿色的木板，成了当年严抓纪律的一个缩影。早年兴隆完小的一个故事，也可以反映当时学校纪律的严格程度：中心小学领导来兴隆，全体教师在会议室开会，全校 6 个班级能静悄悄地一点儿声音也不出。

在宿舍管理、餐厅管理方面，美丽小学继承和改造了过往兴隆完小的一些做法。我们的见闻表明，这些做法中颇有一些行之有效的元素。另外，我们从中心校了解到，在每学期开学的全镇教师学习活动中，会有课时分配给美丽小学。美小教师会给全镇小学教师做课堂小游戏、语文小用、数学小用、PPT 制作之类的培训。换句话说，美丽小学和周边学校之间始终有相互学习的空间。虽然一些向本地同行学习的工作已经开始起步，比如在我们到访时数学教研组已经开始对接中心完小、联合教研机制也正在施行。但是，总体来说美丽小学向本地老师学习的机会还是偏少。在我们看来，造成这种状况的原因，既有外界的刻意疏离，也有内部的主动拒绝。首先，此前介绍过的工作方式可能是造成与外界疏离的原因。有当地老师给我们出了个主意，核心概念是"客气"。比如，在其他学校的老师来访时，作为主人的一方如果表现出适当的"客气"，就可能赢得更多的交往甚至帮助。如果美丽小学的老师打心眼里认可一些本地教师，认为他们真的有一套、有一手，就更有可能发掘像宿舍管理和餐厅管理那样的本土经验。其次，美丽小学在创办之初，就是本地最特殊的一所学校。毫不意外，自上到下、自内而外都会对这所学校抱有某种期待。在东瓜镇，美丽小学的教师平均年龄最小、学历最高，人们自然期待他们能给本地教育带来一点不同。这种始终站在台前的特殊地位，加上与本地教师在生活经验上的城乡差异、年龄差异乃至代际差异，都有可能降低美丽小学向本地同行、身边同行学习的意愿和机会。

四　结论与讨论

基于上述观察，我们可以回答此前提出的三个问题。

第一，美丽小学展现的效率证据，主要在师生关系、家校关系上。在师生关系上，美丽小学表现出了与本地其他学校十分不同的面貌。这可以从受访者的介绍以及我们在美丽小学的见闻看出来。在学校保持纪律的同时，学生仍有自主活动的时间和空间；课堂氛围较为宽松自由；校园活动丰富，师生之间有许多跨年级的交往。同时，美丽小学在家校关系上也较为融洽（前文未做详细介绍）。在我们访问的那几天里，曾经先后两次跟随老师家访。在我们自己的家访过程中，也发现家长对学校老师是熟悉的、欢迎的。

第二，美丽小学在适应本地文化和外界期待方面还有提升空间，这表现在学生学业成绩和教师对外交流两个方面。美丽小学有一套独特的工作方式，教师队伍与本地教师之间也存在城乡差异与年龄差异。目前，美丽小学有机会向本地同行输出自己的经验，但是向本地同行学习的机会还比较少。上级管理部门、本地学校以及家长在学生的学业成绩方面的期待，目前还没有得到满足。学校如何与周边社区建立更密切的交流，让学校的办学资源不只来自承办方，而且还能来自对这片乡土的深耕，这是一个有待解决的问题。

第三，美丽小学的自评和外评标准并不完全一致。校内外各方人员都认可学校在师生关系、家校关系上的成就。同时，在对学生的学业表现以及对学生学业成绩重要性的认识上，校内外立场不一。美丽小学一方对于学生学业成绩的投入，还不能满足校外人员的期待。同时，因为美小教师已经处在高度忙碌的工作状态之中，因此这种交叉状态并不容易通过"兼顾"的方式来达成。换句话说，需要解决的问题不是如何提高学生学业成绩，而是如何在维持现有师生关系、家校关系的基础上，通过教学方式的变革实现学生学业成绩的提升。要知道，仅仅是追求成绩，中国人的经验已经足够丰富了。仅仅是追求生动活泼，也不难实现。如何既尽量尊重孩子，又尽量严格地要求孩子，这才是我们真正期待的教育经验。因此，亟待调整的对象不只是课堂教学，教师工作时间的分配也面临全局性的调整。

在谈到对未来的期待时，张智校长提到的关键词是"带动"，他希望美丽小学能多带动本地其他小学。我们把这理解为本地社区对于美丽小学始终如一的期待。学校变革的新制度主义理论对于各种徒有其表的学校变革提供了自己的解释：薄弱校可以在不改变技术细节、不提升效率的同时，通过模仿优质学校的做法来提升组织的合法性。正是基于这样的原理，在北上广深出现的众多教育改革举措,最终得以蔓延到云贵青藏。类似的,今天的农村学校也开始模仿城市学校,采取缩短课时总量、减少家庭作业、开设校本课程之类的动作,这都是新制度主义社会学理论可以解释和预测的学校变革现象。基于这样的认识,美丽小学已有的办学经验,成为我们理解乡村学校变革的一个有价值的案例:与已有的理论解释相通的观察是,提高技术效率并不总能直接兑换为周边学校的支持,也不总能直接引发周边学校的组织变革,尤其是在效率证据尚不完整的情况下。一个只在某些方面优于本地学校、在另外方面的表现甚至低于平均线的美丽小学,很难真正"带动"周边学校。根据上述理论解释,即使补足效率证据,这种"带动"的局面也仍有可能不会出现。届时,诸如生师比、经费投入总量等指标,都可能成为薄弱校拒绝改变的新借口。实际上,美丽小学已经成功完成在师生关系、家校关系上的一些示范,只是学校组织变革的各种惰性,才让本地社区轻易绕过了这一点。已有的理论解释没有涉及的是:本地社区对于美丽小学的办学期待,基于一套既定的价值排序,是本文所谓(非成文)制度的一部分。美丽小学要想影响这种价值排序,第一步要做的就是给出更加完整的效率证据。在完整、充分的效率证据出现以前,与社区既有制度存在冲突的教育理念就容易被悬置。换句话说,在学校变革过程中,技术效率是起作用的,只是这种作用方式未必是人们所欢迎的。

在谈到乡村需要何种教育时,王珂校长说:"我越来越感觉到成绩对于他们来说是非常重要的一个出路。换言之,与我们了解到的城市孩子相比,他们的选择已经非常少了。走高考这条路,算是迄今来说还有希望、有概率的一条路。随即(我)也意识到,光以现在的成绩,拼成绩,高考是很难拼的,更不要说全国范围越来越流行的内卷这个词……我们也知道,上大学不意味着怎么样、怎么样,(不能带来)我们想象中非常好的生活状态……这是一个偏感性的感受。"王珂校长思考的问题是:如果已经预见到乡村儿童在未来的高考竞争中会处于不利位置,那么今天的乡村小学可以怎么办?通过他的发言我们确信,关于学业成绩的讨论在当下的美丽小学远未终结。这群老师是在一边做事,一边苦恼着乡村需要何种教育的问题。美丽小学的老师是一群毕业不久的大学生，他们对大学早就失去了不切实际的幻想。也正因为如此，他们对于大学教育尤其是非一流大学教育的价值在某种程度上已经失去了信仰。另外，他们过去走过的都是读书升学的道路，独独对于不升学的生活道路几乎毫无经验。因此，当他们不再带领孩子们走自己曾经走过的道路时，骨子里是在面对一个全新的课题。摆在他们面前的不是一条有切身经验的通衢大道，而是要他们慢慢摸索的、前途未卜的选择。在这个过程当中，他们出现任何的摇摆和困惑都毫不奇怪。在我们看来，美丽小学教师的这种持续追问的姿态，恰恰是这所小学最重要的独特性所在。这里的教师还会追问，而不是埋头去实现一个本身值得讨论的目标。

在访问期间，我们曾反复谈到这样一个比喻：盖房子的第一步是铺设地基；如果地面上有旧建筑，那还需要额外做更多拆迁的工作。美丽小学接手兴隆完小以后，首先面对的任务不是匆忙上马搞建设，而是平整地面、铺设地基。比如，让孩子们喜欢上学、让家长有更多机会见到老师。这些在师生关系、家校关系上的努力，就属于铺设地基的工作。有了稳固的基础，接下来的教与学的变革才更可能得到学生和家长的支持。可是，本地社区对于美丽小学的期待、更遥远的外部世界对于美丽小学的期待，却未必会预设这么一个相当漫长的"铺设地基"的阶段。他们可能期待美丽小学甫一入驻，就能马上爆发出惊人的辐射力，在短期内就取得这样那样的成就。结果，一方还在埋首铺设地基，另一方已经期待着要看到亭台楼阁了。当然，正是这种预期上的错位，才让美丽小学能够成为讨论乡村学校变革问题的案例。我们可以追问的是，现阶段出现的效率与制度的张力，在美丽小学能够提供更丰富、更完整的效率证据以后，是否还会继续存在？换句话说，当美丽小学不仅在师生关系、家校关系，而且在学生的学业表现等方面能够全面优于本地学校以后，就可以顺利实现对于本地社区的"带动"吗？如果有一天出现了这种局面，那么美丽小学就会是我国乡村学校变革问题上的一个值得持续追踪的案例。

任职五年以内的老师，往往都会被划入新手教师的行列。在任职的前两年，他们的教师身份甚至还没有完全建立起来。没有人会去苛求一个任职两三年的老师成为一个多么了不起的、成熟的教学能手。教育这门艺术，需要学识，更需要经验。所以，当人们了解美丽小学的教师队伍构成时，他们的预期应当是积极而不过度的。我们可以期待在这里看到让人惊喜的成就，但是看到任何问题也不应该感到意外。完全没有问题，那才会让我们觉得意外。当我们以这样乐见其成而又宽松包容的心态来看待美丽小学时，就更可能在看到问题的同时继续真诚地为他们已经完成的工作喝彩。只有给他们必要的时间和空间，才有可能看到我们期待的成长。

最后，未来的美丽小学仍要避免与本地各村完小比拼学业成绩。这有两个理由。第一，东瓜镇各村完小的学业水平总体来说并不理想，不是值得参照的标准。之所以引进美丽小学，其中的一个用意就是要变革这些学校。我们怎么能反过来以这些不理想的表现作为美丽小学的目标呢？一些基于量表的、更具科学价值的学生发展监测数据，对于美丽小学下一步的发展来说将显得至关重要。这类数据也会是类似的教育实验项目应该提供的效果证据。第二，其余各村完小是有待联合的力量。相信"十步之泽，必有香草"，寻找乡土的乡村教育问题专家、虚心向他们学习，实现更密切、更真诚的社区联系，这是美丽小学下一步可以努力的另一个方向。一群风华正茂的年轻人，长期驻扎在一个名不见经传的小村庄里，这样的投入之所以值得获得更多的社会关注，就因为他们试图解答的是一个有价值的难题。①

---

① 本文从乡村学校变革的角度来报告美丽小学，但是读者也要意识到，仅仅是承办好一所乡村小学对于具体的受益者来说也是一件了不起的事情。再者，我们在美丽小学也看到了支教大学生的蜕变，在这里没有苦情戏码，有的是支教教师和支教学校共同成长的故事。总之，除了本文呈现的主题外，人们完全有可能以不同的视角来看美丽小学。

乡村学校与文化自觉

——来自四川达祖小学的探索[*]

丁道勇　李　云　侯芊宇^{**}

摘　要： 传统文化是乡村学校教育的重要基石。本文记述了对四川达祖小学的调研，对达祖小学的东巴文化、环保理念、特色课程、教师队伍等进行了细致观察。研究发现，学校对传统文化的应用是经过筛选、简化的，而简化后的传统文化，仍旧可以解答"我是谁"的问题。同时，学校中祖母屋课等传统文化特色课程有助于学生学习建筑、运算、书写、绘画方面的知识，培养其团队合作意识。另外，学校的本地教师是文化自觉的支持者，相信传统文化有巨大的动员力量，帮助人们发现传统文化的生命力，看到传统文化的前景。

关键词： 乡村学校　文化自觉　传统文化　特色课程　文化传承

---

* 这次调查得到了四川达祖小学游静芬老师、王木良校长及达祖小学各位老师的大力支持。杨东平、李成越、陈昂昂、陈灿灿老师的支持，为这一系列调查的实现提供了可能。关于达祖小学，读者也可以参考吴夏霜的《村校共建：四川达祖小学举社会之力养育每个孩子》一文，载韩嘉玲主编《小而美：农村小规模学校的变革故事》，教育科学出版社，2019，第67~88页。

** 报告主笔：丁道勇，博士，北京师范大学教育学部副教授，研究方向：教育哲学、课程哲学。报告完成后达祖小学的游静芬、王木良及参与调查工作的李云、侯芊宇提供了反馈意见。（文中学生均系化名，相关教师在征得校方同意后保留实名）

一　研究背景

达祖小学位于四川省凉山彝族自治州盐源县泸沽湖镇木垮行政村。木垮村下辖六个自然村，达祖村是其中之一。达祖小学位于泸沽湖北岸，由台湾爱心团在 2005 年捐建完成，学校师生主要来自达祖村。泸沽湖风景秀丽，岸边聚集了大量客栈、餐厅。达祖小学师生多有家人从事相关行业。

随着旅游业在最近 10 年的发展，达祖村目前正在经历急速转型。游客纷至沓来，大量资金和信息迅速涌入。村民的主要收入来源开始由传统的渔猎、耕种、跑马帮，转换为与旅游服务相关的行业。达祖村居民以纳西族为主，至今社区内仍然可以见到大量传统文化遗存。纳西族传统服饰、饮食、民居以及语言习惯等，与各种外来元素夹杂在一起，呈现前现代少数民族文化在现代化进程中的各种典型状况。①

以达祖小学为中心，目前已形成六个主要项目，分别是基础教育、扶贫助学、医疗救助、环境保护、文化保护、生态农业和生态旅游。达祖小学是这六个项目中的一部分，但是学校教职员工也会深度介入其余各项工作中。达祖小学在复建完成以后，在村校共建、传统文化保护等方面赢得了巨大的社会声望，先后获得"最美乡村教师奖"（2012）"中国公益慈善项目大赛金奖"（2020）等奖励和荣誉。达祖小学因此成为研究传统文化保存问题的一个有价值的案例。

---

① 达祖小学保存了一本四川大学纳西族志愿服务队编写的《东巴文学习读本》，其中有一则关于纳西族起源的神话故事。这里提到的"典型状况"，指的是少数民族文化在现代化过程中呈现的比较劣势。比如，古老传说中那种显而易见的民族自豪感受到的威胁。以下是《东巴文学习读本》中记载的一则纳西族创世神话："开天九兄弟的种族，辟地七姐妹的种族，白海螺狮子的种族，久高那布大力神的种族，黄金大象的种族；翻越九十九座山，九十九座山的人都赞扬的种族；跨过七十七个地方，七十七个地方的人都称赞的种族；六星兄弟开天的种族，北斗七星辟地的种族；大江放入口里，也不会饱的种族；雪山抱在怀中，也不会累的种族；三节腿骨一口吞，也不会硬的种族；三斗炒面一口咽，也不会呛的种族；杀也杀不死的种族，打也打不痛的种族。我们纳西族，正是崇忍利恩的后代。"

二　研究问题与分析框架

在我们到访的这个学期，达祖小学有包括校长在内的 9 名本地任课教师，3~4 名志愿者参与授课；达祖农场有 3 名全职工人，同时有 1 名短期义工在负责学校微店。游静芬、陈一慈有另外的工作，不在此列。目前，学校小学部的六个年级共有学生 54 名，学前班学生有 10 名，生师比约为 7.1：1。本地纳西族和摩梭人家庭多为多子女家庭，往往会以祖母屋为核心保持大家庭格局。除 307 省道和亚泸路来往车辆的威胁外，本地治安环境良好，家长允许孩子外出。我们未看到家长送孩子上学，放学时只有几位家长跨过亚泸路，在靠近学校这一侧等候孩子。在达祖小学可以频繁看到学生间的混龄交往，比如我们家访的几个孩子就分别来自一年级、三年级和四年级。一个二年级男生看到另外两个孩子将要打起来，他走过去说："不要打嘛，两个人好好玩就可以了。"四年级和六年级学生在一起跳皮筋时，一个女生对伙伴说："这么说话太大声了。"教师对待孩子颇为和气，尤其是喇直玛、杨扎诗玛几位老师。本地教师了解全体学生的大致状况，比如杨扎实老师可以细数摩梭人学生在各个年级的分布情况。在全校彩排时，不少教师可以叫得出不同年级学生的名字。达祖小学在 2008 年取得民办学校办学资质。学校按规定开设相关的国家课程，同时配备了一部分特色课程。

在访问过程中，我们逐步意识到，外来人员和本地居民、不同代际的本地居民、本地居民中的成人和儿童、校长和教师，对于传统文化的理解不尽相同。这种差异不只是个体差异，也体现了不同生活背景造成的类别差异。在参与办学时，尤其是尝试在学校内加入传统文化的元素时，不同类别者的理解开始交汇在一起。在这个场景中，外来者的意图极其容易被悬置，保存传统文化的意图很容易落空。我们在分析达祖小学时，初步的观察对象正是这种可能存在的差异，继而分析在避免悬置和落空时，达祖小学有什么值得效仿甚至具有理论价值的经验。根据这些假设，我们提出了本报告要回答的三个研究问题：第一，达祖小学与社区在传统文化呈现方面是否存在差异？第二，在传统文化问题上，哪一方力量更能起到主导作用？第三，达祖小学基于哪些举措可以规避冲突、建立合作？达祖小学对这三个问题的回答，可以为类似的转型期社区处理学校和传统文化的关系提供参考。

三　达祖小学观察

下文报告的是我们对达祖小学的观察，包含现场见闻（2020 年 11 月 9 日至 11 月13 日）和事后研判。因为访问时间短暂，我们所见所闻多是个例。尽管有这样的局限，我们仍然试图通过一些观察与思考，来理解达祖小学多年办学的实践。

（一）东巴文化

达祖小学位于泸沽湖北岸的坡地上。学校不设封闭式的校门和围墙，只在入口右侧立一座岩石垒就的石柱，上书"達祖小學"及"台湾爱心团复建，二〇〇五年三月一日"字样。自入口处开始，一路可以看到活动区的秋千、滑梯分布在葱茏的草木间，右侧是一二年级教室和学前班、教师宿舍，左侧是餐厅；继续往前，正面是操场，右侧是一栋粉红色建筑（后面会再次谈到它）、三四年级教室、教师办公室以及公共会客室，操场对面是五六年级教室及计算机教室。学校的绝大部分建筑是木质结构，房屋主体采取木楞房的样式，由整根整根的圆木搭建完成。除了建筑外，学生服装也包含纳西文化元素。学校要求学生周一和周五穿民族服装，周二、周三、周四穿运动服。其中，女生的民族服装是体现古东巴经文精神的"披星戴月"装。黄底蓝边的百褶裙、头顶的盘辫、羊毛披肩以及七个刺绣圆盘等，让这套服装带有浓厚的少数民族气息。男生服装更简洁，由黑色对襟衣裤和对襟羊皮坎肩组成。当然，最让人印象深刻的还是学校每周五下午开设的特色课程，内容包括骑马、划船、射箭以及祖母屋课等。这些都取材于本地纳西族的传统生活。

除了以上这些，校园内随处可见东巴文字。[①] 各年级班牌都包含两块，一块东巴文的、一块汉字的。一些悬挂着的木板上印着东巴文标语，内容是"尊师重道""练习造就完美""行胜于言"等。该校校长王木良接待我们的公共会客室，同时也是"纳西东巴文化图书馆筹备处"，这里有保存在密封柜里的东巴文经书，以及一些反映本地传统生活方式的实物。王木良校长介绍了达祖小学的 Logo：它由四个东巴文字组成，集合起来的意思是"优秀贤能的人聚集在一起传递知识文化"。在过去，东巴文只有东巴法师才有机会掌握，以师徒制的方式实现传承。普通人可以听、说，但是无法读、写东巴文。现在，达祖小学在各个年级都开设了东巴文课。其中，学生在五年级以前使用学校自编的东巴文教材，六年级使用《通俗东巴文》。[②] 在学校9 位本地教师中，包含一位村落里的东巴老师（达祖自然村共有三位东巴，学校的杨兵玛直之老师是其中之一，大家称呼他为东巴老师。下文也这样处理）。东巴老师告诉我们，按照传统习俗，达祖村 150 户人家的婚丧嫁娶都得请东巴念经：生病了要念，盖新房子要念，出远门要念，敬水神、敬山神要念，女子怀孕了也要念，而且是每个月都念，甚至每个月念两三次。总之，东巴在纳西族生活中是鲜活的。达祖小学把东巴文等东巴文化元素介绍到了学校里来。

不难想象，达祖小学对东巴文化元素的挖掘，和村落旅游业的快速发展

---

① 有人把东巴文概括为"活的象形文字"，这个说法并不准确："纳西东巴文之所以称为东巴文，是因为这种古老的文字是由纳西族原始宗教的祭司——东巴，所创制、使用和传承，若离开东巴就说不清道不明，故而得名。……东巴文中有大量的文字遗存，有学者称之为记事图画或语段文字，其中有千姿百态的字组画，有秀丽流畅的图画文字和比较规范的象形文字，有纯符号性质的表音文字。此外还有活蹦乱跳的动画文字，连环画式的图画文字和五彩缤纷的彩色文字。……（东巴文）经书只是为了帮助东巴记忆，而不是让人阅读。经书中以字代词、以字代句的现象很普遍，有的一个独体字发四五个音，有的合体字发四五十个音，这些语段文字的组合，构成了《东巴经》的内容，而这种组合能力，只有东巴掌握。其次，《东巴经》中常省去语句中的动词、形容词和副词等词，并通过字本身的扭转、倒置、倾斜、断裂等变化，变成一幅幅优美的字组画。对于这些字组画，东巴可根据内容的需要，用优美的语言加以解读吟唱，而在一般人面前却成为了'天书'。"（蓝伟：《神奇的纳西东巴文：纳西文、汉文、英文对照》，云南民族出版社，2018，第 7~8 页）

② 和力民：《通俗东巴文》，广东科技出版社，2007。

之间并不总会一致。在传统文化方面，我们不难在学校见闻和村落见闻之间发现差异。比如，学校有祖母屋课程，我们家访的几户纳西人家也都有祖母屋。但是，村落中由外地人兴建的客栈，已经看不到木楞房的痕迹了，至多是在外墙上仿造出圆木的样式。毕竟，木楞房的隔音效果不好，无法满足游客对于私密性的需求。在服饰方面，孩子们要定期穿着民族服饰，可是村落里已经见不到年轻女子穿着这些服饰了。我们只在一些年老的妇人身上，看到过以黑色、蓝色为主色调的传统大襟衣裤。在让自家孩子给我们倒茶水、取瓜子时，纳西父母会和孩子说纳西语，但是和我们说话时就会马上转换成普通话。在家访路上，毛永清卓玛、张青今卓玛、杨昕芮几位二三年级女生和一个外号"光头强"的男生给我们唱了纳西语童谣，又给我们唱了《灯塔》这样的汉语歌。我们随东巴老师参加了一次村落里的送葬仪式，三位法师带着徒弟在祖母屋内为亡者念经超度，院子里几位长者在绘制棺材，屋外的年轻人差不多全程在闲聊或者摆弄手机。学校强调的东巴文字，在村落中主要与东巴有关。纳西语在村落中有坚强的生命力，可是学校在强调东巴文的同时坚持用普通话教学。

校内的杨扎诗玛、喇直玛、王优姆三位老师是摩梭人。2020年9月1日填报的数据表显示，全校学前班及小学共登记在册64名学生，其中包含纳西族47人、蒙古族8人、摩梭人4人、彝族3人、汉族2人。摩梭人是未识别民族，不在我国56个民族的序列当中。因此，学校的几位摩梭人教师的身份证上均标记为蒙古族。正因为这一点，我们无法判断登记为蒙古族的8位学生的具体民族属性。无论如何，达祖小学师生并非单一民族。在木垮村的六个自然村当中，只有达祖以纳西族为主。

作为中国最后一个母系社会，摩梭人的习俗一直闻名遐迩。纳西族和摩梭人的传统民居都是祖母屋，但是它们之间的差异也非常明显（其实，就连祖母屋也不尽相同：纳西族祖母屋只有一个火塘，摩梭人祖母屋设有上下火铺）。摩梭人说摩梭语，不说纳西语。东巴文只是纳西族的文字，摩梭人据说也曾有过文字，但是他们的祖先在远征途中把印有文字的猪皮给吃掉了。尽管纳西族和摩梭人在晚近都受到过藏传佛教的影响，但是它们的喇嘛在念经方法上并不相同。杨扎诗玛老师告诉我们，摩梭人的法师不是东巴，而是达巴。摩梭人的达巴教和纳西人的东巴教，都是比藏传佛教更加古老的原始宗教。杨扎诗玛老师感慨，要是有一个学校也来传承摩梭人的文化就好了。

杨扎实老师和喇直玛老师前不久刚成婚。据杨老师介绍，纳西族人和摩梭人过去并不经常通婚。东巴老师说，区分纳西族和摩梭人最简单的办法就是看他们游湖的方向——一个顺时针、一个逆时针。与摩梭文化相比，达祖小学更强调东巴文化——尽管达祖小学内有摩梭人老师，也有摩梭人学生。亚泸路南侧山顶上的德庆林寺是一座喇嘛庙。可是，这个对于本地居民来说相当重要的文化符号与学校的日常教学活动并没有什么关联，尽管每天清晨在校园内依稀可以听到远处传来的诵经声。

总之，达祖小学对传统文化的应用是经过筛选的：有一些是在学校和村落都可以见到的，有一些只在学校里可以见得到，有一些只在村落里可以见得到。对于社区内的传统文化，学校坚持了一些，又放弃了另外一些，因此有必要为这种选择做出说明。在达祖小学校园内，最突兀的是那栋粉色建筑。房子主体是钢筋水泥质地，但是外墙模仿木楞房做成了圆木的样式。房子内部不再是圆木样式，只是常见的那种白色的平整墙面。这是盐源县文化广电和旅游局设立在达祖小学内的"纳西文化传习所"（尚未竣工）。我们一进校，游静芬老师就给我们介绍了这房子外墙颜色的来历：房子原本设计成了木头黄色，只是后来被晒褪了色才变得越来越粉。在我看来，这栋颜色突兀的建筑是一个鲜活的意象，代表了一些传统文化保存项目的尴尬状况。在亚泸路的一家客栈上悬挂着一张大幅海报，上面写的是"走婚的帕巴：阿注和阿夏的定情信物"，又有"走婚不是艳遇，是一生一次""民族文化特色风情"等。这是卖牛角梳的广告。摩梭人传统的"走婚"习俗，是往来泸沽湖的游客们感到好奇的事情。可是，他们道听途说来的"走婚"，实际上只是迎合游客好奇心的一种讹传罢了。那栋伫立在达祖小学内的粉色建筑，正好可以时刻提醒老师们要设法规避那种走样的传承。

（二）环保理念

在达祖小学西侧 3 公里处，坐落着占地 120 亩的达祖小学森林农场。农场后方是一片 20 亩左右的杨树林。从那里继续缘溪而上，就可以到达更远处的格姆女神山脚下。达祖农场设有羊圈、马场、箭亭、菜圃、露营区、烧烤区、茶马古道、生态示范园以及大片薰衣草田。在 2020 年新冠肺炎疫情期间，达祖小学的老师们在这里种了 600 株苹果树，占地 20 亩。我们在种植区又看到了大片玫瑰花园，有高株和矮株两个品种。这就是农场目前的大致面貌，我们可以据此想象农村可能提供的产出和服务。

农场目前坚持生态种植，应用本地传统耕种方法，完全不用农药和化肥。我们另外看到，农场地面几乎未做任何硬化。校方努力维持一种低度开发的状态，以至于游老师的一个朋友把这里称作"荒野农场"。

在达祖小学的运营费用中，水电开支由政府承担，人员经费和日常开支均自筹。游老师和王校长目前都对农场抱有期待，希望它在未来可以成为学校办学的稳定经费来源。这样，在农场运营上的环保理念与扩大农场效益之间就出现了张力。王木良校长说，纳西族有敬畏天地的传统，认为有山有水的地方就有神灵。比如，农场在修建栈桥时曾经碰掉古树上的几株枝丫。那棵古树上挂着经幡，是村民祭祀的地方。为此事，校长要带着老师专程去村民家里道歉。现代环保理念与包含在纳西族传统中的环保元素之间当然不会完全一致，但是在传统耕作方式与有机种植理念之间的确有共识。在一个正在极速现代化的村落里，如何恢复传统耕作方式，这同样是达祖小学需要解决的问题。

达祖农场利用的是退耕还林的林地，是 2012 年学校利用央视"最美乡村教师奖"提供的奖金，从村民手里把一家一户的零碎山地租赁过来，连缀而成。经过几年努力，现在除土地租金、工人工资、物料消耗以外，农场在种植和营地活动方面的收入已经开始实现盈余。达祖小学有自己的网店，售卖农场和周边农户的产出。借助这一点，达祖小学可以在坚持生态种植的同时，向周边农户推广环保理念。第一步，学校通过网店售卖农场产出。因为采用了有机种植的方式，微店售价要比同类农产品的本地售价高。这个经验告诉周边农户，有机农产品的确有市场。农场产出不必很多，重点在于提供一个成功的示范。在我们访问期间，农场出产的薰衣草香包上架销售，按计划以后两年会有玫瑰香露和苹果上市。第二步，学校以高于本地市价的方式，收购周边农户以生态种植方式自产的作物，比如苦荞、土豆、花豆等。在可以进山采集的季节，学校微店也会收购农户山间采集所得，比如牛肝菌、松茸等。用陈一慈的话来说，推广传统耕作方式不能光靠说，还“必须走在前面让他们看到”。

除了进行生态种植外，农场的另一个主要用途是进行自然教育。这既可以服务达祖小学的孩子们，也可以服务那些参加营地活动的外地孩子。在进山以后，王木良校长一路给我们介绍沿途的动植物。在核桃林旁，他指着一种有长长尖刺的植物告诉我们，那是海拔 2300 ~ 3000 米的地区特有的植物，名叫青刺果。青刺果可以榨油，青刺果油可以用于治疗跌打损伤，同时也是很好的消炎药。农场营地活动中的一个项目，就是采摘青刺果，然后用传统方法榨油。农场随处可见开蓝色或紫色花的龙胆草。据王校长说，这种草可以直接拿来泡水喝，对于治疗咽炎有疗效。经过箭亭，遥望泸沽湖的一个制高点，我们在村民新年祭祀点的附近，见到了遍地的艾草，中间杂有清香木和合欢树。游静芬老师邀请我们来年 3 ~ 4 月份再来，届时可以在山间品尝到松针根部分泌结晶的松树糖。下到山隘，在杨树林腹地的溪水旁，我们发现了大片可食用的地衣。退出杨树林，十几米远的地方是马场。游静芬老师带给农场工人孩子的饼干，就是被跑来讨食的几匹马分食掉的。大片的苹果林和种植区紧随其后呈现在我们面前。李云在附近山岩上发现了一株多肉植物，最后带回了北京。达祖农场的和外来的孩子们，可以在这里观察自然、体验不同的劳动项目。种植、采摘、骑马、射箭、露营、观星、观鸟，他们甚至可以沿着杨树林后的小溪一路北上，去到格姆女神山脚下来一场烧烤。马场的休息区挂着两块双语木牌，一块写着“劈柴喂马”，一块写着“面朝大海”。

环保理念不仅体现在达祖农场，在达祖小学内也可以找到一些见证。只是，这部分见证并不像达祖农场的有机种植那样，似乎已经有了一套可以取信于村民的办法。在学校入口左侧摆放着两个垃圾分类竹筐。可是，在达祖村的这几天，每天早晨 8 点我们都能看到一辆盐源县派来的垃圾车。车上喇叭音量开得大大的，播放着律动感十足的民族歌曲。音乐声一响起，我们就知道垃圾车到了。每到一处，环卫工人就把各色垃圾一股脑儿丢到车斗里，并无分类。达祖小学中午供应膳食，师生饭后用一种叫茶籽粉的东西清洗碗筷。这是一种吸附油脂的材料，据说是用干茶渣磨制出来的。茶籽粉的原料是天然材料，可茶籽粉并非本地物产，甚至本地商店里都见不到。王木良校长自己也说，现在还没有办法把茶籽粉推广到村落里去，只能"做一点是一点"。[1] 王木良校长驱车载我们去农场时，顺道带了一只红色大塑料桶，装着一些厨余的菜叶和泔水。他把这些东西带上山是打算做堆肥。核桃园有两块白色垃圾，王木良校长看到了就过去捡起来。可是，美丽的泸沽湖沿岸除了水鸟外，剩下的让人印象深刻的东西就是湖岸边四处漂浮的白色垃圾。在破坏与守候之间，时刻存在巨大张力。达祖小学在环保理念方面的工作也面临这种张力。

（三）特色课程

达祖小学每周五下午安排特色课程。因为我们周五要离开，所以学校特意把那个周五下午的课调到了周四下午，这样我们就有机会亲眼看到了。那天，四年级孩子参加的是祖母屋课，这是地域文化课程的一部分。午休过后，孩子们带上手套，拿着笔记本，跟随王木良校长往校外走。在学校入口对面的山坡上，有一座废弃的祖母屋。房屋的主体结构仍在，只是屋顶已经没有了。校长和学生攀上屋后十来米高的陡坡，这样就可以俯瞰整座祖母屋的构造了。在这里，同学们逐一认识了檩子、椽子，学会计算这间祖母屋主

---

[1] 还有一个相关的见闻值得记录下来：学校四年级有手作猪槽船课。学生要在课上手工凿出一只自己的小木船，船体长度在 20 多厘米左右。学生使用的凿子，是由外请的木匠加工的。凿子的金属部分，在附近铁匠铺定制。木匠的工作是加装硬木手柄，他的日薪是 200元。从经济、便利的角度看，这种自制工具并不占优势。在这么微小的事情上，同样存在传统与现代的对撞。学校的立场也体现在做凿子这样的小事上。

体用料的数量，学习从排水方式的角度观察房屋结构。孩子们的结论是：这是一座两面出水的房子，四面墙壁共计要用 64 根圆木。在掌握了这些基本信息以后，一行人沿着横贯亚泸路的步行道继续往目的地进发。一路上他们会随时停下来观察路两侧的民居，判断这些民居是不是祖母屋、是两面出水还是四面出水。在这个过程中，他们又认识了吊檐板，了解了吊檐板的蓝色象征着什么。这中间涉及估算和除法的问题。比如，房屋全长 14 米，檩条间距 0.23 米，那么这一侧大致需要多少根椽子？因为檩条间距必须相等，所以这里涉及均分问题。不相等的檩条间距，在铺设瓦片时会遇到麻烦。这个场景成为对除法估算的一个很好的应用。孩子们看到远处祖母屋的排烟孔，师生就停下来讨论为什么祖母屋要设置排烟孔，如果没有排烟孔会有什么后果，排烟孔上为什么要搭建屋顶，就这样，一行人走走停停，终于抵达了这节课的目的地——"王老师家"。

"王老师家"也是泸沽湖岸边的一间客栈，只是并不临湖，客栈老板租用的是王木良校长家的屋舍。在客栈平台上，有一座 8×8 平方米的祖母屋模型。接下来，孩子们要在这里完成模型的拆解和复建。尽管孩子们都生活在村落里，但是他们仍然对这两项工作有巨大热情。在拆解前，王木良校长首先讲解了祖母屋屋顶的铺设材料。原来，传统祖母屋屋顶不用瓦片，而是用板材铺就。这种板材要选用没有木结的红杉木或冷杉木，沿纹理方向纵向切一个小口，然后把木材撬裂开，形成一块块并不十分规则的板材。因为木料纹理没有被破坏，所以上下交叠铺设在屋顶上以后，雨水很容易就可以顺着木材纹路排出去。在谈到这个部分时，涉及为什么要这样加工的问题、按什么方向铺设的问题以及如何保养的问题。达祖农场箭亭的屋顶，用的就是这种祖母屋屋顶板材。那些板材来自另外一个村落，据说已经在一间旧祖母屋的屋顶上服务了三四十年，至今还没有腐败。之所以这么耐用，是因为传统祖母屋的屋顶每年都会翻动一次。在翻动时，每块板材里外对调，各排板材上下对调，这样就可以最大程度延长板材的寿命了。学生们为了理解其中的道理，就要用到一路上学到的"出水"概念。懂得屋顶上哪些位置的水量更大，就知道定期翻动屋顶的道理了。他们又谈到了板材的厚度问题：原来，在传统祖母屋内火塘常年不熄火，屋顶那些受潮的板材有机会被烘干，所以祖母屋屋顶的板材厚度要适中，应以 3 厘米左右为宜，太薄或太厚都不太好。

有了这些基础知识，王木良校长接下来把学生分了组。12 名学生分成 4 组，分别负责祖母屋的一个角。拆解过程同样有大量可讲的内容。比如，拆下来的板材和木料如何摆放？祖母屋的每根木料上都有编号，只有按照正确顺序才能搭建起来。如果某一根木料被调转了方向，在组装时也同样会遇到麻烦。此外，这个祖母屋模型用到了榫卯结构。于是，榫卯结构的拆解技巧也就成为一个问题了。模型用到了大梁、二梁，于是学生们又开始了解梁的构造和用途。

在拆解之前，校长专门和学生强调了安全问题。但是，他没有直接发布命令，而是讲了建造祖母屋时的一个传统：过去，一家修建祖母屋，整个村子都会过来帮忙。修建全程不宜见血，哪怕是一根木刺伤人的事情也别有才好。祖母屋一旦建成就会世代相传。修建过程越平安，子孙后代越吉祥。校长用这个传统故事，告诉孩子们在接下来的拆建过程中要小心谨慎。

开始拆房子了，孩子们带来的手套终于派上了用场。拆完屋顶和房梁以后，师生一起观察祖母屋的内部构造。毫不意外，其中一些知识是孩子们早已熟悉的，比如祖母屋内佛龛的位置、火铺的位置和作用、生死门的功能等。但是，也有一些知识是孩子们并不熟悉的。比如：祖母屋之所以叫祖母屋，是因为在祖母所在的位置有一个向上开口的柜子，那里会存放家里的财物、粮食等最重要的物资；祖母屋的门之所以低矮，是为了阻挡那些不会弯腰的妖魔鬼怪；祖母屋内靠近火塘的立柱是男柱，靠近门口的立柱是女柱，男柱、女柱要取自同一根巨木，只是男柱截取的是更靠近根部的位置。因为男柱、女柱的关系，王校长又讲到了村落里的男女成丁礼。这些内容不但孩子们觉得有趣，我们这些旁观者也听得津津有味。

在这天下午，二年级学生在绘制箭靶，三年级学生去了泸沽湖岸边，五六年级去了达祖农场。另外的特色课程，如骑马、射箭、划船、造东巴纸等，并不安排在这个时节，我们无缘得见。仅仅就祖母屋课来说，我们看到的师生的确乐在其中。学生在课上不仅学到了建筑方面的学问，也涉及运算、书写、绘画，同时还锻炼了团队合作、劳动纪律等。在祖母屋课上，没有东巴文字和环保理念上的那些可能存在的张力。参与其中的师生乃至来往的村民，可能都觉得跟孩子们讲一讲祖母屋是个不错的想法。我们有两个不太严谨的证据，可以支持这个判断。第一、祖母屋模型设置在客栈里。换句话说，客栈老板也觉得祖母屋是个有价值的文化符号。第二、这间客栈还有其他民俗实物。实际上，在祖母屋课程结束以后，王木良校长还给孩子们介绍了装点在客栈四周的各种犁。这都是一些木质犁，有长犁、短犁、直犁、曲犁。有的犁只配一头牛，有的犁要配两头牛。它们的耕种深度和服务的作物各有不同。在我们看来，王木良校长已经非常清楚和确信这些民俗的吸引力了。学校和村落在这个方面已经有了共识。

（四）教师队伍

达祖小学教学岗目前有包括校长在内的 9 名本地教师，他们主要来自达祖自然村，在连接学校与村落方面起了关键作用。可以想象，在这样一个小小的村落里，这些教师彼此之间一定会有各种联系。王木良校长高中读了两个月，此后回乡学了两年木工。在复建学校时期，村民已经有意推举 21 岁的他当社长了（两个自然村的负责人）。因此，复建达祖小学的相关事务，王木良校长一开始就有参与。他先是以村民的身份参与学校建设，2005 年 9月正式加入达祖小学，目前是达祖小学和达祖公益的法人。东巴老师自小没有上学，自 12 岁开始直至 25 岁成婚，先后跟随 3 位东巴法师学习 10 多年。回到达祖村以后，东巴老师自 2013 年开始接手达祖小学各年级的东巴文教学工作。毛八斤老师小学五年级毕业以后外出打工，因为表哥在学校工作，知道学校学前班缺老师，才机缘巧合进了达祖小学，后来又在学校的帮助下读了中等师范。杨扎实老师是在王木良校长的推荐下读的师专，师专毕业以后先在达祖农场工作，后进入达祖小学。王木良校长是他的表哥。杨鲁佐老师学生时代就受过达祖公益扶贫助学项目的资助，毕业后正赶上学校缺老师，此后就一直留在达祖小学。杨兵马老师高中肄业后，因为一个在达祖村工作的朋友的介绍，参加了学校的教师招考。三位摩梭人女老师都不是达祖村人。杨扎诗玛老师来自泸沽湖镇，她的嫂子曾在达祖小学任教。在孩子一岁半以后，杨扎诗玛老师觉得自己可以出来工作了，于是在嫂子的引荐下进入达祖小学。喇直玛老师 2012 年师专毕业，在达祖小学王优姆老师的介绍下来到这里。王优姆老师和喇直玛老师的外婆是姐妹。学校现在的厨师是杨直玛，她是王木良校长的妻子。随着旅游业的发展，学校开出的工资已经请不来本地厨师了，只好请她暂时顶替一段时间。在最初的复校阶段，达祖小学也曾经把志愿者教师放在教学一线。但是，直到这些本地教师加入以后，达祖小学的教师队伍才渐渐稳定下来。

　　贫穷和努力是这批教师在接受访谈时反复提及的话题。东巴老师的第二位师父家在达祖村 100 公里以外。当时 19 岁的东巴老师是师父身边唯一的徒弟。在学徒期内，他要寄宿在师父家，负责照料师父家的 15 头牛、90 只羊、6 匹马。东巴老师说，现在有人来学校教，而且有专门编写的东巴文教材，学生有什么理由可以不学好？王木良校长自小学四年级开始寄宿。因为家境贫寒，他吃不起学校大灶，于是每周都得从家里背上一整个星期的食物。学校宿舍里有一排小火塘，王木良要在读书学习之外自己生火做饭。东巴老师的东巴文课，王木良校长的祖母屋课，都是他们个人生活经验的呈现。又譬如，杨扎诗玛老师是摩梭人。她的家族自外祖母那一辈开始就没有分过家，以至于她有儿时十七八个孩子生活在同一个屋檐下的经验。她乐意教小孩子，就源自早年与众多弟弟妹妹共同生活的经验。外公跟她说，不可以杀生，人现在怎样对待小动物，死后也就会被怎样对待。杨扎诗玛老师说，这是外公在用一种朴素的方式，教会孩子们换位思考。喇直玛老师在午餐时，会和一年级孩子们在教室门口的草地上席地而坐。他们在就餐以前，会先齐声念一段谢饭词："感谢大地、阳光和雨露；感谢辛勤劳作的人；感谢为我们准备食物的人；谢谢大家！请安静用餐！"在吃饭期间不说话，是喇直玛老师儿时家里的用餐规则之一。王木良校长说自己搞不懂为什么人还需要管理。他很费解，说好的事情去做就完了，为什么还要靠别人管理。他话有所指，因为曾经有支教老师没有充分估计这里的条件，结果一开始答应得好好的，来了一段时间就反悔了。不偷奸耍滑，答应了的事情就尽心尽力去办，这至今仍是王木良校长等人身上的优秀品质。换句话说，除了文化课外，达祖小学的老师们还在用自己的生活阅历教孩子们。因为有这批老师，达祖小学的孩子们有机会听着父辈的故事长大。二年级杨昕芮的父亲名叫杨鲁佐（和学校的杨鲁佐老师同名），他一年级只读了 20 天，此后就一直放牛、牧马，直到 13 岁以后开始跑马帮。他不能理解，过去的孩子读书，一边读书一边还要挨父母骂，因为父母还指望孩子们帮忙劳动，现在的孩子除了学习，什么都不用管，为什么还学不好？如果他知道学校的这部分老师骨子里有和他类似的经历，我想他是会更加放心的。这批并非来自招考渠道甚至至今也未必拥有教师资格证的老师，在连接学校和村落方面有着无与伦比的天然优势。

王木良校长介绍，达祖小学的教师目前的平均月工资在 2900 元左右（基本工资 2300 元，绩效 600 元），没有缴纳五险一金。有老师介绍，在泸沽湖岸边的那片客栈里，随便找一份保洁工作也可以有这样的收入。并且，在达祖小学还有许多教学以外的工作。比如，达祖农场铺设水管、种植果树的工作，就都是由老师们负责的。在我们到访达祖小学的当天，正好逢上学校例会。那天的会议在学生放学以后开始，讨论的是教师的作业批改、学生的写字规范等问题。这次会议一直持续到晚上六点多。王木良校长告诉我们，能留在这里工作的老师，要能接受这里的工资水平、要能忍受远离城市的生活、要肯投入额外的工作时间。王木良校长清楚知道自己手上这批教师的难能可贵。所以，他现在最急切的愿望，就是设法解决老师们的五险一金问题。这样，他才好在"爱心绑架"之外，有多一点的保障去稳定教师队伍。对于我们正在讨论的话题来说，也许最重要的一点是：因为有这批来自村庄的老师，学校所做的所有传统文化方面的工作，同时也就是村民中的一部分人亲自做出来的。这些工作的成绩和问题，已经在一部分本地居民那里得到检验了。考察达祖经验，必须关注这部分本地教师。

在成绩方面，达祖小学要求各年级都争取在本学区内当第一。我们看到的数据显示，2019～2020 秋季学期，除四五六年级数学以外，达祖小学其余各年级语文、数学平均分都高于泸沽湖镇小学（见表1）。数据显示，达祖小学学生成绩在区域内的横向对比结果良好，但是学生的总体学力水平仍较低，语文、英语学科尤甚。

（五）总结

伴随泸沽湖旅游业近 10 年来的快速发展，传统和现代的张力变得显而易见。一个社区在由农业和渔猎过渡到以旅游服务业为主时，传统文化的生存空间受到了挤压。有远见的观察者不难意识到，许多宝贵的传统文化正在这个过程中被遗忘甚至摧毁。多年以后，等人们开始意识到传统文化的宝贵价值时，又往往只能找到一个个徒有其表、失去生命力的躯壳。看到经济发展与文化保护的矛盾，看到传统文化在现代化过程中、在资本力量面前的节节败退，这并不需要多么大的智慧。预见传统文化会被重新关注的走向，知道在急速发展期以后人们终将平心静气地走上文化寻根之旅，这也不过是一种人生经验或者历史经验。真正值得我们敬重的，是在明明看到节节败退的趋势时，仍然有勇气去做出有成效的努力，而不只是徒呼奈何。达祖小学因应现实条件，找到了一些可行的办法，让传统文化在当下就展现其活力。

四　结论与讨论

前文提出的三个问题至此可以得到回答。

第一，达祖小学与社区在传统文化呈现方面存在差异，尤其是在落实东巴文化、环保理念方面。这表现为达祖小学在文化呈现上的筛选，表现为在村落存活的文化与学校传播的文化之间的交叉关系。达祖小学对于传统文化的筛选，主要是一种简化。但是，他们的这种简化，不同于对传统文化的符号化。前者虽然做了精简，但骨子里还是在鼓励本地居民更加认同传统文化。这些简化的文化传统，仍旧可以解答"我是谁"的问题。与此不同，符号化已经不再尊重所处理的传统文化，实际上是对于传统文化的放弃。符号化所期待和得到的，是外界的错误识别。今后，在传统文化的问题上，达祖小学应谨防由简化到符号化的退化。达祖校园的那栋粉色建筑，是一个随时在场的提醒。

第二，在传统文化问题上，李南阳、游静芬等人的意见起到主导作用。包括王木良校长在内的众多本地教师，都经历过一个观念上的转变过程。但是，起主导作用的一方，在传统文化问题上没有表现出显而易见的转变过程。据此，我们判断主持复校工作的李南阳、游静芬等人是在观念上起主导作用的一方。为了实现这种主导，他们需要努力表明自身观念的前瞻性。因此，他们需要调动人员、资金，寻找策略来实现自己的各项预判。当然，在培养出第一批本地支持者以后，达祖小学校内就不再有主导与被主导的区分了。届时，他们开始一致对外，试图通过自己的努力，引导周边村民在观念和行为上做出改变。

第三，达祖小学在东巴文化、环保理念等方面，找到了一些行之有效的办法，让相关参与者感受到了传统文化的当代价值。在这些举措当中，最重要的一点就是在村校共建过程中，对于本地教师队伍的培养和使用。这部分教师深谙传统文化。在完成学校的一系列探索（包括失败的探索）之后，如果他们认可这些传统文化的当代价值，就会对学校的主导理念建立信任。这部分老师在村落中的影响力，为学校带动周边社区实现观念转变和行为转变提供了可能。在这个过程中，理念主导一方和本地教师日复一日在一起工作，深度介入办学过程中的每一项具体工作，这是建立这种信任的具体过程。

当然，办学本身是一件实务活动，其目的并不是回答某个理论问题。实际上，达祖小学项目的缘起就包含很大的偶然性——当初李南阳、游静芬等人第一次来泸沽湖旅行时，还完全没有复建达祖小学的计划。因此，达祖小学目前在传统文化方面取得的成绩，不能涵盖达祖小学办学经验的全部。达祖小学仍在存续，但是当前的一切平衡状态，时刻都有被打破的危险。比如，泸沽湖旅游业正在发展。一方面，随着居民收入水平的整体提升，达祖小学教师队伍的稳定性就可能受到威胁。另一方面，因为地区经济水平的提升，达祖小学实现办学经费自主的可能性也在加大。在 2005 年复校时，村民认为能就近入学就很好。到了今天，人们仍旧觉得学校提供免费小学教育、供应免费午餐很好。可是，随着经济状况的改善，这些曾经被看重的东西，是不是会出现贬值呢？过去，东巴是一个不错的职业。可是，今天要是做东巴，就要终年守候在村落里。换句话说，就连东巴这个职业的吸引力也会时过境迁。总之，达祖小学最终往哪里走，还要等待当事人一点一滴做出来，对此我们根本无法做预判。我们可以从他们的工作中总结经验，但是不能认为他们的工作初衷就是如此。行动者的目标会务实许多，往往也会复杂许多。

费孝通这样界定文化自觉："'文化自觉'指生活在一定文化中的人对其文化有'自知之明'，明白它的来历、形成过程、所具有的特色和它的发展趋势，不带任何'文化回归'的意思，不是要'复旧'，同时也不主张'全盘西化'或'全盘他化'。自知之明是为了加强对文化转型的自主能力，取得决定适应新环境、新时代对文化选择的自主地位。"① 就上文报告的对达祖小学的各项观察而言，可以看到他们在传统文化方面的作为已经超越了文化保存，开始追求相关人员的文化自觉了。他们不仅告诉相关人员传统文化多么了不起，而且通过共同努力，表明了传统文化的生命力。他们在本地培养出了一批理念支持者。文化保存的支持者，骨子里不相信所保存的文化可以自己照料自己，骨子里认为文化是静止的、是可以放在恒温箱里的东西。文化保存似乎就是在保存一个稍有不慎就会死去的东西。文化自觉的支持者，相信传统文化有巨大的动员力量。帮助人们发现传统文化的生命力、看到传统文化的前景，这种传统文化就会一直活在人们心间，成为现实生活的一部分。文化不需要保存，只需要人们不断更新它。总之，实现了文化自觉的人不是要保存某种文化"化石"，而是要把文化当作一个"生命体"，在保护和发展它的同时清楚了解为什么要这样做。

王木良校长的一段话，可以作为对我们所谓"文化自觉"的一个说明："处在这个文化里，红白喜事都是东巴主持的。我们有这个东西，就好像我们有个手机，不会稀奇。旅游开发了，人改变很大。以前没有'有车有房'（这样的想法），大家的生活比现在还慢节奏，现在每个人都忙起来了……

①　费孝通：《对文化的历史性和社会性的思考》，《思想战线》2004 年第 2 期。

人以前比（现在）这个还要淳朴。旅游开发了以后，人变了。很多东西在流失……我们也会思考，万一哪一天这儿也变成完全商业化，（游客来了）只是看看山、看看水，人没有这种情感了，没有当地的文化可以看的话，你说谁会来这个地方？还有，如果环境污染了，谁还来这个地方？我们做东巴文化，真是希望村民认识到，自己民族是个啥民族。自己有这么好的文化，可以把它宣传出去。有这个东西在，这个纳西族就在，能够走得更远。"

王木良校长回顾说："（当初，李先生说）你们脚下都是黄金，我们搞不懂这个老头在说啥。（李先生说）土地要怎么怎么保护，纳西文化、东巴文化要怎么怎么保护，我们也搞不懂。"现在，王木良校长认为自己搞懂了当初那些话。可是，为了让这些话真正具有说服力，也要求一定的条件。如果没有泸沽湖景区的发展、没有微店等新经济形式，达祖小学倡导的东巴文化和环保理念就很可能无法兑换出实际的效益。我们甚至可以说，如果李南阳、游静芬等人延后 10 年再来达祖，可能就再也找不到王木良这样的老师了，一切情况都很可能是另一番模样。总而言之，"脚下都是黄金"这句断语的效力是有条件的。正因为如此，本文报告的达祖小学经验在理论上也开始有了一点讨论的价值。

目前人们耳熟能详的多元文化主义强调的是文化差异和文化平等，它是在反对同化论的基础上提出来的。多元文化主义倡导为弱势群体、边缘群体提供尊重和补偿，以协助其抵抗同化的趋势。本文讨论的文化保护，大致可以认为是多元文化主义的主张。多元文化主义在保存文化多样性方面的措施，除了预想的目标外，总会有一些意料之外的结果。比如，客观上造成了人们针对弱势群体和边缘群体的刻板印象。结果，文化保护成了来自主流文化的外部力量的一种倡议，少数族群内部不但没有因为这种保护论更加认同自身的文化，反而会因为始终被主流文化以刻板印象定义而陷入"自我怜悯和自我孤立"①。各种文化保护举措，往往都有被当事人架空的危险。上文提及的符号化，就是一个例子。在多元文化教育中的文化保护，非但没有

---

① 王希：《多元文化主义的起源、实践与局限性》，《美国研究》2000 年第 2 期。

实现少数族群对于自身文化的珍视，反而会让少数族群被迫接受他人的定义，实际的结果反而是更进一步排斥自己的文化。这种对于提前被定义的愤怒，反抗的是多元文化主义教育要求的统治和从属。①

总之，在面对资本力量时，在现代化过程中，多元文化主义选择的方案，是一种建立博物馆或保护区式的处理方案。弱势群体、边缘群体在得到尊重和补偿的同时，失去了重新定义自己的机会。用达祖小学作为例子来说，一个纳西族人如果只能当一个纳西族人，而不能选择不当纳西族人或者当一个不一样的纳西族人，那么在重新定义方面就出了问题。类似的，摩梭文化在这种成问题的文化保护中，也只能以"母系"和"走婚"等符号化的东西来替代。本文报告的达祖小学经验告诉我们，在带领少数群体重新定义自己时，要努力实现传统文化的当代价值。这受到各种内外部条件的限制，因此最终走向十分不确定。当事人既可能选择坚持自己的身份，也可能选择放弃自己的身份，而更大可能是重新定义一个前所未有的新身份。因此，能否摆脱多元文化主义的保护论，是一个背景化的实践选择问题，不只是一个理论问题。

达祖小学二年级女生杨昕芮，原本从东巴那里得到的名字是撒达直玛。据说在入学登记时父母不在家，年长十几岁的姐姐杨拉姆就做主把妹妹的名字改成了汉名。撒达直玛这个名字，人们一看就知道是个少数民族姓名，而杨昕芮这个名字就不会给人这样的联想了。已经从护理专业中专毕业的姐姐，为什么要为妹妹做这样的改变呢？我用这个问题作为结尾，是想再次强调这样的窘况：当一部分人在努力保存传统文化时，身处其中的人们很有可能正在主动远离它。这是传统文化保存和发展工作的困难所在，也是我们关注达祖小学这个案例的一个理论动机。

① 柯蒂斯：《多元文化教育和阿伦特的保守主义》，载戈登主编《阿伦特与教育》，丁道勇译，第五章。

从孩子的真实生活出发

——乡村小规模学校建设的"缙云探索"

徐乐新　吴丽明　刘勇武　樊旭彪*

摘　要：乡村振兴背景下，浙江缙云县基于区域教育实际，提出"从孩子真实生活出发"的乡村小规模学校建设思路，积极推进乡村小规模学校建设的"缙云探索"。通过改造校园，改革乡村学校课程，培养重视学生个性的、内在核心素养发展的教师和校长队伍，立足乡村，助力"生长"，缙云教育实现了让孩子就近"上好学"、共享有质量的教育的目标。缙云的实践探索，表明乡村教育应继承本地优秀传统文化，打造特色的、适合自身的教育。同时，缙云的探索也为我国乡村小规模学校的发展提供了可资借鉴及学习的区域经验，有其重要的意义及价值。

关键词：乡村小规模学校　乡村振兴　课程　共同体

一　背景与问题

浙江缙云县现代乡村教育发轫于新中国成立之时，从学校数和学生数看，其鼎盛于 20 世纪 70～80 年代。1976 年，缙云县小学学校数达到顶峰 775

＊ 本文作者工作于缙云县教育局。

所（在校生 56560 人）。从 20 世纪 80 年代到 21 世纪初，缙云县对乡村小规模学校进行了多次大规模的撤、扩、并。截至 2020 年底，全县小学 41 所（不含九年一贯制学校中小学部 3 个，教学点 2 个，民工子弟小学 1 个），设点 47 个，在校生共计 28091 人。全县 18 个乡镇，每个乡镇至少保留 1 所小学，人口最多的乡镇设点 10 所学校，基本满足了群众就近、相对集中上学的需求。

缙云乡村学校的变化，反映了中国改革开放进程中工业化、城市化对乡村教育的影响。大部分乡村学生随父母迁移进城就学，是人民基于"对美好生活的需要和发展不平衡不充分"的自然选择。但不可否认，其中有部分家长是因对乡村学校不了解，或是因学生减少、担心教育质量下降而被城镇化，从而加剧了乡村学校的衰落。但我们坚信，尽管目前来看乡村学校还在减少，但肯定不会消亡。办好乡村教育，能够让"被城镇化"的家长和学生，更能按他们的意愿自主选择适合自己的乡村生活和乡村学校。

习近平总书记多次强调，培养什么人，是教育的首要问题。在"为党育人、为国育才"大背景和乡村振兴国家战略下，乡村学校是面向农村，培养乡村传统文化的传承者、开拓者及乡村振兴的建设者，还是跟随城镇学校，培养进城者、城市的建设者；是跟随城镇教育，期待弯道超车，还是"换一条赛道"，坚守乡村特色，甚至让教育再来一次"农村包围城市"的革命；是坚持培养全面发展的人，还是坚持精英教育，做应试教育的陪跑者……如何办好乡村学校，促进乡村振兴，是一个迫切需要研究和探索的问题。

二 使命与目标

近年来，缙云县积极贯彻落实《国务院办公厅关于全面加强乡村小规模学校和乡镇寄宿制学校建设的指导意见》（国办发〔2018〕27 号）提出的"实施底部攻坚，全面加强农村小规模学校建设和管理，不断提高乡村教育质量"精神，提出"从孩子真实生活出发"的乡村小规模学校建设思路，积极推进乡村小规模学校建设的"缙云探索"，立足乡村，助力"生长"，让孩子就近"上好学"，共享有质量的教育。

（一）坚持一个理念：追随儿童意愿，支持儿童发展

十年树木，百年树人。育人如种树，生长规律和本性不可破。教育是解放心灵的工作，只有尊重、敬畏儿童成长规律与特点的教育，才能让儿童得到充分发展；只有坚持立足儿童本位，在"读懂儿童"中"追随儿童"，努力创设适合每个儿童发展的教育环境，才能生动而诗性地展现儿童的生活，并充分调动儿童的内在积极性、主动性、能动性，让儿童在体验感知中获取经验，自主生长。

（二）反对两个主义：替代主义、功利主义

一是反对替代主义，应让孩子自主生长。真正的教育是给孩子自由，让他们自己思考、自我体验、自主决定。旧的教育观强调不让孩子犯一点错、不走一步弯路，要永远走在正确的道路上，强调"家长、老师要张开手臂，挡住风雨，让孩子健康、安全、快乐成长"。许多家长对教育过度焦虑，替代孩子思考，替代孩子决定，甚至替代孩子去体验，让孩子"在岸边学游泳"。最好的教育，是陪伴，是陪孩子一起去经历风雨，让孩子自主成长。

二是反对功利主义，应让孩子自我生长。真正的教育，应该是不功利的，让孩子自我生长。但是，现在很多学校和家庭在拔苗助长。教的都是考的东西，学的都是"有用"的东西，追求的都是"看见"的东西；不考、没用、"看不见"的东西就不教不学不追求。教育内部，因高利害关系评价与考核的影响，许多教育变成了为学校荣誉、老师名利、家庭荣耀，甚至是为地方政绩服务的工具。教育外部，农村家长"望子成龙、望女成凤"心切，把教育作为脱离农民、农业、农村的手段，舍本逐末，把"学习"当作孩子的唯一追求，致使很多乡村孩子，长大后成了一个"十指不沾阳春水"的"伪农民"，成了"城里待不下、农村不肯待"的"城市浮萍"，加剧了乡村的"空心化"。真正的教育，是一种自我生长。

（三）期待四个梦想：尊严、自信、自强、幸福

我们希望的乡村教育，能从孩子的真实生活出发，期待实现四个梦想：一是梦想所有的孩子都不会因为某门学科学不好、某项活动跟不上，而受到嘲笑、歧视，失去尊严，尊严是教育的底线；二是梦想所有的孩子都能在学校设立的平台获得自信，自信是教育的关键；三是梦想所有的孩子及其努力都能够在学校里得到肯定，获得自强，自强是教育的根本；四是梦想所有的孩子都能够在学校里找到快乐、体会到幸福，幸福是教育的最高境界。

三　路径与探索

近年来，缙云县在乡村振兴的国家战略背景下，大力破除"五唯"评价，牢固树立为了人的全面发展的学习价值观，把"孩子"放在学校的中央，从孩子的真实生活出发，加强乡村小规模学校建设，促进孩子核心素养的发展。

（一）缙云县乡村学校探索历程

自20世纪80年代以来，缙云县的乡村学校探索经历了"自下而上、自主摸索，多方参与、主动探究，上下联动、联盟发展"三个阶段。

1. 自下而上、自主摸索阶段，以长坑小学为代表

学校在刘勇武校长等带领下，按照"质量扎根，校容起家，特色发展，科研兴校"四步走策略，积极开展新生活教育，开发了6大系列25门拓展性课程。相近条件下的学校相继或自然消亡或撤并或萎缩，唯有长坑小学实现办学逆袭，学生数从170人增加到400多人。其办学成果得到了时任教育部部长陈宝生、时任浙江省省长吕祖善等众多领导好评。

2. 多方参与、主动探究阶段，以城北小学、坑沿小学、章村小学等为代表

自2017年以来，各学校在社会志愿者、教育爱心人士、教育公益机构

等支持下，分别针对留守儿童、务工子女、原生态农村学校的不同特点，开展了"三不"（不功利、不替代、不施舍）、"美术"、"村校融合"等不同特色的小微学校建设探索。各校基于学生的真实生活，大力推进拓展性课程、项目式教学改革，得到了社会各界好评与支持。

3. 上下联动、联盟发展阶段，以组建缙云县小微学校联盟为代表

2020年，在全县22所小微学校中，由学校自主报名、县教育局考核，双向选择了15所学校组建缙云县小微学校联盟，抱团发展。县教育局组织全县特级教师、正高级教师、部分教研员、教育局干部共同组成帮扶小组，对学校进行一对一、多对一帮扶，共同参与，形成行政保障、专家引领、社会参与、上下联动等共同助力乡村小规模学校建设的氛围。

（二）缙云乡村学校课程探索途径

以浙江省深化义务教育课程改革为契机，缙云县大力推进国家基础性课程落实和拓展性课程开发，改革育人模式，推进因材施教，让每一位乡村孩子都能愉快学习、幸福成长。

1. 课程：大力推进四个转变

着眼"四个转变"，狠抓课程改革，从过去带着"课本"走向孩子转变为带着孩子走向"课本"。

（1）从原来着重关注基础性课程转变为特别关注基于农村孩子真实生活的拓展性课程

首先，准确认识基础性课程的功能与定位，为学校、学生减负。基础性课程是指国家课程标准与地方课程标准规定的统一学习内容，目的是确保每一位学生具备适应社会所需要的思想道德素质、科学文化素质和健康素质。[1] 基础性课程全面贯彻落实党的教育方针，是坚持社会主义办学方向的集中体现，具有强制性的特点，用国家强制力来保障实施。

---

[1] 《浙江省教育厅关于深化义务教育课程改革的指导意见》（浙教基〔2015〕36号），http://hz.bendibao.com/edu/20151014/61644.shtm，最后检索时间：2021年2月12日。

但是，在实际实施过程中产生了偏差。一是把基础性课程中的语数英等高考科目定义成"主课"，把高考不考科目定义成"副课"，这种分类是对国家课程体系的极大扭曲；二是以师资缺乏等原因，少开、不开或挪用"副课"，五育并举变成口头上重视、行动上应付；三是打着所谓的"提高质量"的旗号，对"主课"搞加班加点，提前教学，延长学习时间、提高学习强度；四是依据所谓的"主课"成绩排名来评价学生、教师、学校、区域的教学质量。这是目前教育中存在的最大问题。

针对此，缙云县坚持底线思维，推进课程减法改革——严格按照国家要求开齐开足国家基础性课程，做到"零起点、五不准"教学——所有课程坚持"零起点"教学，基础性课程不增加节数，教学进度不加快、难度不加速提高，作业难度不超标，教师不布置重复性和惩罚性作业，不给家长布置作业或让家长代为评改作业，规范考试次数与难度。把"零起点、五不准"作为乡村学校所有改革的基础和先决条件。

例如，坑沿小学从 2019 年开始，针对 95% 家长是外来务工人员、50% 家长上夜班的实际，从儿童真实生活出发，提出了"向课堂要质量，向教师要质量，给学生减负，给家长减负"的"两要两减"活动。家长不打卡、不签字、不检查。

其次，准确认识拓展性课程的功能与定位。缙云县认为拓展性课程是学校、家庭、社会为学生提供的最大可能满足个性化发展的学习内容（浙江省教育厅文件对拓展性课程的解释是学校提供给学生自主选择的学习内容)①。其目的是在每个孩子最具天资、最感兴趣、对社会相对会有最大贡献的领域和方面，成就孩子的最大价值，最大化为学生个性发展服务。② 拓展性课程具有个体性、生成性特点。个体性强调为学生个体发展服务，开设拓展性课程要从学生的真实生活出发，从学生的兴趣、爱好、天赋出发，而不是从学校教师的特长出发。很多学校认为很多拓展性课程学生有需求，但

---

① 《浙江省教育厅关于深化义务教育课程改革的指导意见》（浙教基〔2015〕36 号），http：//hz. bendibao. com/edu/20151014/61644. shtm，最后检索时间：2021 年 4 月 13 日。
② 张治：《走进学校 3. 0 时代》，上海教育出版社，2018。

是没有专业教师，无法开设。其实，没有专业教师照样可以开设——师生一起从头开始学习，正好验证"学习的过程本身就是不断探究的过程"，可以避免教师成为"专家"后使学习过程简单化、粗暴化。生成性强调学生进行拓展性学习，是一个不断变化发展的动态过程。如，长坑小学8门民乐课程，只有2个音乐老师。每年新教师到长坑小学，先向高年级学生学，边学边教，师生共成长，共进步。结果笛子教得最好的是语文老师，唢呐教得最好的是英语老师，打击乐教得最好的是数学老师……。

拓展性课程与基础性课程不同，不具有目标的确定性、过程的程序性、结果的准确性。乡村学校的小班化，为拓展性课程的个体性、生成性实施提供了可能性。为此，缙云县提出，乡村教师要从优秀的共情者开始，激发学生的兴趣是教师教学的难点，学生的兴趣点是教师教学的重点，学生的真实水平是教师教学的起点，学生的最近发展区是教师教学的目标，学生的学习进程是教师教学的过程，教会学生做人是教师教学的最终目的。

如，方溪小学开设"梦想者"拓展课程。每位学生都有一门属于自己的梦想课程，都有一位陪伴者（老师）。陪伴者从了解孩子开始，帮助孩子确定可行的梦想（学期年度计划），支持孩子努力实现自己的目标。"梦想者"课程分"我是谁""我要去哪里""我要如何去"三个内容模块，陪伴每一个学生"做梦""追梦""寻求帮助"。

（2）从原来着重关注学生的共性发展转到特别关注孩子的个性发展

小班化的本质是个性化，个性化的本质是特色化。特色不是与别人不一样，而是与自身的禀赋最相吻合。共性化是工业化的产物，小班化为改变带来了契机。个性化为每一个孩子提供不同的课程以及要达到的目标，以学生为本，改变过去强调共性化目标。真正的个性化，是相同的课程与每个孩子的目标要求与自身水平、能力相适应。

例如，方溪小学是一所大山深处的乡村小学，全校目前在校生32人，一至六年级，分别有6、3、2、2、6、13人。有五个年级学生在10人以下。为此，学校采取混龄教学＋个性化教学的方式，积极推进个性化教学，努力做到"一生一陪伴者、一生一课表、一生一教案、一生一作业、一生一考核"，真正从学生的需求出发，为每个孩子量身定制课程、作业和目标。

又如，唐市小学依托自然小班化，积极开展个性化教学探索与研究。2020 年寒假，学校师生共同商议确定个性化寒假作业。如陈同学，语文作业为默写六年级（上）的必背古诗 2 遍，听写生字词 2 遍，数学作业为计算练习每日 6 题，英语作业为抄写六年级（上）单词并听写，报中文写英文，科学作业为制作垃圾分类主题的手抄报。生活作业为每天跳绳 500 下。如朱同学，语文作业为五张书法作品，数学作业为记录每日家庭支出中食品支出占百分之几，并换算成分数和小数，做成表格，英语作业为练习书写六年级（上）单词，科学作业为创意小作品——纸电路，生活作业为用花盆种多肉植物、寒假期间减肥 3 斤。

（3）从原来着重关注学生的外在表现转为特别关注学生的内涵发展

传统的评价主要关注学生外在表现，主要以考试的分数来评价学生学习。音体美有过之而无不及，学习的目标直接定位在竞赛的结果和考级上。针对教师与家长对学生成绩不满意的原因，尤其是非智力因素的原因，缺少深层次分析和跟进措施。老师要通过关注孩子的外在表现，寻找孩子发展的内在因素，这才是要关注的重点。老师的工作应该和医生一样，是治病而不是治症，要通过观察孩子的异常表现来诊断孩子的"病因"，对症下药，而不是粗暴地制止、纠正孩子的异常表现。

正如《2020 缙云乡村美育》寄语所言，"美术教师不只是教孩子画画，更要带着孩子走进一个美丽的世界，让孩子感受美、发现美、激发孩子的兴趣，鼓励孩子去捣鼓自己觉得有意思的东西。在此过程中，最为重要的是要让我们的孩子体会到同伴的帮助、老师的关怀，体验到自然界的神奇、世界的美好，获得自尊、自信、自强与幸福。"

如，缙云四所小微学校与致朴基金会合作实施"看见彩虹，一日之美"乡村美育地方课程。课程以三不——"不一样、不评比、不淘汰"为原则，以陶冶情操为目的，将美育与地方文化相结合。根据"儿童一天的生活内容"，选择贴近儿童当下生活的事物（服装、学习用具、食品、玩具等）作为学习内容，体现"美即生活"的理念。让学生的创作来源于生活，并满足生活所需，为生活服务，为学生"不一样的生活"提供"不一样的表达"。

（4）从原来着重关注孩子的知识和技能转变为特别关注孩子的核心素养发展

核心素养是学生应具备的能够适应终身发展和社会发展所需要的必备品格和关键能力。原有的应试模式，过分关注孩子的知识和技能，以知识和技能的习得作为唯一追求。关注核心素养培养，要转变为淡化结果，注重过程，更看重知识和技能的学习过程，习得独立生活能力、沟通能力、合作能力、社会情感化技能，以及优秀品格等，培养终身的学习者。

例如，大源小学开设做饭拓展课程——要求每位学生每学期为家里做一餐饭。评价重点不在于做饭技能的好坏，而更关注学生亲情与家庭责任等核心素养培养。一是强调先向共同生活的亲人学做饭，增加交流，增进情感；二是学会帮助家人分担家务，增强家庭责任感。

2. 校长：打造适合乡村孩子的学校

为了打破乡村学校千校一面的局面，缙云县近年来在乡村小规模学校校长的选拔上，精心选调人才。特别关注从城镇小学中有乡村情怀、教育理想的市县学科带头人等优秀骨干教师中选拔，从音体美等专业教师中选拔，从原有的特色学校中选拔。从 2019 年开始，在 22 所小规模学校中，任命了市学科带头人 3 人、美术专业 1 人、音乐专业 2 人为校长。各校长的乡村情怀、对理想教育的追求，为乡村学校打破"统一化""标准化""模式化"建设的思维定式，提供了基础。各校长从"本土化"出发，打造适合本地乡村孩子的生存和生长空间，呈现"百家争鸣、百花齐放"的良好格局。

例如：章村小学校长马鑫飞，音乐专业出身，利用满山遍野的毛竹，开发自制毛竹打击乐器，营造了一所充满浓郁地方特色的学校；宫前小学的赵伟进，运用自身基于美术专业的独特眼光，依托驻地宫前村深厚的古建筑文化底蕴，开展"村校融合探索"。

3. 校园：村庄即学校，学校即村庄

在推进乡村学校建设过程中，缙云县注重学校与村庄一体化融合，积极打开校门，走进乡村，实行开放办学——乡村所有优秀文化遗产，都是课程；所有有意义的场所，都是课堂；所有的长者、能者，都是教师；学生，真正成为村庄的主人，从小用小手建设自己的村庄。

（1）村庄即学校，"非遗"进课堂

缙云县地处山区，孕育了内容丰富、形式多样、艺术种类颇多的特色文化，截至 2020 年底，缙云县拥有国家级非物质文化遗产 4 项，省级 19 项、市级 44 项、县级 148 项，被命名为"中国民间文化艺术之乡"。各乡村小规模学校，结合非遗项目进校园、地域文化，打造"一校一品"，把校园打造成地域文化高地。一是打开校门，挖掘村庄中的教育元素，把教育教学活动延伸到村庄内，让学生在真实生活中学习传承和发展传统文化。如宫前小学、河阳小学把小导游、剪纸、棋类、婺剧、武术、美术等拓展课程开到了村庄里面，村里的古祠堂、古建筑就是学校的课堂，整个村庄就是学生美术写生基地。二是能者德者进校园，学校聘请专业导游、村里的婺剧爱好者、武术教练、技艺特长者等为学校技能老师；聘请村里的知名人士、乡绅学者等德高望重的人为学校的德育老师。

（2）学校即村庄

一是乡村学校利用自身优势，引领乡风文明建设。如章村小学 PBL "芳华"课程，鼓励师生走进村庄，挑选了 19 位 80 岁以上老人，通过独自或团队采访，了解每一位老人的精彩人生及为家庭为社会所做的贡献，引导村民尊老、敬老，形成爱老、助老的社会氛围。如新建小学，与乡镇合办图书馆，营造书香校园、书香村庄乡镇氛围。二是引领乡村产业发展。如，团结小学创建"感知生长实验室"，推进"互联网＋劳动种植实践"，带领乡村科技农业发展。三是传承发扬优秀传统文化。河阳小学、七里小学创建剪纸博物馆，开展省非遗"剪纸"项目教学，推动乡村传统文化发展，让"乡村小规模学校成为点亮乡村的'庠序之光'"①。

4. 教师：从单向灌输者走向陪伴者、指导者

随着经济社会发展，工业化社会走向信息化时代，乡村学校发生着深刻

---

① 汤勇：《让乡村小规模学校成为点亮乡村的"庠序之光"》，https：//www.doc88.com/p-78273024429284.html？r=1，最后检索时间：2021 年 4 月 13 日。

的变革。由此带来教师角色的变化，从过去的知识权威——单向灌输者，逐步转变为平等中的共情者。

一是做孩子的陪伴者。教师要放下身段，学会站在孩子的立场、角度，与孩子一起痛苦、欢笑、沮丧、兴奋，做孩子的共情者。陪伴者要积极地看、积极地听，设身处地感受学生的所思所作所为，随时掌握孩子的各种情况，欣赏孩子每一点微小的进步，尤其是要有积极向上的人生态度。陪伴者，不是救世主，不可能拯救他人，也不是神仙，不可能点石成金，化腐朽为神奇，也不是老母鸡张开翅膀，给孩子遮风挡雨；而是陪着孩子经历风雨，共情、理解、尊重、宽容，引导、支持孩子生长。乡村学校班级人数的减少，为乡村教师角色转变提供了契机。如，方溪小学、大源小学教师尝试做学生的陪伴者，服务学生，使学生自主学习、自我生长。

二是做孩子的指导者。教师要改变姿态，引导孩子自己去思考、体验、决定，而不是替代孩子做这些。美国互联网思想家戴维·温伯格指出，"在知识网络化后，教室里最聪明的绝对不是站在讲台前上课的教师，而是所有人加起来的智慧"[1]。教师要从过去的师道尊严捍卫者转变为唤醒孩子认识自我、激发其动力，从过去的知识搬运工转变为指导孩子发现自身特长、学会学习。如城北小学在实施拓展性课程时，分"唤醒、尝试、实施"三个阶段。唤醒阶段由各校志愿者带着城里孩子到城北小学展示各项活动，唤起孩子的兴趣；尝试阶段，由志愿者老师带领孩子尝试学习不同的课程；实施阶段，由孩子在理解基础上自主选择课程。整个过程中，导师注重与孩子的情感沟通，及时发现和帮助解决孩子遇到的问题，注重学生成长的内在需求，让学生更有获得感、掌控感。

5. 课堂：倡导在真实情境下解决问题

乡村教育倡导"直面生活"，帮助孩子解决真实情境中的问题。为此，小班化、乡土化为推进项目式教学提供了条件。PBL 项目式学习，让每一个孩子体会到成功，让他学会解决问题，让学习真正发生。

---

[1] 张治：《走进学校 3.0 时代》，上海教育出版社，2018。

例如，章村小学组织"校门重建"PBL 项目式学习，以"我为学校建大门"项目为课程，搭建舞台，让孩子们插上想象的翅膀，为校门重建出谋划策。在这个过程中，孩子们成为设计师、建造师、工程师、企业家、摄影师、解说员……，孩子们培养了表达、沟通、设计、绘画、团队协作等能力。更重要的是，通过亲历一个真实问题的完整解决过程，孩子们感受到学习和知识的力量，学会了学习，增强了学习的信心和决心，师生之间、生生之间、师师之间更加团结、协作。

四　问题与展望

（一）问题与反思

近年，缙云县以乡村小规模学校建设为起点推进教育教学改革，取得了一些成绩，但也遇到了一些问题。

其一，办人民满意的教育是乡村学校的终极目标与追求，但是人民满意的概念较广泛，教师、家长、学生、社会群众对教育存在不同期待。教育行政部门如何用先进的教育理念去引领全社会树立正确的教育价值观，是最迫切需要回答的问题。

其二，乡村振兴战略提出"产业兴旺、生态宜居、乡风文明、治理有效、生活富裕"总要求。乡村学校如何为乡村孩子的终身发展服务、更精准地为振兴乡村服务，这是值得探索的课题。

其三，在"破五维"的大背景下，如何科学评价学生、评价老师、评价学校，是一个大而专业的问题，需要在今后工作中通过进一步学习加以破解。

（二）期待与展望

没有乡村教育振兴，就没有乡村振兴；没有乡村振兴，就没有中华民族复兴。乡村学校是应试教育最薄弱的地方，也是最容易突破的地方，素质教育改革必将从乡村教育开始。

2020 年，为进一步探索乡村小规模学校建设，缙云县在小微学校联盟基础上组建了"新乡村教育实验共同体"。共同体项目邀请致朴基金会、21世纪教育研究院等教育公益机构共同参与。县教育局不用行政方式指定项目学校，而是由学校自主申请，缙云县教育局、致朴基金会共同考评，双向选择确定项目学校。缙云县教育局把项目学校从常规管理考核中抽离出来，单独为项目学校设计评价方案，为项目学校松绑，上下联动，多方互动，致力探索一条新时代小规模乡村学校的发展之路。

乡村学校应该是为乡村孩子而建，为乡村振兴而建，不追求与城镇学校"不一样"，不追求与其他乡村学校"不一样"，而应该追求与每一个乡村、每一个孩子最相适合。我们相信，未来的乡村学校应该是本地优秀传统文化的继承者、乡村文化的中心、乡村振兴的引擎；相信乡村学校还是未来教育改革的探索者、试验田。天地广阔，值得耕耘探索！

区域农村小规模学校联盟的困境与希望

侯芊宇[*]

摘　要：最近几年内，全国各地兴起了一批区域农村小规模学校联盟，但在"热恋期"结束以后，一半以上的区域农村小规模学校联盟都出现了"后劲不足"的问题。本文深入研究了成立2周年以上的14个区域联盟，通过分析这些区域联盟起起伏伏的故事，探究区域联盟兴起的成因、面临的困境，区域联盟的演变以及未来的期望，发现区域联盟形成的前提是农村小规模学校对更有差异性的特色办学思路、更优质的师资资源和更多的交流机会有需求。当地政府的支持和背书对于区域联盟的发展能起到至关重要的促进作用。基于上述发现，本文建议，当地政府应保护农村小规模学校发展的自主权，同时可通过政策支持、口头表扬等形式对小规模学校联盟进行支持和保障。

关键词：农村小规模学校　区域联盟　教育体制　教育环境 自主发展

一　联盟的兴起——众人拾柴火焰高

在以城市为主导的教育体制内，位于末端的农村小规模学校一直面临着

---

* 侯芊宇，21世纪教育研究院农村中心项目经理，农村小规模学校联盟负责人。

严重的办学困境，"优秀教师留不住""学生能走的都走了""没有自己的独立经费，缺乏办学自主权"是农村小规模学校普遍反映的问题。

马斯洛的动机理论认为，人有结群、寻找集体归属的动物本能。在"孤立无援"的教育环境之下，农村小规模学校"抱团取暖"的诉求更为强烈，一些学校开始探索联合自主发展的道路，区域农村小规模学校联盟（以下简称"区域联盟"）应运而生。2014年12月，在四川省广元市利州区教育局的支持之下，14所农村小规模学校成立了全国第一个区域联盟——广元利州区微型学校发展联盟，在此后的几年内，全国各地雨后春笋般地兴起了多个区域联盟，掀起了一波建立区域联盟的小高潮。

区域联盟的广泛兴起有其现实的合理性和必然性，其与农村小规模学校的生存现状息息相关，是农村小规模学校自下而上寻找的自主发展路径。

建立区域联盟符合农村小规模学校探索特色农村教育发展道路的愿景。"用大校的教学方式对孩子们学习的提升不快，老师的教学也没有积极性"，14个区域联盟中有11个在成立的最初都是为了探索农村小规模学校的特色办学思路，"自主求变、自谋出路、共同发展，构建具有特色的小规模学校办学模式"是大家的心声和初衷。"一校一方案""校校有亮点"等口号出现在多个区域联盟章程中，6个区域联盟设立了轮值的校园开放日，在校园参访和研讨中互相启发和拓展思路。

更重要的是，建立区域联盟能帮助解决困扰农村小规模学校已久的实际问题，可充分关注教师主体，为教师提供自我成长的机会和情感联结，最终解决优质师资不足的问题。14个区域联盟均将教师交流作为工作重点，通过促进学校间教师的互动来促进乡村教师成长，其中10个学校关注教学教研、7个学校关注特色阅读并有4个学校尝试通过网课的形式共享优质教师课程。公益组织资源共享也是区域联盟成员间互相帮忙解决教师资源问题的重要补充，8个区域联盟将NGO资源共享作为区域联盟运营的主要活动，进一步说明农村小规模学校资源的稀缺性。除此之外，交流带来的学习机会和情感联结也是区域联盟成员的重要诉求，"农村小规模学校教师外出的机会少"，即使有国培省培的名额也会因为教学任务繁重而难以脱身，反而成为行政任务。区域联盟以非官方的形式促进交流，设计更加轻松的活动形式，为"困"在学校的老师们提供更多建立个人关系的机会，让老师感受到充分的个人施展空间和尊重。14 个区域联盟中有 4 个共同举办教师运动会等集体活动，长春宽城区追梦联盟还专门针对教师的心理状况开展教师心灵成长项目，培养教师的职业认同感和幸福感。

但是在对成立两周年以上的区域联盟进行一轮深度访谈后，我们发现仅有 3 个区域联盟——河南濮阳微校联盟、吉林长春宽城区追梦联盟、河南乡村教育共同体——还维系着较高频的常规活动，大部分区域联盟的活动频次大大降低甚至进入发展停滞状态，逐渐显示出"后劲不足"的现象（见表1）。

表 1　14 个成立时间超过 2 年的区域联盟的发展情况

省份	成立年份	核心学校数*（个）	发展演变情况
甘肃 1	2018	4	不再高频活动
甘肃 2	2018	8	不再高频活动
甘肃 3	2017	7	不再高频活动
广东	2019	32	不再高频活动
河北	2017	10	不再高频活动
河南 1	2018	16	不再高频活动
河南 2	2018	18	不再高频活动
河南 3	2015	35	仍维系日常活动
河南 4	2019	21	仍维系日常活动
山西	2017	5	不再高频活动
陕西	2018	4	不再高频活动
四川 1	2014	15	不再高频活动
四川 2	2018	5	不再高频活动
吉林	2012	4	仍维系日常活动

＊ 按照区域联盟最近处于活跃状态时的核心学校数量计算。

这种现象引起了我们的关注，本文希望通过对 14 个区域联盟的案例分析，探讨区域联盟"抱团取暖"式发展面临的困境，分类研讨不同类型的区域联盟的发展轨迹，并通过对区域联盟的分析，一窥农村小规模学校的本质诉求。

二　区域联盟的困境——单枪匹马突重围

区域联盟成立的初衷是希望通过校际交流寻找自主发展出路，解决农村小规模学校资源少、规模效应不足的问题。维持长久生命力的区域联盟无一不在自主发展和家长式的教育体制之中寻找到一条平衡的发展道路，但孤立无援、以自主性为发展根基的弱校联合组织势必与现有乡村教育体制产生一系列碰撞，容易造成区域联盟基础的瓦解。正如河南乡村教育共同体理事长、商丘王二保小学校长李志磊所说："小规模学校联盟太难做了，经费、人员等任何一个困难都可能导致联盟无法维系。"

（一）经费短缺，无法维系长期运行

多数区域联盟由农村小规模学校校长自发组建，"没有经费支持"是区域联盟负责人普遍反映的问题，其中5个区域联盟负责人认为缺少经费是区域联盟运行的最大阻碍。校际交流是区域联盟最重要的活动形式，以包含10所学校的区域联盟为例，办一次活动的路费、餐饮费、材料费等大概需要平均每个人50～100元，假设每所学校1名校长＋2名老师参加，每次的活动经费大概至少需要2000元，如果维持寒暑假以外每月一次的交流频率，每年大概基础经费需求将近2万元。除此之外，如果区域联盟开展活动时希望设置评优奖项、分发礼物和纪念品、举办专家讲座等，则需要更多的经费支持。

目前14个区域联盟组织中，有4个区域联盟获得了当地教育局的专项支持，其余10个区域联盟都需要自己想办法解决经费问题。其中7个区域联盟采用学校分摊制，各个学校在公用经费中凑钱开展活动，其中河南某区域联盟负责人表示"虽然很困难，但只要我们想做事情，经费就不是一个最关键的问题"，还有一些区域联盟表示"虽然教育局没有直接的经费支持，但因为教育局领导支持联盟活动，所以在报销上不会遇到太大的阻碍"。

争取公益组织支持也是区域联盟筹集资源的一大思路，但是大多数公益

组织只捐助项目相关的物资，不能覆盖对于区域联盟运营来说最大头的活动交通、餐饮费用等需求，2018 年曾经有 3 个区域联盟争取过桥畔计划每年 3 万元的资助，但仅持续一年的资助无法解决区域联盟的长期发展问题。还有几个区域联盟无法从学校经费中获得支持，只能自己垫资或寻求外部资源以开展活动，甘肃某区域联盟负责人提到，"第一年垫款 1000 元，第二年得到了公益组织支持，第三年垫款 2000 元，到了第四年基本不花钱开展活动了"。

总体而言，经费是制约区域联盟发展的重要因素，即使仍然在坚持活动的区域联盟也同样表示经费问题是阻碍区域联盟发展的现实问题。但是对于大多学校而言，经费问题的本质关乎当地教育局对农村小规模学校的开放和支持程度。在当地教育局愿意投入资金去支持农村小规模学校发展的情况下，校长可以通过学校经费报销筹集到区域联盟活动开展需要的资金，但对于一些不鼓励农村小规模学校活动的区域，经费短缺是造成区域联盟发展停滞的重要因素。

（二）缺少智力支持，难以形成发展共识

区域联盟希望联合大家的力量共同寻找解决方案，但是绝大多数学校本来就处于"优质师资匮乏"的状况之中，仅能针对集体教研、集体评课进行一些简单的尝试，很难靠区域联盟内部的力量探索出一条特色的农村小规模学校发展之路，这成为动摇区域联盟基础的原因。

河北某区域联盟负责人反映，"最初的想法是希望能通过联盟的形式互相启发思路，但是实际运行中发现没有领头羊，只靠我们自己碰撞不出东西，很多时候还是需要强校帮扶弱校，农村小规模学校联盟自己没有这样的帮扶力量"。即使是有一些优质学校引领的区域联盟也会面临同样的困难，河南某区域联盟负责人说，"目前联盟最需要的是专家的引领，大家基础不够好，如果想走下去，靠一个人去撑压力是非常大的"。另外，大家对于特色发展道路的诉求各不相同也容易造成联盟缺乏支点，比如甘肃某区域联盟在进行方向探索的时候发现"每个学校的情况都不一样，最后只能选择阅读作为方向，因为阅读是所有学校都需要的"。

（三）频繁人事变动，影响区域联盟稳定性

区域联盟多由几个志同道合的乡村教育伙伴一起发起，希望自下而上地共谋发展、相互陪伴、彼此照亮，是一种以"人"为核心的自组织架构。但是对于自组织来说，人员的变动尤其是关键角色的变动可能打破整个组织的平衡，这种不稳定的自组织形式注定与统一调配、统一安排的教育体制形成冲突。根据区域联盟负责人的反映，教育体制内人事调动频繁，当地教育局部门领导、学校校长平均两三年就会有一次调整，对区域联盟的发展造成巨大冲击。

在11个活动频率大幅降低的区域联盟中，有6个联盟活动停滞与关键支持者的调岗相关。甘肃某区域联盟的成员提到，"最开始大家一起办活动很有成就感，但是随着最初发起的几所学校校长职位调动，发展也就逐渐停滞了"；支持区域联盟的当地教育局相关领导的调任更会直接影响区域联盟的稳定性，比如广东某区域联盟在当地教育局领导的带领之下，每月开展校际交流互访活动，当地的农村小规模学校从中收获了很多宝贵的发展思路，据学校反映，校容校貌，孩子们的表现、学业成绩，老师的工作状态都有很大的改变，但是即使是这样富有成果的尝试也没有挽救区域联盟的衰退，在牵头的教育局领导离任后，区域联盟活动迅速停滞。

（四）缺乏行政推动，工作积极性受损

对于民间组织来说，如果领头的校长没有合法性的身份支持，很难真正带动其他学校的校长和老师一起做同样的事情。从定位逻辑上来说，共同寻找解决方案、带动区域教育均衡发展不是强校校长的分内工作，而是当地教育部门的核心任务，如果区域联盟负责人未获得充分的授权和激励，很容易挫伤其作为领头人的积极性，导致区域联盟工作的整体性停滞。

"体制内仍然以领导布置、大家实施为主，多数老师和校长习惯了领导在上面讲、自己在下面听，没有反思，校长和老师之间的沟通也是无效的"，在11个活动频率大幅降低的区域联盟中，8个区域联盟衰退的直接原

因可以归结为核心负责人工作重心的转移。

这种现象在强校带弱校的区域联盟内表现得更加明显，甘肃某区域联盟负责人发起区域联盟的初期"有教育局的支持，得到了很好运转，但是上级不再过问这件事以后就没法支撑了，很多学校本来就是因为觉得和区域联盟走得近有好处才愿意加入的，仅靠带头人能力强没法支撑"。甘肃的另外一个区域联盟也遭遇了同样的困境，教育局教研室的领导观察到，"区域联盟基本的组织架构就是行政力量在推动，领头校长很有魄力，但如果和上层领导的关系不是很舒畅就会受到很多阻力"。

在激发教师积极性的层面上，没有官方的认可更是让区域联盟的发展步履维艰。4 个区域联盟都反映了老师的工作积极性不高的情况，桥畔计划负责人在资助区域联盟的时候也观察到，虽然区域联盟学校的校长们很积极地推进工作，但是学校的老师仍然将这些工作理解成一个任务，没有真正生发自主性。河南某区域联盟负责人提到，"在联盟开展最初很容易遇到老师积极性不足的情况，可以先挑愿意做事情的老师，让他们先成长起来，再去带动更多的教师，不过这个事情需要一个过程"。

乡村教育工作纷繁复杂，学校事务、个人成长、行政事务等都有可能分散领头人精力，让其将工作重心从区域联盟事务中转移出去，河北某区域联盟负责人提到，"最初的时候联盟经常会开展一些交流活动，但是 2018 年以后随着生源回流、行政事务占据过多时间，而且没有官方推动，联盟基本停滞"。

总之，区域联盟更像是农村小规模学校的一种自救尝试，承载着农村小规模学校自主发展的希望。但是与农村小规模学校自身所处的教育生态一致，在尝试的过程中，区域联盟也不可避免地要面对环境的洪流，用自身的力量去面对经费不足、资源匮乏、人事调动、行政支持缺失等结构性限制。

三　区域联盟的演变——几家欢乐几家愁

正如所有组织的兴起和衰落都有一个过程，在多年的发展中，不同区域联盟的发展也经历了演变的过程。当我们观察不同类型的区域联盟的演变规律时，上述的困境与挣扎也愈加清晰，按照当地教育局参与程度的高低，本文将 14 个区域联盟分为 4 类，分别是：自发且当地教育局没有任何支持；自发且获得了当地教育局的鼓励支持；当地教育局发起但不参与运营；当地教育局发起且有专项支持。不同类别的区域联盟呈现不同的发展轨迹（见表 2）。

表 2　四类区域联盟的基本情况

单位：个

联盟类型（按发起时划分）	1. 自发且当地教育局没有任何支持	2. 自发且获得了当地教育局的鼓励支持	3. 当地教育局发起但不参与运营	4. 当地教育局发起且有专项支持
区域联盟数量	2	6	3	3
活跃区域联盟数量	0	2（吉林长春宽城区追梦联盟；河南乡村教育共同体）	1（河南濮阳微校联盟）	0
衰落原因	缺乏经费等支持而无法稳定运营，本质上是政府对农村小规模学校联盟重视程度不足所致	4 个区域联盟均因为当地教育局领导（关键支持者）人事调动，而变为第一类联盟	1 个区域联盟因为当地教育局领导（关键支持者）人事调动；1 个区域联盟因为缺乏实际领头人	1 个区域联盟当地教育局领导人事调动；1 个区域联盟当地教育局研究课题结项
其他变化	1 个区域联盟演变为教师自组织；1 个区域联盟出现生源回流	1 个区域联盟演变为教师共读会		1 个区域联盟乡村教育环境改善，对校际联盟的需求降低

第一类：完全由个人发起、未获得当地教育局支持的区域联盟。这类区域联盟受"后劲不足"的困扰更加严重，比如陕西某区域联盟，最初坚持教师成长、校长交流和资源共享的不定期活动，但是很难从学校经费中划拨区域联盟活动的预算，所有学校都自己垫资开展活动，后来演变成不固定的线上教师自组织，核心成员围绕节气、乡土等进行不定期交流研讨。

第二类：自主发起且获得了当地教育局支持鼓励的区域联盟。这类区域联盟无疑幸运很多，区域联盟发起者的工作更受到认可，也更容易用学校经费覆盖区域联盟活动的开支。此类中不再活跃的 4 个区域联盟均因出现当地教育局关键支持领导调动，逐渐转化为第一类区域联盟而最终没落。因为区域联盟由志同道合的校长共同发起，自主性较高，且最初受到鼓励和支持，大多经历了一个先辉煌再衰落的过程。山西某区域联盟，成立之初在中心校校长的带领下，形成了包括领导组、联盟组、教研组、阅读组、留守儿童关怀组在内的六个工作组，并形成了正式的区域联盟章程和定期活动的规则，但最终因为中心校校长的人事调动而发展停滞；甘肃某区域联盟最初确定了将阅读作为基础方向，拿到公益组织资助的一年围绕阅读开展了多项活动，带动老师、家长、儿童共同参与，后来当地教育局以交通安全为由不支持区域联盟活动，区域联盟逐渐解散。

第三类：当地教育局发起但不参与运营的区域联盟。对于这类区域联盟来说，除了容易受到上述的人员变动影响以外，最重要的在于是否找到可以带领区域联盟运行的关键人物。自发的组织一般组织自驱力较高，但是当地教育局发起的组织需要建立完善的制度，并给予带头人充分的激励，将带领区域共同发展的目标内化为带头校长自身的动力。比如河南濮阳教育局领导在发起微校联盟后，亲自带领大家建立起区域联盟的基本制度，并在实践的过程中逐渐将管理权下放给成员学校校长，由校长慢慢接手秘书长主管区域联盟的各项工作，维持区域联盟持续运转。

第四类：当地教育局官方发起且有专项支持的区域联盟。这类区域联盟多以共同教研为主题，而且多与当地教育局的政绩、专项课题相关，区域联盟成员受到教研室的指导和管辖。整体来讲，如果当地农村小规模学校处于资源短缺的环境之中，这类区域联盟虽然可以短暂地解决小规模学校师资不足的问题，但是没有突破教育体制的限制，很难真正激发学校的内驱力和自主性，在相关行政领导调动或项目结束后区域联盟也容易瓦解；另一种情况是当地教育部门非常重视农村小规模学校的发展，那么学校的办学环境得到全面改善后，区域联盟存在的必要性降低，也可能导致区域联盟的活跃性降低。

当我们横向比较四类区域联盟的演变时，会更加清楚地发现区域联盟维系的关键要素，以及在不同的退出形式下，区域联盟起到的阶段性作用，并得出了如下两个结论。

（一）区域联盟的维系——平衡教育局权威性和区域联盟自主性

对于区域联盟来说，发展好坏的关键在于能否拥有一个安全、支持性高的外部环境。在 4 种区域联盟类型中，当地教育局完全不参与和全程参与设计的两类区域联盟全军覆没，而当地教育局鼓励支持却不参与运营的区域联盟，无论学校自发兴起还是由当地教育局发起，均有较大的发展潜力。

当地教育局"有距离"地参与对于区域联盟负责人来说尤为重要，一方面可以为区域联盟增加背书，直接激发带头人的工作动力，同时不损伤"联盟自主"的底色。正如河南某区域联盟负责人所说，"最重要的不是经费支持，而是政策支持，比如允许学校老师请假参加区域联盟活动"。河南乡村教育共同体虽然没有获得当地教育部门的直接支持，但区域联盟工作得到了上级的认可，且区域联盟负责人、王二保小学校长李志磊经常在当地教育局会议上获得公开表扬，内驱力不断增强。

（二）区域联盟的出路——区域联盟是回应农村小规模学校问题的阶段性成果

要了解区域联盟的变化趋势需要追溯到区域联盟最初想要解决的问题——突破发展思路不清晰、优质教师不足、缺乏交流机会等农村小规模学校的困境。这也意味着，当原始问题得到解决后，区域联盟也就完成了历史使命。

河北某区域联盟，由于成员学校均离县城较近，在当地教育局颁布政策控制县城班级规模以后，郊区的学校实现了生源回流，校长、老师们工作重心也更多转移到了学校管理和行政事务的应对上，对联合共谋发展的需求和积极性减弱；四川某区域联盟，最初成立是为了走一条乡村学校特色发展道路，但是后来由于当地教育局对区域内的小规模学校均给予较大的经费支持，成员对抱团取暖、互相帮助的需求减弱，联合活动频次降低；河南区域联盟存续率较高，可能恰恰因为其农村小规模学校数量巨大且仍然面临支持不足的困境。

在其他逐渐非活跃区域联盟中，也不乏向个体联盟的小型教师自组织演化的案例，即原区域联盟成员学校的校长或老师自发围绕某项感兴趣的议题，互相交流以及获取情感支持。比如：甘肃某区域联盟在失去当地教育部门的支持以及原区域联盟成员学校多个校长人事变动后，原区域联盟负责人围绕教师共读组织小范围活动，并获取了阅读型基金会的支持；陕西某区域联盟发起后没有得到当地相关部门支持，后来逐渐转化成以发起人为核心的传统文化课程相关的教师自组织。

总而言之，区域联盟是在某一个发展节点上的自然产物，是农村小规模学校面临资源不足时的主动尝试。区域联盟的运营需要在支持的权威性和成员自主性之间达到微妙的平衡。而对于区域农村教育环境来说，区域联盟也并非解决问题的唯一形式，区域联盟可以在完成历史使命后自然退出历史舞台，也可以转化为其他形式以继续满足乡村教育工作者的交流和情感需求。

四 区域联盟的希望——吹尽狂沙始到金

综合上文所述，我们可以发现，区域联盟在现存的教育体制内"举步维艰"，多数区域联盟随着时间推移逐渐走向沉寂，稳定存续多年的区域联盟如河南濮阳微校联盟、吉林长春宽城区追梦联盟，反而是满足天时、地利、人和条件的小概率事件——"天时"意味着区域联盟成员学校存在共同的发展难题，可以互帮互助、有所启发，突破小规模带来的局限；"地利"意味着有利的外部环境，尤其是当地教育部门领导的大力支持，为区域联盟的发展提供保障性的土壤；"人和"意味着一个有能力和领导力的负责人带领方向，团结一群志同道合的伙伴，大家共同拥有自主成长的需求、主动学习的信念以及良好的人际关系。

但即便如此我们依然能看到区域联盟为校长和老师带来的切实改变，这种力量像是"埋下一颗希望的种子"，每个成员在区域联盟活动的过程中有所收获，便有可能在后续某个时刻产生影响。比如河南濮阳微校联盟现任秘书长段校长说，当初通过区域联盟活动接触到了很多新鲜的东西，所以后来他愿意承担更重的责任，帮助区域联盟内其他老师获得成就感。组织的长久动力也通过这样的形式传承。而甘肃某区域联盟虽然走向衰落，但是一成员学校的校长在调任到另一个地区后，联合当地学校发起新区域联盟，并担任区域联盟负责人，继续将这种"抱团取暖、共同成长"的理念传递下去。

从研究的视角来看，区域联盟是农村小规模学校为对抗自身的系统性局限，通过抱团取暖、共谋发展的形式开展的自救活动，其本质在于农村小规模学校对更有差异性的特色办学思路、更优质的师资资源和更多的交流机会的需求。区域联盟作为一种共同发展的手段，一方面可以通过共享的形式，帮助解决困扰小规模学校已久的师资资源不足、优质师资较少的问题；另一方面通过形成一个当地的社群，给农村小规模学校老师提供更多交流的机会，使其可以互相启发、互相支持。区域联盟为处于底层的农村小规模学校带来希望和改变，在这个起起落落的过程中，显示出的是自主求变的动力对于底层学校的积极影响。

对于当地教育部门而言，无论是否以区域联盟的形式开展工作，首先需要注意去回应这些乡村办学的实际需求，以适应本土的方式去解决农村小规模学校差异化定位和评价问题、师资不足问题、学习发展机会缺失问题等。而如果所在区域的小规模学校出现区域联盟的萌芽时，作为当地教育部门的领导应该采取更加支持和开放的态度，为区域联盟的自发生长提供沃土。自下而上发起的区域联盟对成员的自主性和当地农村教育生态的改变都有长期的有益影响，在这个发展过程中当地政府的支持和背书对于区域联盟的发展能起到至关重要的促进作用；因此倡导相关部门通过政策支持、口头表扬等形式对农村小规模学校"松绑"，保护农村小规模学校发展的自主权，打造更有活力的乡村学校。

乡村教师职前职后一体化发展路径

孙刚成[*]

摘　要： 乡村教师职前职后一体化定向培养能够彰显区域定位价值，缓解师资不足且地方适应性不强的压力，契合当前乡村教育改革要求，是提升乡村学校办学水平、提高乡村教育质量的必由之路。本文提出，应通过公费定向培养、全科培育和联合培养三条路径面向偏远乡村或邻近区域定向培养乡村免费师范生，同时，在乡村教育免费师范生入校后采用多段分解的方式强化师范生的在地认同与职业认同，并创新考核方式，建构职前职后一体化的乡村教师专业发展之路。

关键词： 乡村教师　教师教育　职前教育　在职教育

2021 年 4 月 29 日，《中华人民共和国乡村振兴促进法》获得通过，并于同年 6 月 1 日起实施。无论是《国家乡村振兴战略规划（2018—2022）》的出台还是《中华人民共和国乡村振兴促进法》的落实，都离不开乡村教育的支撑，都不能不追求良好的乡村教育发展，而乡村教育的发展关键在教师，而且乡村教师队伍薄弱已经成为乡村教育发展中必须破解的最大难题。

---

　* 孙刚成，博士，延安大学教育科学学院教授，硕士生导师，延安大学教育发展战略研究中心主任，研究方向为教育基本理论、农村教育。

随着国家政策向乡村教师倾斜力度的加大和乡村教师待遇的日益提高，乡村教师队伍的配备问题已经不存在太大的困难，难的是如何配备一支适合乡村教育发展需求的高质量教师队伍。所以，基于大量乡村教师不懂得乡村、乡土、乡情或农村、农业、农民的现实状况，及早确立乡村教师职前职后一体化发展路径已成当务之急。

一　面向偏远乡村或邻近区域定向培养乡村教育免费师范生①

面向偏远乡村或邻近区域定向培养乡村教育免费师范生是加强乡村教师队伍建设的重要内容，定向培养乡村教育免费师范生，应按照"本科定位、全科定性、乡村定向"的方式②，要求学生进校签协议，通过公费全面培养，毕业后回到原籍所在县区的乡村学校就业，有利于解决毕业生由于对乡村环境和课程不熟悉从而适应性差等问题。本土教师因文化背景、血缘关系、生活习惯等皆根植于当地，其地域认同和身份认同与外地选择过渡岗位的教师有很大不同，更容易扎根乡村。③ 定向培养的教师由于对乡村的实际情况早就熟悉，工作适应性强，很容易形成对乡村教育事业的内在价值认同和情感共鸣，从而树立崇高的职业理想，自愿投身于当地乡村教育事业，扎根乡村从教。因此，面向偏远乡村或邻近区域定向培养乡村教育免费师范生是实现乡村教师职前职后一体化发展和提高乡村地区教育质量双赢的最佳选择。

（一）公费定向培养，毕业后回原籍县(区)乡村学校就业

对于乡村教师的培养，应坚持以乡村教育需求为导向，依托用人单位对

---

①　孙刚成、汶莎莎：《乡村小学全科教师定向的现实需求与在地化培养策略》，《现代教育论丛》2020 年第 6 期。

②　蒲淑萍：《免费定向农村小学全科教师培养的调查研究》，《基础教育》2015 年第 3 期。

③　刘丽群：《乡村教师如何"下得去"和"留得住"：美国经验与中国启示》，《教师教育研究》2019 年第 1 期。

人才的需求，采用公费定向培养、全科学习、定向服务的形式，委托具有师范生培养资质与经验的就近普通本科高校根据乡村实际需求有针对性地培养，生源地县区政府、培养单位和学生签订三方协议，采取公费培养、定向招生、定向分配、自带编制一体化招生培养模式，对定向培养的乡村教育师范生实施"两免一补"政策，即免除学费、住宿费，并给予一定的生活补助费，经费分配上应充分向边远落后地区倾斜，为乡村准教师提供足够的经济待遇保障。同时，鼓励师范院校协同县级政府，参与当地中小学教育教学实践指导，建立乡村教育实践基地，构建三方共建、共管、共享机制，确保乡村教育合力的形成。① 这样一来，学生在入学时就明确毕业后服务对象和职业去向，从而自愿选择就读定向乡村教育免费师范教育专业。拟录用的毕业生接受用人单位的考核，并与设岗政府和拟录取的定点院校共同签订定向就业协议书，承诺到乡村学校服务的年限。被录取的学生在校学习期间，户籍仍保留在原户籍所在地，毕业后，必须回到协议县（区）乡镇以下中心学校或教学点从事一线教学工作。② 定向分配的"一专多能"的乡村教师回原籍就业后，对乡村教育的深厚情感和一定的职业认同感会更为强烈。由于他们了解当地的人文、自然和地理环境，既能较好地开发现有教育资源，又可以克服语言障碍与乡村小学生进行正常交流。这既可以有效缓解乡村小规模学校教师学科结构不合理的矛盾，又可以帮助其摆脱优质师资"留不住"的现实困境，提升乡村教师队伍的稳定性。

（二）全科培养，并注重加强乡土知识和文化的教育

培养院校对所招收的学生实行全科培养过程中，要按照规定的课程设置指导意见，结合本地实际，制定培养方案、师资建设方案、课程方案、教学计划和在校期间全科学生进入、退出以及转专业的具体办法，设立全科学生

---

① 教育部等六部门：《关于加强新时代乡村教师队伍建设的意见》，http：//www.moe.gov.cn/srcsite/A10/s3735/202009/t20200903_484941.html，最后检索时间：2020年8月28日。

② 国务院办公厅：《乡村教师支持计划（2015—2020年）》，http：//www.gov.cn/zhengce/content/2015-06/08/content_9833.htm，最后检索时间：2015年6月8日。

见习、实习等实践基地。一般来说，全科培养的过程中，可以针对当地学校存在的具体教育问题，依据地域文化特征，加入一定的乡土文化知识，促进乡村准教师更好地适应地方文化，更快地融入乡村社会，增强其职业认同感、文化认同感、身份认同感、地域认同感。相关院校可以采用校本课程的形式将乡村优秀的地方文化纳入课程教学体系，设置一定比例的乡土知识和乡村文化方面的课程，让乡村地域文化中长期积淀的地域特色成为滋养教师成长的养分，维系学生的乡土情结，培养学生的地域归属感，从根本上消解教师的乡村疏离感和身份焦虑。因此，全科培养也需要将"具有鲜明地方特色的生产生活知识、历史文化知识和传统民俗知识"等纳入乡村全科教师培养的课程体系，发挥乡土文化对乡村全科教师的感染力。并适时对免费定向全科师范生开展以教师专业发展为核心的职业生涯规划引导，增大教育实践课的比重，让全科教师在乡土文化熏陶中提升职业素养、养成乡村教育情怀，并清醒地意识到自己肩负的神圣使命，进而树立做一名真正热爱乡村教育的乡村教育家的崇高职业理想。[1]

（三）联合培养，健全人才培养体系，拓宽专业发展路径

建立"高校－区县政府－研训机构－乡村学校教师队伍培养共同体"机制，联合承担培养乡村全科教师的工作[2]，通过这一开放型平台的建设，可以实现高校教师与乡村学校的交流互动，进一步了解乡村教育的实际困难，深入了解乡村学校教师的现实困境，了解乡村学生的真实需求，从而调整教育教学内容和方法，为顺利推进乡村教育教学提供现实支撑。通过这种机制的建立，可以在区县教育研训机构的指导下，方便免费定向全科师范生不间断、定期地在不同的乡村学校见习和实习，真正了解乡村学校教育的现状，感知乡村学生特别是乡村留守儿童对高素质教师的热切期盼，坚定全科教师从教的信念和当代大学生的社会责任感。高校与定向区

① 孙刚成、曲歌：《乡村教师及学校面临的问题与发展取向——基于对延安市"国培计划"实施推进的实证研究》，《中小学教师培训》2016 年第 3 期。
② 肖其勇：《农村小学全科教师培养特质与发展模式》，《中国教育学刊》2014 年第 3 期。

县构建一体化的健全人才培养体系，拓宽专业发展路径，强化全科教师的乡村教学实践能力，加强与定向区县的互动，为全科教师的未来发展开辟多路径、多通道、可持续的专业发展与自我成长的道路。另外，建议从国家层面制定实施"乡村基础教育硕士定向培养计划"，由具备一定实力的地方师范院校承担培养任务，免试或优先录取在乡村任教的地方院校全科师范毕业生，为乡村学校培养一批优秀的、能长期坚守乡村教学岗位的优秀种子教师。① 通过完善乡村教师发展的有关政策与措施，国家和政府为全科教师入职后顺利进修保驾护航，以确保他们拥有可以提供较大自我提升空间的专业发展渠道，并可以尝试给他们提供更多专业发展选择，例如开展专硕培养计划、打开本硕直通道、增设乡村教育专业博士学位等，从而提升全科教师的培养层次。

二 通过多段分解强化师范生的乡村文化认同与职业认同

要想培养一流的乡村教师，必须及早形成乡村文化认同和教师职业认同。为此，可以在乡村教育免费师范生入校后，采取多段分解的办法，提升理论与实践的融合度，并通过实践强化学生对乡村文化潜移默化的理解与认同和对教师职业的认同。

（一）通过1.5+0.5+1+1或1.5+0.5+1+2+1多段式在地培养强化师范生乡土文化认同②

为了保证所招录的乡村全科教师免费师范生形成坚定的在地认同感并获得良好发展，建议具有乡村全科教师免费师范生招生资格的高校，对该部分

---

① 庞丽娟、金志峰、吕武：《全科教师本土化定向培养——乡村小学教师补充的现实路径探析》，《教师教育研究》2017 年第 6 期。

② 孙刚成、汶莎莎：《乡村小学全科教师定向的现实需求与在地化培养策略》，《现代教育论丛》2020 年第 6 期。

学生实施 1.5 + 0.5 + 1 + 1 或 1.5 + 0.5 + 1 + 2 + 1 的分段培养模式。[①] 即：乡村学校全科教师免费师范生入学最初的 1.5 年（前三个学期）在高校集中学习相关学科知识与技能和乡村学校教育教学知识与技能；接下来的 0.5 年（第四学期）要按照从哪里来到哪里去、优先在生源地县区范围内或恋爱对象生源地县区范围内兼顾个人意愿选择学校的原则，在高校专业指导教师带领下，采取 5 ~ 10 人一组的办法，定向分散到不同的乡村学校进行全科教学跟岗见习和在地文化感知，强化学生的乡土情结、教育情怀和乡村学校全科教学基本能力；第三年返回高校，继续进行相关课程学习和乡村学校全科教学理论与实践能力培养；第四年继续按照从哪里来到哪里去、优先在生源地县区范围内或恋爱对象生源地县区范围内兼顾个人意愿选择学校的原则，把学生定向分配到有意留下长期工作的乡村学校进行顶岗实习，并在专业指导教师带领下强化学生的校本研究能力，形成基于顶岗实习学校教学实践的乡村学校教育专题研究毕业论文。第二种模式则是本硕一体的乡村卓越教师定向培养办法，即在前面的 1.5 + 0.5 + 1 培养之后，直接安排 2 年的乡村学校顶岗实习（原则同第一种模式的第四年），第六年返校集中学习硕士阶段的理论课程，并形成基于顶岗实习学校教学实践的乡村学校教育专题研究硕士学位论文。

（二）采取入学前面试 + 大二结束时二次筛选的办法强化乡村教师职业认同[②]

为了保证能够筛选到具有乡土情结和教育情怀、适合培养成为乡村教师的优秀人才，建议具有招收乡村教育免费全科师范生资格的高校实行两次面试筛选制度。第一次在高考提前批录取的时候进行，对报考学生进行专家面试，重点考察考生是否具有乡土情结和教师情怀，是否适合做教师和是否具

① 孙刚成、乔刚：《西部农村"顶岗置换"教育实习探究》，《延安大学学报》（社会科学版）2011 年第 5 期。
② 孙刚成、汶莎莎：《乡村小学全科教师定向的现实需求与在地化培养策略》，《现代教育论丛》2020 年第 6 期。

有乡村教育全科教师培养潜质。第二次面试要放到大二结束时进行，通过专家面试考察已招录为乡村教育免费全科师范生的学生是否仍然具有乡土情结和教育情怀，保留仍然具有乡土情结和教育情怀的学生进行重点培养，具有卓越教师培养资格的高校则应将此部分学生纳入卓越教师培养实验班，并力争把这部分学生培养成为乡村学校全科种子教师；对于丧失乡土情结和教育情怀又愿意转换专业的学生进行二次分流，转移到其他专业继续学习；对丧失乡土情结和教育情怀又不愿意分流到其他专业的同学进行单独编班培养，同时，征集其他专业愿意转为乡村教育免费全科师范生的同学，对能够通过面试的学生予以接收，并和不愿意分流的同学编入同一班级进行乡土情结和教育情怀的强化培养。最终保证两类乡村教育免费全科师范生都能够下到乡村学校任教，并力争把他们培养成留得住、用得好的合格的或种子型的乡村学校全科教师。

三 建构乡村优秀教师职前职后一体化的累加学习模式

优秀乡村教师的培养仅仅依靠职前阶段的 4 年或者 6 年是远远不够的，尤其是习惯了城市生活的年轻大学毕业生面对乡村简陋的卫生设施和没有良好文明习惯的人群时，更需要职前职后一体化的反复强化与跟踪培养。

（一）乡村教师职前教育学习①

1. 完善培养目标，彰显"全"的意识

乡村教师的培养目标决定乡村教师培养的方向与途径，兼具引领性与前瞻性。依据新时代教师教育的新要求和未来基础教育发展的新趋势，培养全科型教师，提供全科型服务，才是明智之举。

全科意识的生根缘起于三方面。首先，从培养对象心理发展特征来看，

---

① 孙刚成、马暄晧：《小学教师培养的国际经验与本土反思》，《生活教育》2019 年第 8 期。

基础教育学生的认知方式最初是笼统的，他们认识世界的过程是综合的、整体的，无论多么复杂的新事物，他们都习惯于将其作为整体逐步同化，纳入自己的认知体系进而掌握事物的整体特征。[①] 除此之外，步入科学知识的学习领地，未知的他们内心充满好奇，教师要做到不断解惑与引惑进而引领个体发展。其次，从教育发展理念来看，乡村基础教育教师专业发展标准基本理念之一就是要以学生为主体、课程价值观以"全人发展"为导向。发展"全人"先要成为"全人"，以教师自身的"全"来促成学生"全"的发展，拒绝教师因自我的"偏"阻挡学生发展的"全"。最后，从教育改革导向来看，改革要导向更高质量的教育。当下城乡教育质量出现失衡，为缓解我国乡村师资结构性短缺现状，培养一批全科型教师是努力发展乡村地区高水平教育的得力举措。同时，乡村学校班额人数减少，人们对享有更加优质基础教育的呼声增加，因而订立新式培养目标，为儿童提供"全"的教学是提升乡村基础教育质量的一大重要变革。

可见，培养目标彰显全科意识，培育全科型教师来施行综合性课程，合乎乡村基础教育学生认知发展特点，在教育过程中也能够体现全方位教育观念，使每一位教师都能对学生做到全面负责。目标的落实需要政府层面出台相关政策文件，发挥政策的支持与保障功能，高校需重置培养方案，对课程设置、教育教学做出相应调整，积极构建与各方主体的协同育人机制，以此促进乡村基础教育全科教师培养取得长足发展。

2. 完善课程设置，为通识选修加码

教师的职前培养作为基础教育师资来源的主要渠道，是教师教育的第一道关卡，课程设置作为培养的关键环节具有不可替代的作用。因此，在现有课程设置天平偏向学科教育类课程一端的情况下，应当为通识、选修课加码，给学科教育类课程减码，以便学生有的放矢地进行学习。首先，增加通识课程学习。进行通识教育是国际社会的流行做法，也是整体提升

---

① 殷忠民、刘立德、阮成武：《初等教育学学科建设与小学教师教育专业化》，《课程·教材·教法》2003 年第 3 期。

师范生素质的课程保障，旨在追求师范生人文科学精神的塑造，并凭借高尚灵魂与人文关怀来引领学生的人生发展。所以，乡村教育教师职前培养中需要开设更多能够提升学生文化底蕴、帮助学生建构交叉知识体系的通识课程。其次，提高选修课程的比例。选修课程是适应师范生个体知识储备差异、形成个体独特认知风格的必然选择。可以开设各具特色的校本课程或邀请各地优秀教师代表授课，在满足师范生个性化需求的前提下，还可以保证师范生形成个人独特的教育教学格调，凸显课程培养的个体性。最后，学科教育类课程要强化教育针对性。乡村基础教育全科型教师培养模式所培养的对象是中小学教师，在明确培养对象的特殊性后就需要形成儿童专业类课程体系，如儿童艺术心理学、儿童品格文化、儿童科学教育等。如此，将专业学习与教育能力结合，既能从总体上减少学时负担，又能提升教育儿童的针对性。

广博的文化知识与科学精神＋教育基础＋学科能力＋个体特性是培养合格乡村基础教育全科师范生的关键所在。所以，必须重构师范课程体系，达到让本体性知识与条件性知识从对抗冲突走向协作的状态，以便促使师范生享有更多平衡性发展。

3. 完善教学环节，加大实习实践比重

"通过对课程的学习只能让学生理解系统化的理论知识，而要想培养与发展学生解决实际问题的能力，就必须立足实践，在实践中进行深度学习"[1]。拥有教学实践能力是获取教师资格证的前提，也是日后走向课堂的关键一步。近年来，教师资格考试中，不论是笔试部分还是面试部分，都侧重于对实践性知识与能力的考察。《中共中央 国务院关于全面深化新时代教师队伍建设改革的意见》中也指出，师范生教育实践不少于半年，加强教师教育教学能力的训练成为必然。同时，在借鉴以实践为导向，强化实习体验的国际经验的基础上，对现有实习实践安排可以做以下改进。

---

① 孙刚成、左晶晶：《国际 STEM 教育研究的动态、热点与趋势》，《外国中小学教育》2019年第 3 期。

第一，完善实习目标，扩大实习任务。合理定位不同实习环节的教育实习目标，确保目标定制翔实、更具可操作性。对照教育实习目标，突破原先相对狭隘的实习内容，让实习生能参与到学校的一些日常事务与管理工作之中，而不是停留在课堂教学上；同时，还要扩大实习面，凸显实习过程的发展性，在循序渐进中引导师范生熟悉日常教育教学工作，不断探索为师之道。

第二，延伸实习时间，完善实习环节。大体上呈现将实习时间分割开来贯通整个大学生活的趋势，将现有的集中性、短时性的模式转变为全程性、长时性的实习状态。要将职前教育实习看作不断总结与反思的过程、理论知识与实践不断磨合的过程。同时，教育实习也是相对复杂的实践活动，高校、实习学校和当地的教育行政部门必须畅通交流渠道，密切合作，加强管理，切实保障实习工作的顺利开展。① 不仅从实习时间，更从实习质量上增添"分量"。

（二）丰富乡村教师在职培养中的教学

1. 立足教学，有教更有研②

"反思型教师"思潮从欧美国家兴起至今，已深深影响我国教师教育领域，教育、研究不是独立的两个词语，而是作为整体意义词进入教师视野的。教师形象已今非昔比，一改过往传统的"教书匠"角色，若只顾照本宣科而不思进取则难以胜任教师一职。将研究映入教师意识里，其一是学生的身心发展具有极大的可塑性，学生在成长进程中会面临许许多多的问题，这为教师做研究提供了大量丰富的素材，也为教师更好地服务教学、发挥引路者作用指明了方向。其二是乡村教师专业发展呼唤教师个体与教师群体的教学研究自觉，使教师不再被视作被研究者，而使其从内心认同研究者身份，走出既有惯习区，改变固化刻板的教学模式，塑造个体自主性知识能力

---

① 孙刚成、乔刚：《西部农村"顶岗置换"教育实习探究》，《延安大学学报》（社会科学版）2011 年第 5 期。

② 孙刚成、马暄晧：《小学教师培养的国际经验与本土反思》，《生活教育》2019 年第 8 期。

和实践驾驭能力来应对教学。对此，在职培养应立足教学实地，兴研究之风，帮助教师养成以自身的研究反思意识，以启发儿童的创造性与自思性习惯。

现实教学的过程要倾注教师自己的教学智慧，要从传统的注重知识授受的"知者"转为蕴含教育智慧的"智者"，塑造与时俱进的反思型、学者型教师时代形象。为加强小学教师研究力，首先，新手型教师要利用师徒结对帮扶，观摩学习他人的教育教学，以"观"促"教"进行思考，找准自己的发展方向，最终落实在自己的课堂教学上，缩短适应期。其次，动员熟手型教师开展行动研究，参与校本研究寻求反思研究过程与创新行动的有机融合，高效利用校内教研活动以解决教学实际问题。最后，倡导自媒体下的写作生活，教师们可以在微信朋友圈、QQ 动态、微博等平台进行文字写作，既能融合叙事性与反思性，又能实现分享以供交流借鉴。

2. 专注育人，无独应有合①

从教育的基本要素入手，教育包含三个方面，即教育者、受教育者、教育者与受教育者之间联系的中介。狭义的教育者专指学校任职教师，而广义的教育者却是多元群体。因而从教育基点来看，凝聚各方教育实力成为必然。同理可知，乡村教师的培养，也应该指向各方主体间的共享共创。

"合"的思想以及对集体智慧的挖掘运用历来被人们所重视。我国现有合作模式下参与主体众多、活动丰富，对于改变主体间关系、理论教育与实践教育关系，改善乡村教师专业生活具有重要意义。在此基础上，我们要借鉴他国合作经验，明确合作的目标理念，探寻新地，从而转变起初功利性的合作为深度、互惠的合作。

一方面要形成深度合作景象。合作的目标即指教师专业发展，因而，合作内容不能局限于实践指导或理论传授，还应具备改善教师专业情意、增加专业自主权等方面的合作。同时，在合作成员凸显多样性的情形下，要具备团队精神，不能表面热闹，内里空虚，要真正理解合作要义在于发挥开放

---

① 孙刚成、马暄晧：《小学教师培养的国际经验与本土反思》，《生活教育》2019 年第 8 期。

性、创新性、互利性，实现研究与服务、理论与实际的结合，不断增进教师群体、各方教育主体的凝聚力，将合作成员的个体发展目标与共同体目标相融合，做到平等下的相互配合，为实现共同愿景而奋斗。

另一方面要借助信息技术，探寻互联网下的共同体新形式。当下，网络平台和交互工具成为组建共同体的必备要素，借用网络技术平台建造的共同体能够打破时间与空间对共同体成员的约束，使得信息的传递更便捷，更具高效性，并且异时空下的成员主动性更强，紧张感容易得到消解。因此，新的合作行动方向就是要完善基于网络的共同体组织，丰富学习信息资源，促成专业对话，增强情感融通，避免使交流变成日常聊天或丧失情感支撑。

3. 强化乡村教师培训的针对性和实效性①

新时代乡村教师培训的方式已经从重视教师个人成长转向教师个人成长和学习发展的和谐统一，从学校开展的短期、分散培训转向各部门协作的连贯、系统培训，从以师范院校、教育学院为主的培训转向校本培训，从重视教师需要转向重视学生需求和学习效果；从游离于工作之外的培训转向立足岗位的多元化、多形式培训。② 乡村学校的情况与城市不同，现有许多教师培训与乡村学校的实际情况不同。许多乡村教师参与培训后无法将培训所学应用于实际的教育教学工作中，从而使培训效果大打折扣，浪费了大量的人力物力。乡村教师培训工作应该结合乡村教师实际，针对乡村教师和乡村学校发展的真正需要，增强教师培训的针对性和实效性，提高广大乡村教师借助乡村教育资源实施新课程的能力。在培训内容上要突出实践性和实用性，重点解决新课程操作层面上的问题和振兴乡村教育的问题，做到与乡村教师教学实际紧密结合，重视教师的现代教育技术培训。在培训师资的配备上，多选用一线教师与名师进行培训授课，指导乡村教师寻找解决教学实际中遇到的问题的办法。

---

① 孙刚成、曲歌：《乡村教师及学校面临的问题与发展取向——基于对延安市"国培计划"实施推进的实证研究》，《中小学教师培训》2016 年第 3 期。

② 王祖琴、陈光春：《农村中小学教师专业发展存在的问题及对策》，《湖北教育》2006 年第 7 期。

从培训时间角度看，乡村教师的工作时间较长，周末又需要较长时间往返于家校之间，不方便占用周末时间，所以，合理安排培训时间尤为重要。既不能影响教学活动的进行，又要给教师充分的时间进行培训学习。基于这样的考虑和实证调研反映出来的问题，培训适宜采取与实际教学融合的时间与方式设置，通过送教到学校、真实课堂观摩指导、同课异构、校本教研等参与式培训解决教师没有培训时间和培训后用不上等问题。另外，可以适度加大乡村教师访名校（特别是乡村特色办学名校）、乡村教师培训与学历提升融合等培训项目的发展力度，切实提升乡村教师培训的针对性和实效性。

4. 培训方式应立足乡村学校实际需求，以参与式和送教入校为主①

参照乡村教师工作时间过长没有时间参加额外培训的现实和暂时难以改变的局面，乡村教师的培训工作要实现重心下移，加大送教入校力度，实施立足乡村学校实际需求以参与式和送教入校为主的培训，让大多数培训和乡村教师的日常教学紧密结合起来，力争在不增加负担的前提下完成针对性培训，实现乡村教师教育教学能力提升的目的。

首先，由于乡村与城市各方面的差别，乡村教师参加培训学习有其不同于城市教师培训的自身特点与特殊需求。在现有的教师培训中，乡村教师的培训预设是其拥有与城市教师相同的知识背景和教学素养等的储备，这从客观上必然会造成乡村教师培训效果不佳，甚至是无效。实证调查表明，乡村教师普遍对网络培训的兴趣不高，其根本原因在于教师电脑技术及应用水平受到限制以及学校硬件设施配备不到位，但这恰恰是应该受到关注却在实际工作中被忽视的问题。其次，以往能够参与教师培训的乡村教师数量很少，为扩大乡村教师接受培训的范围，尽可能地满足广大乡村教师对培训的渴求，必须把院校集中培训与送教下乡有机结合转变为以送教入校为主的形式。例如，可以在集中培训的同时，组织承担培训任务的专家有组织有计划地开展送教下乡活动，使没有机会参加集中培训的教师能够就近接受高水平

---

① 孙刚成、曲歌：《乡村教师及学校面临的问题与发展取向——基于对延安市"国培计划"实施推进的实证研究》，《中小学教师培训》2016年第3期。

的培训。① 最后，要着力推进校本研修工作，加强校本研修的指导和管理，让广大乡村教师学会乡村教育研究方法，成为具有乡村教育研究激情和能力的专业人员，并一步一步向乡村教育专家靠近。

总之，在乡村教师职后培训中，既要与职前培养相衔接，又要做到培训方式多样化，并建立参训教师跟踪指导和长期培养制度，深入乡村教师内部，把培训变成教师展示自我、合作交流、促进反思、探究学习的平台，力求全方位服务于培养乡村教育专家的需求。

---

① 王祖琴、陈光春：《农村中小学教师专业发展存在的问题及对策》，《湖北教育》2006 年第 7 期。

乡村家校社协同育人的
实践探索与机制创新

刘胡权[*]

摘　要： 家校社协同育人是对"十四五"时期建设高质量教育体系、形成广泛共识和协调行动提出的更高要求，是实现立德树人根本任务的重要组成部分。纵观乡村的家校社协同育人，存在理念尚未建立、形式单一、保障体系有待完善等问题。尽管如此，还是有许多乡村及学校做了诸多因地制宜、力所能及的探索与实践，其中不乏创新之举，值得学习借鉴。面向 2035 年，建议加快推进家校社协同育人的"法治化""系统化""科学化"进程。

关键词： 乡村教育　协同育人　家庭、学校、社会　实践创新

长期以来，为实现立德树人的根本任务，国家一直在倡导形成家庭、学校和社会协调一致的育人合力，从强调家校合作、密切家校联系，到强调家庭、学校和社会构建育人网络，实现协同育人。2017 年 8 月，教育部颁布的《中小学德育工作指南》更是从"三全育人"的视角进一步对协同育人的实施途径和方法做了明确要求。2020 年 11 月，党的十九届五中全会通过

---

[*] 刘胡权，博士，北京教育学院副研究员，主要研究方向为乡村教育、教师教育、传统文化教育等。

的《关于制定国民经济和社会发展第十四个五年规划和二〇三五年远景目标的建议》，更是强调要"健全学校家庭社会协同育人机制"。

一 现状与问题

家庭是社会的基本细胞，是孩子的第一个课堂，是人生的第一所学校，家庭应关注孩子的品德发展和习惯养成，家长要以身示范；学校是一个制度化、系统化的教育机构，是人才培养的主阵地，应发挥主导作用；社会是人们谋生发展的大环境，应提供学校和家庭以外的各种资源，促进青少年个体的社会化。家庭、学校和社会在青少年成长的不同阶段承担相应的角色和使命，三者应基于青少年成长发展的共同愿景而平等协作、协同共生、发挥各自优势，这就是"协同育人"。

目前，做好家校（园）社合作共育已是现代城市中小学和幼儿教育的常态，无论是在理念、形式还是在机制建设方面，都做了很多探索，取得了一些成绩。许多乡村也很重视家校社的合作，但是乡村学校的合作共育还处在解决"有没有"的问题阶段[①]，缺乏深入有效的机制。特别是伴随村校撤并、进城上学、随迁流动、留守在家等系列新问题、新挑战的出现，原本"有没有"的问题的解决变得更加举步维艰。乡村的家校社协同育人既要解决理念认识的问题，更要有效统整已有的资源、平台，深入探讨、建构协同育人的机制。

目前在乡村学校开展家校社合作主要面临三大难题。

第一，乡村家校社协同育人的理念尚未建立。家校社在协同育人过程中的合作意识薄弱，过分依赖学校的主体地位，使得家庭、社会不到位甚至缺位，育人意识淡薄，责任边界还不够明确。

第二，乡村家校社协同育人多流于形式，难以深入，尚未建构有效机制，没有真正形成合力。乡村家校社合作方式大多是传统的开家长会、家访等方式，甚至家访也越来越淡出、越来越难以深入，这些传统的方式多为

---

① 郝文武：《建立以校为主的农村家校合作教育共同体》，《当代教育与文化》2020年第4期。

"救急式"解决某方面问题，彼此缺乏深入交流、沟通，达不到预期的教育效果；乡村未能深入认识家校社协同育人的长远意义及价值，没有对其给予足够的重视，缺乏将其有机整合进当前学校管理体系的机制，使得乡村学校的开放度不够①，未能充分调动家长参与学校工作的积极性与主动性，更别提相关社会力量的整合及作用发挥了。

第三，乡村家校社协同育人的保障体系有待完善。虽然国家提出构建全民终身学习的教育体系、构建覆盖城乡的家庭教育指导服务体系，但乡村的基础实在薄弱，也缺乏有效的机制形成这样的保障体系；乡村家长的心理素质、文化素质、思想素质整体不高，教育观念相对落后，关于协同育人的意识不强，对孩子教育的方法不多，参与协同育人的能力有待提高；乡村教师、村或社区的相关工作者的协同育人能力也有待提升。

二 探索与创新

尽管在乡村学校开展家校社合作存在较多困难与问题，但令人欣喜的是，许多乡村及学校做了诸多因地制宜、力所能及的探索与实践。有些探索实践不乏创新之处，值得学习借鉴。

（一）建设"乡村家庭教育学校"，探索家校学习型共同体

山东德州经济开发区抬头寺镇大韩完小探索建设乡村家庭教育学校，协同学校培养家长与学生②，形成家校学习型共同体。

家庭教育学校依托学校平台进行独立的校本教学，内设校长、教务主任、年级组长、家庭教师③等不同岗位，制定了教学常规制度、教研制度、

---

① 庞奕：《区域性家校社协同育人模式的研究策略》，《基础教育参考》2020 年第 7 期。

② 姜振国：《乡村家庭教育学校协同育人品牌化建设》，《现代教育》2020 年第 2 期。

③ 这里的家庭教师是指让家长承担起教师的职责，投身到课堂教学中，解决乡村学校师资不足的短板，让家长逐渐成为学校教育的重要力量。家长作为教师既能够开阔学生的视野、丰富校园生活、让孩子深入了解乡村文化，又能提升家长自身的教育能力，更好了解和认同学校的教育理念。当然，家长作为教师进入课堂教学是需要培训的，需要学习教育教学的相关规律。

考试制度、"5+1"校本课程研发及结业双证发放制度①、"优秀家庭教师"和"学习型家庭"评选制度、家校互通制度等内部规章制度，并成立了乡村家庭教育学校委员会，协调学校、村委实现共同育人。由此可见，家庭教育学校是按照"学校"机构进行制度化、规范化构建的一种尝试，以协同家庭和村委，实现对家长、学生的共同教育。

乡村家庭教育学校通过常规教学、教研、考试、课程开发、评价等内部制度的建设，扭转了传统意义上的"校家沟通"，真正实现并密切了"家校沟通"，提升了家长的育人能力，也让家长有了"教师"的意识，积极参与到学校教育教学中；"5+1"校本课程的研发及"双证"评价制度的建立，链接了乡村文化与学生，深化了乡村学生对乡土文化的情感，并激发了他们的想象力、创造力。

乡村家庭教育学校的建设是一种理想的探索，但在现实中也遇到了诸多困境，在家长教师培训、课程开发、课程实施、教育评价等实施层面也存在诸多困难，未来的发展任重而道远。究其原因，与组织建设、家长理念、村民素质、乡村环境等密切相关。尽管如此，乡村家庭教育学校的建设还是要回归到"以乡村学生为中心"，把握好协同育人的节奏与时机，真正实现协同育人。

（二）学村主导，村委倡导，社会关注

江苏省丹阳市里庄中心小学设立"村校共育辅导站"②，将村校捆绑在

---

① "5+1"课程即熟识一种植物、一种动物，了解一种民俗，掌握一种技能，养成一种习惯，会一项文体专长。这个课程体系中除文体专长由学校专业老师开设外，其他课程都由家长讲授。"双证"即小学学生毕业会得到小学毕业证和"5+1"毕业证双证。

② 各辅导站设在各行政村村委，由各村书记任站长，学校分管领导及关工委常务副主任任副站长，每村另派一名村委领导和本村退休老师作为成员。实施动态教员制，制订好切实可行的"村校共育辅导站"工作条例。本着求真务实的工作作风，注重辅导站场馆的标准化建设，在硬件设施上，多媒体、图书室、培训室等基础设施一应俱全。在教员的辅导授课上做到："四有"，有目的、有计划、有教材、有简案；"四定"，定时间、定地点、定师资、定内容；"四性"，科学性、系统性、针对性、实用性。在管理的要求上做到"三制"：签到制，每次授课前家长签到；授课制，依托社会专业人士主讲，定课题、定教案；服务制，各村村委会提供场所和服务人员，确保村校共育活动正常开展。开课的形式灵活多样，讲授、研讨、交流相结合。建立好学生及家长参与辅导档案。

一起，村校一体，坚持校、村主导，学校、村委各司其职，共同对所在乡村"村民＋家长"进行双教育，提升他们的育人能力与综合素质。为保障辅导站作用的有效发挥，村委积极倡导，整合了相应的社会资源与专业力量，共建共育。

这一模式构建了村、校两个协同主体，坚持"双手拉动，双臂推动"①。"双手"即大手与小手，不但关注儿童在校的成长教育，更关注家长的科学家庭教育方法的掌握；"双臂"即学校与村委，乡村地域分散，村落分布在各个角落，但当前很多自然村已经整合成一个行政村，借助行政村的地理优势和组织优势，可以整合学校和社会的专业资源，引导形成"家长即村民，村民即家长"的理念，在传递家庭教育的同时，更好地关注村民自治组织建设，真正呈现文化乡村、文明乡村的特点。

这一模式聚焦核心关系，突出"一家一世界，一村一天地"，注重以家为主，坚持内外融通。通过设立"心语小屋""爱心教育"俱乐部等，借助区域内的专业力量，开展义务辅导、教育活动，走出站点，走进家庭，提升流动儿童人际交往能力，积极倡导教师兼任代理家长，履行家长相关职能，弥补家长育人的职能缺位。通过此种模式，一方面，普及了科学的家庭教育观，提高了家长的参与率；另一方面，传递了文明的社会自治观。通过家长的参与，引导更多的"家长"变为"村民"，更多的"村民"变为"家长"，参与到社会文明的建设中来，提高自我管理意识。

（三）以乡村幼儿园为依托，建设乡村社区大学

河南辉县的川中幼儿园坚持立足本地资源，定位于建设适合山村的幼儿园，走出了一条不同于城市办园的特色之路。

幼儿园依托乡土资源，构建园本课程，实施生态教育，开发了一系列本地化课程；开辟了60多亩的生态种植园，让孩子们在观察、体验、

---

① 钱明辉：《村校共育，形成乡村学校"新教育力"》，《未来教育家》2017年第6期。

采摘中和大自然进行亲密接触。在教育教学方面，川中幼儿园坚持参与式、实践式、体验式的教学方法，让孩子们在玩中学、生活中学、快乐中学、游戏中学，坚持靠成长教师来发展园所，靠成长家长来成就孩子。

2014 年，以幼儿园为依托创建了乡村社区大学，服务周边 15 个村落。当地 28 位幼教老师和中国农业大学、河南师范大学的 4 名教师构成了志愿团队的核心，周边村落的留守老人和妇女是志愿服务对象，其中不少同时是志愿服务团队成员。川中社区大学秉持"让每一节课都上成幸福课和人生课""让每个学员都拥有体面而有尊严的人生"的办学愿景，致力于促进农民终身学习和乡村文化建设，引领学员"做学习型家长，实施科学育儿；做智慧型成员，营造和谐家庭；做建设型村民，打造和谐社区；做有梦想的新人，带头创业致富"。6 年间坚持为村民提供 4 个方面的志愿服务：设立公开文化课程；组织群众性文体活动；搭建自我展示表达平台，每年编辑一本《川中社区大学年刊》；走访农户，调处矛盾。6 年间共开设了 24 门课程，包括"侯兆川自然风物与人文景观""辉县历史文化""手工艺术创作""书画欣赏与创作""民事纠纷与民法""育儿知识""卫生常识与养生保健""烹饪与家乡美食""瑜伽与形体艺术""心灵环保与幸福人生"等。社大课程的开设不仅拉近了学校与乡民之间的关系，重拾了人与人之间的信任与关切，也让艺术走进了村民们乏味的生活。

以幼儿园为依托建设的川中社区大学既不是家长学校，也不是农民技术学校，它是成人终身学习的公民学校，它紧密联结学前教育和成人终身教育，立足乡村自助，通过乡村教育培育乡村自助的人、培养创造生活的人。这一探索实践，既解决了教育和社区隔离的根本性问题，更让乡村教育找到了一条出路。在川中社区大学，无形中形成了一个"空间"，让家庭生活、个人情感、社会压力等都在其中融合、消解。在这个空间中，生命得以生根、发展、壮大，并反哺它赖以生存的土壤。

（四）政府主导，校村结对，双堂双进

浙江金华婺城区在政府的主导下大力建设农村文化礼堂①，并以文化礼堂为依托，实施村校融合结对，学校学生走进礼堂开展立德树人活动，农村文化礼堂活动走进中小学课堂，通过"双堂双进"，实现村校协同育人的目标。

农村文化礼堂充分整合、深入挖掘地方资源，拓宽其文化内涵及教育功能②，将其转化为学校的德育资源，构建了贴近学生生活实际、生动鲜活的学校德育实践育人体系，并以传统文化节日为抓手，以各种文化、研学活动等为载体，通过乡贤代表宣讲等形式，有效解决了学校德育工作中重理论、轻实践的问题，将立德树人根本任务落到实处。

农村文化礼堂作为协同育人的中介，既是学生的爱国主义教育、德育教育、思想政治教育实践基地，也是村民的文化生活、精神生活基地，它集聚了多重功能，拓宽了文化、教育内涵，使农村生活有了乡土气，既传承了优秀的乡土文化，又创新了新时代的德育实践体系，赢得了村民、学校的一致欢迎。

（五）发掘优化平台，对接整合资源

近年来，国家高度重视乡村教育，多个平台、多种资源纷纷涌入乡村，

---

① 2013 年 5 月 10 日，中共浙江省委、省人民政府出台《关于推进农村文化礼堂建设的意见》，提出"以有场所、有展示、有活动、有队伍、有机制等为基本标准，通过 5 年努力，在全省行政村建成一大批集教学型、礼仪型、娱乐型于一体的农村文化礼堂"。农村文化礼堂的建设思路就是资源整合，将过去乡村自发、零散的教育传统和行为进行融合与更新，让文化礼堂成为集教育教化、乡风乡愁、礼节礼仪、家德家风、文化文艺等于一体的综合体。到 2019 年 8 月，浙江省文化礼堂数达到 1.24 万家，覆盖了全省 80% 以上的农村人口。详见李艺莉：《乡村学校以"文化礼堂"为载体的协同育人路径研究》，《丽水学院学报》2020 年第 3 期。

② 浙江金华婺城区挖掘和打造了沙畈银坑村"红色文化"、蒋堂开化村"廉政文化"、竹马姜衙村"忠义文化"、蒋堂泽口村婺剧文化、竹马下张家村茶花文化等一大批本土德育实践教材，编辑成《传统的呼唤》《礼敬我们的传统》《杜顺华说白沙》《国学国风》《郑义门观后感》等农村礼堂文化精品读物，全区已有 90% 以上的学校在各结对农村文化礼堂，举行了婺剧、花卉、手工制作、非遗知识等研学主题活动及开蒙礼、尊师礼、成人礼、敬老礼等活动，并将此类活动列入校本德育课程。

立足乡村区域发展实际，充分发掘优化已有平台，有效对接整合各种资源，聚焦乡村学生发展，是乡村家校社协同育人突破的关键。

一是充分挖掘利用校外辅导站、创建关心下一代工作示范社区，实现家校社的有效对接。[①] 校外辅导站立足基层、扎根社会，小型化、灵活多样、大小不拘，吸引了诸多有爱心、有专长的社会人士，受到乡村儿童及其家长的欢迎。校外辅导站主要有以下几种形式：社区、村举办中心辅导站，村校联办校外辅导站，家庭辅导站，企业校外辅导站。

二是充分挖掘利用乡村学校少年宫，实现家校社的有效对接。乡村学校少年宫依托乡村学校，借助学校的师资力量，充分发挥各类志愿者队伍的作用，积极开展面向乡村儿童的素质教育，能够有效弥补家庭教育、学校教育的不足，能够真正实现五育并举。

三是充分利用现代信息技术，实现家校社的有效对接。信息技术、网络技术、智能手机深入普及，乡村要充分利用好这些网络信息平台及现代化资源，搭建所在乡村的协同平台，建立起家校通、村校通、校校通的立体网络，学会、用好相应的网络会议平台、微信平台等信息工具，形成"协同育人＋互联网"的有效机制。

三　反思与展望

面向 2035 年的教育现代化，离不开乡村教育的现代化。乡村教育的现代化，离不开家校社协同育人的现代化。家校社协同育人的现代化，是建立在这样的基础之上：稳定健康的家庭关系和良好的家庭教养，就近入学政策的严格落实和高质量的学校教育，良好的社会氛围和有效的社会支持。反思乡村家校社协同育人的实践探索，在以下方面还有待深化。

一是在育人理念和机制方面，尚未对家校社协同育人予以足够重视，对

[①]　朱卫忠：《整合资源，优化平台，实现农村社区教育与学校教育的有效对接》，《中国农村教育》2017 年第 1 期。

其意义与价值缺乏深度认同，因此在区域层面，缺乏家校社协同育人的总体规划，缺乏协同育人的组织管理、过程推进、督导评价等相应的机制；在学校层面，缺乏乡村学校的主导推进、组织协调等机制。二是在育人途径方面，乡村学校在协同育人中要发挥主导性的辐射、教化作用。乡村学校在整合内部资源、完善自身育人途径的同时，也要充分发掘、优化相关平台，有效整合外部途径，将乡村学校的建设与村民活动中心、农村社区文化中心、村级图书馆、乡村少年宫、校外辅导站等机构的建设进行整合①，让乡村学校成为乡村社会文化建设、文化传承以及文化活动的中心，用乡村学校师生的良好风尚、优秀的学校文化引领乡村文明，塑造文明乡风、助力乡村治理。三是在育人要素方面，家校社等相关主体缺乏对协同育人工作规律的认识，缺乏协同育人知识的习得与能力培养。

基于此，我们提出以下建议。

一是加快推进家校社协同育人的法治化进程。家校社协同共育，政府应提供家校社协同育人的政策支持，通过立法推进教育的发展是世界各国教育发展的趋势和特点，但是我国在立法方面的进程明显滞后，比如我国至今还没对家庭教育工作和社会教育工作有严格、明确、具体的行政要求和强制性的制约措施，更没有相关法律法规的保障，致使家庭和社会教育实际上处于管理无序状态。由于缺少和家庭、社会教育的协调，学校教育的法律、法规也难以落到实处。② 因此，国家应尽快出台相关的政策文件，保障家校社协同育人的有效落实。

二是加快推进家校社协同育人的系统化进程。现代化的家校社协同育人是一个系统工程，既要厘清各主体之间的职责与定位，又要发挥各主体的优势通力合作，这就需要区域党政和教育局等相关部门把家校社合作作为做好区域教育工作和优化区域教育生态乃至区域社会治理等各项重大工作的战略

---

① 唐智彬、王池名：《以"融合"促"善治"：乡村治理视域中农村教育发展的定位与路径》，《当代教育论坛》2021 年第 1 期。

② 曹瑞：《基础教育阶段协同育人的成绩、问题与建议——基于 2013—2017 年 CNKI 期刊数据的分析》，《中国德育》2018 年第 17 期。

突破口，积极协调和聚合各级行政部门、学校、家庭和社会力量。建议将家校社共育作为区域立德树人的重要工程进行推进，将其纳入督导评估，强化问责环节，完善问责机制，将其作为考核、问责和奖惩的重要依据，保障其功能的发挥、效果的实现。[①]

三是加快推进家校社协同育人的"科学化"进程。家校社协同育人要克服协同主体责任模糊、职责不明导致的"家庭教育学校化、学校教育家庭化"和在某种程度上主体教育功能的丧失、弱化的问题。[②] 相关教育研究机构要加强对家校社协同育人规律的研究；乡村学校教师、家长等相关主体要坚持以乡村学生为本，紧紧围绕学生成长成才的需要，学习和增强协同育人的知识、技巧和各种本领，切实提高乡村学生的综合素质和核心素养，促进乡村学生健康成长。

参考文献

[1] 唐汉卫：《交叠影响阈理论对我国中小学协同育人的启示》，《山东师范大学学报》（人文社会科学版）2019 年第 4 期。

[2] 庞奕：《区域性家校社协同育人模式的研究策略》，《基础教育参考》2020 年第 7 期。

[3] 姜振国：《乡村家庭教育学校协同育人品牌化建设》，《现代教育》2020 年第 2 期。

[4] 钱明辉：《村校共育，形成乡村学校"新教育力"》，《未来教育家》2017 年第 6 期。

[5] 陈莉：《振兴乡村基础教育是一项系统工程》，《学习时报》2020 年 12 月 4 日。

[6] 郝文武：《建立以校为主的农村家校合作教育共同体》，《当代教育与文化》2020 年第 4 期。

[7] 李艺莉：《乡村学校以"文化礼堂"为载体的协同育人路径研究》，《丽水学院学报》2020 年第 3 期。

[8] 朱卫忠：《整合资源，优化平台，实现农村社区教育与学校教育的有效对接》，《中国农村教育》2017 年第 1 期。

---

① 郝文武：《建立以校为主的农村家校合作教育共同体》，《当代教育与文化》2020 年第 4 期。
② 李忠琼、黄海霞：《厘清家校协同育人中各主体责任边界》，《人民教育》2019 年第 22 期。

［9］曹瑞:《基础教育阶段协同育人的成绩、问题与建议——基于 2013—2017 年 CNKI 期刊数据的分析》,《中国德育》2018 年第 17 期。

［10］唐智彬、王池名:《以"融合"促"善治":乡村治理视域中农村教育发展的定位与路径》,《当代教育论坛》2021 年第 1 期。

［11］李忠琼、黄海霞:《厘清家校协同育人中各主体责任边界》,《人民教育》2019 年第 22 期。

［12］肖正德:《论乡村振兴战略中乡村教师的新乡贤角色》,《教育研究》2020 年第 11 期。

观察与反思

西部农村学前教育普及的困境及其破解

曹 艳 梁博姣 段天雪*

摘 要: 西部农村儿童家庭处境不利、风险高,更需要学前教育补偿,但村级幼儿园缺乏适宜的办园标准和指导、农村幼儿教师资源匮乏,导致学前教育难以入村。本文通过梳理社会组织在西部村级学前教育普及方面做出的有益探索,对破解西部学前教育难题、实现教育起点公平提出相关建议:把西部村级学前教育纳入基本公共服务;政府为西部地区村级幼儿园发展提供经费保障;就近招聘幼教志愿者教师,解决学前教育发展的瓶颈问题;充分鼓励和动员社会力量参与。

关键词: 西部 农村学前教育 一村一园

学前教育作为终身教育的开端,是整个教育的奠基工程,也是社会公平的起点和重要组成部分。提供有质量保障的学前教育,能够为儿童一生发展奠定基础,改善人口在代际的社会流动。随着《国家中长期教育改革和发展规划纲要 (2010—2020 年)》及三期学前教育三年行动计划的实施,中国普及学前教育的成效明显,学前三年毛入园率达到 83.4% 。但是西部地区

* 曹艳,中国发展研究基金会儿童发展中心副主任;梁博姣,中国发展研究基金会儿童发展中心项目主任;段天雪,中国发展研究基金会儿童发展中心项目副主任。

由于自然条件差、经济薄弱，加之文化传统和历史等因素，在学前教育普及和办园质量方面，相较东、中部地区还存在较大差距，面临诸多挑战，例如学前教育城乡发展差距显著，无法打通最后一公里造成偏远农村幼儿入园难，农村幼儿园教师缺口大且教师专业水平有限，等等。

一　西部农村学前教育的现状和问题

近年来，农村学前教育供给力度不断加大，供给总量快速增加。但与其他阶段的教育相比，学前教育起步晚、发展慢，西部农村学前教育又是学前教育发展的最大短板。与此同时，西部地区受经济水平、传统观念和社区资源等的影响，儿童在成长中更容易承受家庭不利因素带来的压力和风险。

（一）沉淀下来的农村家庭需要学前教育补偿

家庭是代际资源传递的重要层面，社会经济地位占优势的家庭不仅可以为子女提供更多经济资源[1][2]，还可以提供丰富的社会和文化资源[3]。由于留守、单亲、收入低、隔代抚养等因素，偏远农村地区的孩子往往生活在不利的家庭环境当中。2020 年中国发展研究基金会（以下简称"基金会"）在原 680 个国家级贫困县中随机抽取了 20 个县，对这些农村儿童开展了早期发展综合性调查。调查发现，脱贫地区 0～6 岁儿童中，29.3% 为留守儿童，19.7% 来自曾经的建档立卡贫困户。尽管我国已经消除绝对贫困，但西部地区农村家庭的社会经济地位仍然处于相对劣势，家庭结构不完整情况较多，家庭教育问题十分突出。

---

① Gary S. Becker, "Family," *The World of Economics*; ed. John Eatwell, Murry Milgate, Peter Newman, London: Palgrave Macmillan, 1991, pp. 248 – 260.

② Duncan G. J., Brooks-Gunn J., Klebanov P. K., "Economic Deprivation and Early Childhood Development," *Child Dev* 65 (1994): pp. 296 – 318.

③ Guo Guang, "What Money Can't Buy: Family Income and Children's Life Chances. by Susan E. Mayer," *Social Forces* 76 (1997): pp. 707 – 709.

首先，基金会对青海省乐都①农村地区在园幼儿的入户调研发现，经济状况差的家庭无力提供丰富的学习资源。相比城市家庭，农村家庭带孩子参观博物馆、科技馆的比例不足10%。乐都农村低收入家庭普遍没有资金购买玩具、绘本，更没有经济能力报课外班以发展孩子的兴趣爱好。以图书为例，大部分3~6岁幼儿家庭中适合孩子的图书不超过10本。个别经济状况差的家庭，收入主要用来维持生计，与孩子教育相关的支出一年仅有几十元。

其次，家庭结构和关系不利更容易影响儿童心理。调研发现，相比家庭经济不利和家庭教育能力不足的家庭，单亲、离异、家庭关系不和，更容易对儿童产生心理困扰。结合教师反馈和调研观察，此类在园幼儿在和同伴交往中常表现出敏感、孤僻或攻击性行为。

最后，家庭教育对儿童发展的支持有待提高。有研究表明，学习材料、语言刺激等家庭学习环境因素能够显著预测儿童54个月时的读写能力。②一项在全国范围内开展的追踪调查发现，家庭学习环境对儿童认知水平影响显著。③乐都调研案例显示，受隔代抚养、父母受教育水平低等的影响，农村家庭教育状况有待改善。在园幼儿家庭两类不当教养方式较为突出："溺爱型"和"忽视型"。"溺爱型"的家庭，多数有经济、时间和精力关注儿童成长。但因溺爱和缺少正确的养育知识，家长对儿童不良行为缺乏控制和合理指导。"忽视型"的家庭，看护人只负责儿童的衣食住行等基本生活，很少与孩子沟通并参与孩子的游戏，缺乏对孩子的教育意识。

已有研究发现，家庭学习环境是预测儿童入学准备最重要的指标④，家

---

① 2013年2月，国务院批复同意撤销海东地区和乐都县，设立地级海东市。乐都县改为海东市乐都区。

② Son S. H. , Morrison F. J. , "The Nature and Impact of Changes in Home Learning Environment on Development of Language and Academic Skills in Preschool Children," *Developmental Psychology* 46 (2010): pp. 1103 – 1118.

③ 张佳慧、辛涛、陈学峰：《4~5岁儿童认知发展：适龄入园的积极影响》，《心理发展与教育》2011年第5期。

④ 周欣、宋兵、陈学锋等：《广西壮族农村儿童家庭环境和入学准备的研究》，《幼儿教育》2011年第Z6期。

庭学习环境的改善对处境不利儿童的学习与发展作用尤为显著①。多项研究表明，现有的早期干预措施对于儿童的认知发展都具有显著的积极影响。②③

村级幼儿园作为打通学前教育最后一公里的学前教育机构，不仅服务于儿童，还承担着服务家长的任务。作为一项外部保护因素，村级园从对儿童的情感支持、资源支持，到对家长的育儿支持，能弥补家庭不利因素对孩子的负面影响，对儿童发展来说重要且必要。仍以乐都为例，通过幼儿园教育可以弥补家庭不利环境对儿童发展造成的负面影响。山村幼儿园志愿者作为当地选拔和培养出的一批具备专业知识、富于爱心、熟悉村情、工作稳定、心理健康的教师，能为儿童提供情感支持和陪伴价值。同时，山村幼儿园为儿童提供了一个高互动性的环境，教师、同伴以及丰富的学习材料，为儿童带来了家庭中缺乏的环境刺激。同时，志愿者老师可以帮助家庭改善儿童的学习环境，普及科学育儿方法，让处境不利儿童的家庭有改变教养方式的机会。况且，随着农村年轻一代父母对获取育儿知识欲望的增强，通过幼儿园的正规渠道为他们提供科学正确的家庭教育指导的需求也十分迫切。有了山村幼儿园，家长就可以在接送孩子时和教师沟通交流，还可以参加家长会、亲子活动等，拥有更多了解孩子发展、获取科学教养方法的机会。

然而，仍然有很多脱贫地区，其村一级的学前教育无论在数量还是质量上，目前都不能很好地满足当地的需求，城市化的发展进程让儿童越来越多地走出了村子，但仍然有少数沉淀在最底层，他们的家庭问题往往最多，对学前教育的客观需求最迫切。乡村振兴仍然要坚持教育扶持的政策，真正打破贫困的代际传递，通过本土的、适宜的、"有温度"的学前教育，帮助沉

① Catherine S. Tamis-LeMonda, Luo. R., McFadden. K. E., Bandel E. T. & Vallotton C., "Early Home Learning Environment Predicts Children's 5th Grade Academic Skills," *Applied Developmental Science* 23（2017）：pp. 153 – 169.

② Renfu Luo, Dorien Emmers, Nele Warrinnier, Scott Rozelle, Sean Sylvia, "Using Community Health Workers to Deliver a Scalable Integrated Parenting Program in Rural China: A Cluster-Randomized Controlled Trial," *Social Science & Medicine* 239（2019）.

③ Emmers E., Baeyens D., Petry K., "Practice What You Preach: Exploring Pre-service Attitudes and Self-efficacy in Relation to in Fusion in the Teacher-trainning Program"（13th Annual International Conference of Education, Research and Innovation, 2020）.

淀在最底层的家庭，服务于这些最迫切需要学前教育的儿童，保证"一个都不能落下"。

（二）村级幼儿园缺乏适宜的办园标准和指导

国务院有关农村幼儿园的重要文件，均明确提出"大村独立建园，小村设分园或联合办园"。但大村和小村如何界定、村级幼儿园建设标准是什么、幼儿教师问题怎么解决、教育成本怎么分担，涉及执行和操作层面的诸多问题，一直缺少具体的指导意见和可行的实施方案。西部多省份出台的幼儿园办园标准，也主要适用于城乡幼儿园，对偏远农村地区，通常以一句模糊的"可参照此标准适当降低要求"简单带过。

两期学前教育三年行动计划全面实施后，学前教育在扩大普惠性资源的同时，新增资源重点向贫困地区和困难群体倾斜，有效促进了教育公平。但是在基层的多次调研发现，多地在落实相关政策、建设农村幼儿园中，存在政策刚性要求导致的规划不合理和资源闲置问题。乐都区是最早实施"一村一园"项目的试点县，中国发展研究基金会与乐都区政府合作，通过设立山村幼儿园，将学前教育覆盖了当地92%的乡村人口，全区学前三年入园率早在2013年就已经达到94%。2012年以来，由国家财政、省财政拨款，区财政配套，乐都开始大规模投入建设幼儿园。截至2020年初，共投入6565万元改扩建68所山村幼儿园。"一村一园"项目在山区实施，受城镇化、脱贫攻坚易地搬迁等影响，乐都项目范围从147所山村幼儿园减少为70所，从3241名儿童逐步减少为1200名。平均投入近100万元建成的山村幼儿园，在园幼儿通常只有十几人，场地资源难以充分利用。因为建园经费部分来自国家财政，地方提前一年申报的项目，经费要求"专款专用"，即便后期县域规划有重要调整，项目幼儿园选址、规模也不能做任何改变。最近两年，乐都区就有6所新建的农村幼儿园，因为易地搬迁完全闲置，有3所甚至投入使用不到3年，十分令人惋惜。

按照新增教育资源倾斜政策，部分深度贫困县、革命老区会分到更多建园指标。这些地区往往居住更加分散，交通也不便利。按照行政村服务人口数建起来的标准化幼儿园，由于行政村下辖多个自然村，距离远的家长会选择等孩子 4 岁以后再入园，部分家长选择到县里或镇上租房陪读，以致个别幼儿园建成后只有 2~3 名幼儿报名入园，最后未能投入使用，导致实际在园幼儿数很难达到规划学位数。此外，各级政府举全力筹措幼儿园建设资金，在幼儿园装修、设施设备添置的过程中也困难重重。设施设备和教师缺乏，导致部分幼儿园不能按时投入使用。由于幼儿园建设项目不含教师经费，幼儿教师匮乏是村级幼儿园面临的共同问题。调研中，常听到基层教育部门感慨："如果把一部分村庄的建园经费节约下来，用于提高教师待遇，农村一定能留住更好的幼儿园老师。"

（三）村级幼儿园的教师资源匮乏，发展缺少保障

与东部发达地区和本地城市地区的幼儿园相比，西部农村幼儿园的教师资源在量和质两个层面都存在严重匮乏。一方面，村级幼儿园在招聘学前教师方面存在诸多劣势，例如没有编制、缺少待遇保障、工资收入低于城镇幼儿园教师和同地区小学教师、缺乏培训和向上流动的机会等，因此"农村幼儿园教师"在教师系列岗位中缺少竞争力，更多的学前教育人才基于生活和工作待遇的考虑，倾向于选择城镇幼儿园工作。另一方面，现有农村幼儿园由于教师招聘难度大而被迫降低招收门槛，将在专业、资质、年龄等方面的限制都相应放宽，教师的专业能力没有保障，在一定程度上影响农村学前教育质量。

第一，西部农村幼儿园在招聘教师方面存在较大难度。近些年，经过两期学前教育三年行动计划的政策推动和资源倾斜，乡镇公办幼儿园在西部地区逐步普及，按照教育部"大村独立办园，小村联合办园"的要求，村一级幼儿园大多分布在远离乡镇中心的农村偏远地区，附设在村完小或者村级教学点下，在地理位置、交通条件、硬件设施、薪资待遇等方面都较为不利，导致村一级幼儿园在教师招聘方面与乡镇中心园、城镇幼儿园相比存在更大的难度。

农村幼儿园的教师主要包括以下几种类型。

其一，有编制的中心校或者教学点的代管教师。这类教师可能由于濒临退休或者教学点人手不足，所以会兼职或者专职负责教学点的学前班，是一种"临时过渡"的方式。虽然这类教师有编制，但是一般年纪较大，也非学前教育科班出身。此类代管教师"兼职"也导致有些农村幼儿园存在幼儿与一、二年级学生同时上课的情况，出现幼儿园"小学化"现象。

其二，村教学点或者乡镇中心校的代课教师。这类教师没有编制，且多为非教师专业出身，但大多数是本村人口，所以能够稳定地在教学点工作，这类教师在能力和学历方面都达不到学前教育的规范性和质量的要求，只能一定程度上实现学前教育的"保育"功能，而不能发挥"教育"的作用。

其三，特定政策下的支教老师，如"特岗"教师或者大学生支教志愿者。其在一定时限内补充了农村学前教育师资，但并不能持续解决农村学前教育师资短缺的根本问题。其中大部分人将村级幼儿园作为"跳板"，通过临时性的"支教"而实现向上流动，有些甚至没有达到履约期限就提前离开，导致其所在村级幼儿园的老师更替频繁、青黄不接。

其四，没有编制的临时聘用教师。具体分为两种情况。一种是政府在当地普及农村学前教育，如四川、云南等省份，地方出资以政府采购的方式招聘农村学前教师。另一种情况，以中国发展研究基金会发起的"一村一园"项目为例，是政府通过"公办+公益"的方式，与社会组织合作，引入社会资源，通过政府采购服务的方式设置临时性"农村幼儿园教师"岗位。在项目期过后，项目由地方政府接手，转变为第一种情况。尽管有政府财政出资或公益资金支持，但这类教师工资水平为每月 800~2000 元，薪资待遇较低，流动性较大。年轻教师大多把农村幼儿园教师工作当作临时性的选择，短暂停留之后便因为结婚或者跳槽等另觅他处。

综上，在缺少明确的政策或制度支持的情况下，农村幼儿园在招聘教师时存在诸多障碍，缺少有质量的农村幼儿园教师是西部农村幼儿园面临的最普遍的困境。

第二，村级幼儿园教师在专业能力、资格认证方面有所不足。村一级幼儿园大多位于较为偏远的农村，教师集中培训或者教研的难度较大，除了附设在村级幼教点或者完小的幼儿园外，许多村子里单独设立的村级幼儿园仿佛一座座"孤岛"，是一个村庄中唯一的教育场所，幼儿园内的老师除了与学生家长交流外，很难有机会与同行群体进行专业和职业方面的讨论，在日常生活和工作中缺少与外界的联系。同时，前面已经提到农村幼儿园教师在招聘方面存在难度，农村幼儿园不得不降低招聘门槛，通过"代课教师""临聘教师"等途径来解决教师资源短缺的问题，不得不在教师的学历背景、资格证明等方面放宽要求。部分"一村一园"项目县在项目启动之初，能够招聘到具有学前教育专业背景或者已经取得教师资格证的、有从业经验的幼儿园教师，以湖南省通道县为例，项目于 2017 年 9 月启动时有超过一半的教师具有学前教育教师资格证或者专业背景，但是在项目实施一年后，由于缺乏相应的待遇条件和向上流动的前景激励，这些教师逐渐流失，取而代之的是代课老师或者学前班教师。农村幼儿园教师的职业技能水平对幼儿园的教育质量有着至关重要的影响。而农村幼儿园缺乏对教师继续教育和师资培训的资源可及性，不能在非专业背景教师入职后为其提供提高专业技能的机会，导致许多农村幼儿园的教育质量也较为低下，甚至"只有保育，缺少教育"。

第三，农村幼儿园教师工作满意度和职业认同感较低。农村幼儿园教师被视为山村教师链条中的"最底层"。她们同城市幼儿园教师相比，缺少资源，缺乏职业发展空间；与同在农村工作的在编教师相比，缺少待遇保障。尽管农村幼儿园教师普遍认为从事的工作具有价值，但是由于其在自身物质获得方面的欠缺，她们会产生自卑感，这对其职业认同感有着明显的消极影响。西部农村留守儿童较多，在家庭缺少稳定的看护者时，农村幼儿园教师发挥了强有力的"弥补作用"，她们为儿童提供稳定的爱、温暖和照护，这使得儿童对她们产生了强烈的信任感和依赖感，这是农村幼儿园教师职业认同感的重要来源。但由于目前对农村儿童学前教育的重要性缺少政策上的认可和保障，因此农村幼儿园教师在待遇方面与在编教师差距极大，这是导致农村幼儿园教师工作满意度和职业认同感低的直接原因。

二 "一村一园"的实践经验与成效

针对偏远地区农村家庭存在的高风险不利因素、学前教育不进村、农村幼儿园师资短缺等问题，社会组织也在持续关注偏远地区村一级儿童就近入园问题，在西部地区村级学前教育普及方面做出有益探索。如中国发展研究基金会和地方政府合作，实施"一村一园"项目。通过设立"山村幼儿园"，招聘"志愿者教师"，在村一级为当地农村儿童提供低成本、有质量的学前教育。

（一）积极推动学前教育入村

项目利用当地的闲置校舍，在"公办园覆盖不到，民办园不去办"的村寨设立村一级幼儿园，与其他学前教育资源形成互补，起到保基本、兜底线的作用，受益儿童多为偏远贫困地区处境不利儿童，让这些儿童从"入园难"变为了"有园上"。

一方面，有效提高了学前教育普及率。山村幼儿园的设立使得沉淀在农村的儿童获得了接受学前教育的机会，提高了试点县的学前教育普及率。湖南省古丈县是较早实施"一村一园"项目的试点县之一，学前教育普及率从2012年项目实施前的45%提升至2020年的90%。青海省海东市乐都区自2015年项目实施以来的学前教育普及率均在98%以上。

另一方面，探索符合农村特点的办园模式。秉承"低成本、有质量"的办园理念，在"园舍不新建"的前提下，因地制宜设立村级小规模幼儿园办园标准和办园模式。比如：硬件方面，至少有一间30～40平方米的安全教室，有安全卫生的厕所，有教学活动场所，有教学设施设备和必要的生活用品；教学方面，办园条件较好的山村幼儿园实行全天入园，不同年龄段幼儿混合编班，办园条件有限的山村幼儿园实行4小时入园，不在园内统一就餐；培训方面，以区县优质幼儿园为龙头、乡镇中心幼儿园为中坚、山村幼儿园为基础组建幼教集团，开展双向交流互助共享；教师方面，以"本地优先""专业优先"为原则，就近招聘山村幼儿园所在地附近的、具有学前专业背景的志愿者教师，从待遇和培训等方面为志愿者教师提供保障，进而不断提升志愿者教师的职业技能和职业素养，为山村幼儿园在园儿童提供有质量的学前教育。

（二）强化项目三级管理体制

项目依托地方教育系统形成三级管理体系。由县（市、区）教育局作为牵头单位成立县、乡（镇）两级项目管理小组。各乡镇中心学校主管教导主任担任行政专干，中心幼儿园业务园长担任业务专干。县（市、区）教育局主要职责是督促并考核评估各乡镇幼教工作、整合县域优质资源开展培训等。乡镇中心学校将项目纳入学校常规工作，直接负责山村幼儿园的改造、维修维护以及志愿者和教学业务的常规管理工作。乡镇中心幼儿园配合县示范幼儿园做好业务指导和培训工作。试点县教育局招聘并培训幼教志愿者。幼儿园按照1:20的师幼比配备志愿者老师。适龄幼儿超过25人的幼儿园，根据幼儿年龄分班补充志愿者。

为保障项目质量，由地方政府牵头、基金会参与整合多方资源，开展各种类型的专业培训，为志愿者教师定期提供多种形式的培训与教研活动。志愿者教师入职后通过对其加强培训不断提升他们的专业能力。除岗前培训外，县（市、区）教育局集中组织保教活动基本组织能力培训；以乡镇为范围，所辖山村幼儿园定期组织教研活动；全县不定期开展专家讲座、送教下乡、观摩学习、教学技能大赛和自制玩教具比赛，并成为常态化制度化的工作。

（三）当地招聘幼儿教师

志愿者教师的职业能力和职业素养对于山村幼儿园的保教质量起着重要作用。在农村幼儿园教师资源匮乏的情况下，如何能招得到、留得住符合要求的志愿者教师，是关乎山村幼儿园发展状况的重要命题。

中央财政重点支持的4大类7个重点项目中，"建山区巡回支教试点"

作为唯一着力于补充偏远地区学前教育师资力量的项目，覆盖范围还很有限。随着我国高等教育规模持续扩大和中等职业教育的快速发展，在农村有一大批大、中专毕业生。基于现实状况，"一村一园"坚持"投人头不投砖头"，每年将80%以上的经费用于教师补贴及培训。本地中职学前教育专业的毕业生和其他专业的大专毕业生，考试合格后可聘为村级幼儿教师，既解决了年轻人就业问题，也给他们提供了服务家乡的机会。

项目招聘的村级幼儿教师，大部分有在外地从业的经历，选择回到家乡从事农村学前教育，是基于"喜欢孩子与幼教行业"和"奉献家乡"的考虑。因为单亲、留守的儿童比例非常高，志愿者老师在面对这些儿童时，往往需要承担"教师"和"母亲"的双重角色，一方面要在教育方面对他们加以关注，注意其情绪变化，及时沟通疏导，另一方面也要关注他们的生活起居、个人卫生等。在家庭中没有稳定的儿童照料人时，志愿者教师提供了强有力的"情感弥补"，为儿童提供稳定的爱、温暖和照护。这些儿童也对志愿者老师产生了强烈的信任感和依赖感，这反过来加强了老师的职业认同感。尤其是在相对更偏远、条件更艰苦的山村幼儿园任教的老师，他们认为自己的付出是在帮助农村儿童脱离困境。

"一村一园"项目实施十几年来，受到了来自政府、社会、项目家庭的认可与肯定，在干预效果、社会影响和政策推动层面均取得实效。

首先，学前教育入村显著缩小了城乡儿童之间的能力差距。2010年起，由北京大学、华东师范大学等团队先后多次进行的评估和分析结果均显示，山村幼儿园儿童在语言、认知、记忆和社会性等方面大幅缩小了与城市在园儿童的差距，显著好于山村未入园儿童。上过山村幼儿园的儿童入学后在学业成绩、身体健康、社会适应和情绪稳定水平等方面均显著好于山村未入园儿童。

其次，项目具有高度可持续性、可复制性和可推广性。"一村一园"以政府为主导，在办园资金筹措上，前期以基金会募集社会捐助资金为主，后期地方政府接手志愿者补贴保障项目运转，基金会继续筹资并在志愿者培训方面提供适当帮助。2012年起，基金会将山村幼儿园模式相继推广到中、西部更大范围，截至 2020 年已经覆盖 31 个县（市、区）。通过开展项目，试点县（市、区）学前教育入园率达到 90% 以上。1 所 20 名幼儿的山村幼儿园，每年运行经费为 40000 元，加上 10000 元的设施设备经费，年生均成本为 2500 元。硬件投入和运行成本却远低于城市公办幼儿园。

最后，项目产生了积极广泛的社会影响。"一村一园"打通了学前教育的最后一公里，不仅提高了家长对学前教育的认识，让孩子接受早期教育的愿望得以实现，同时在相关报告中也得到中央和国家领导多次重要批示，被国内外专家评价为最具成本优势的人力资本投资项目。

三　反思与建议

儿童早期阶段是各方面发展的窗口期。为西部地区农村儿童提供有质量的学前教育，对促进社会起点公平、巩固脱贫攻坚成果具有重要意义。从儿童发展入手，解决西部农村学前教育发展的短板问题，既是脱贫攻坚战的必然后续，也是乡村振兴的必要行动。对此，我们提出如下建议。

（一）把西部村级学前教育纳入基本公共服务

西部地区经济基础薄弱，政府在村一级幼儿园普及过程中，应该承担保基础和兜底线的主体责任，建立由政府主导、组织及实施，村集体提供场地和必要资源加以协助的农村学前教育服务体系，充分发挥幼儿园对农村家庭儿童的补偿作用。建议适龄幼儿人数达到 10 人的自然村设立幼儿园或幼教点。充分利用乡村公共服务设施、农村中小学闲置校舍等资源，因地制宜解决幼儿园的场地问题。已有场地能改造的就不拆建，避免过几年村里儿童人数减少造成园舍浪费。

（二）政府为西部地区村级幼儿园发展提供经费保障

以公益普惠为价值内核和投入依据，建立健全村级幼儿园生均公用经费财政拨款制度。社会机构和公益组织为解决幼儿就近入园问题而创办的小规模村级园，也应纳入教育部门的统计范围，补贴生均公用经费，保证幼儿园持续运转。此外，政府为村一级幼儿园提供经费保障还应包括由中央财政和地方财政共同设立村级幼儿园专项经费，用于幼儿园教师服务的政府采购。

（三）就近招聘幼教志愿者教师，解决学前教育发展的瓶颈问题

目前全国学前教育教师缺口大、质量整体不高。在这样的大背景下，对西部地区村级幼儿园的教师，如果一刀切地要求其先取得学前教育专业资质才能招聘到岗，非常困难也很不现实。建议从本地资源抓起，本地中职学前教育专业的毕业生和其他专业的大专毕业生，考试合格后可聘为村级幼儿园教师，入职后通过加强培训不断提升她们的专业能力。这样既可以解决一批热爱家乡、乐于投身于农村学前教育的大、中专毕业生就业问题，又能帮助村一级幼儿园解决师资问题。

（四）充分鼓励和动员社会力量参与

近年来，很多社会组织持续关注中、西部地区农村儿童，开展了一批针对中、西部地区农村学前教育的帮扶活动，成为社会参与教育扶贫的重要实践，也为国家相关政策的完善提供了实证依据和经验。政府在承担村级幼儿园发展主要责任的前提下，应当继续鼓励社会力量参与，充分发挥公益组织在筹资、培训和监测评估等方面的作用。

从物质扶贫到内涵支持：
乡村小规模学校变革思路转向

王丽伟*

摘　要： 在国家脱贫攻坚取得全面胜利之后，乡村教育将面临更深层次的改革，亟须从教育扶贫转向教育现代化。学生数量较少的乡村小规模学校存在屡屡被"看不见"、内部运行"无序"、学业"失败"等现象。建议乡村小规模学校改革从扶贫思路转向教育现代化思路：真正树立以儿童为中心的教育观念，从资源支持走向系统变革，建立现代学校制度，明确政校关系，形成教师、家长、学生、社区、教育专家共同管理学校的治理结构。

关键词： 乡村小规模学校　现代学校制度　支持体系　教育理念

在最近几十年里，乡村为社会飞速发展贡献了大量的土地、劳动力，以及不可计数的资源。乡村学校被大规模撤并，但保留下来的学校并没有因此获得更多资源和更大的发展空间，乡村教育依然面临办学条件差、师资力量不足、课程不能开足开齐等问题。可见，如果始终以"头痛医头，脚痛医脚"的方式对乡村教育进行治理，其改革所产生的正面效应和回报其实并不显著。

---

* 王丽伟，原点乡村教育公益创办人，21世纪教育研究院农村教育研究中心原主任。

本文阐述了一些我国中、西部地区的乡村小规模学校在发展中所表现出的现象，并以此为切入点，跳出教育扶贫的思路，讨论在教育现代化思维下的乡村学校变革。其中一些很"极端"的现象可能不具备普遍性，但也折射了乡村教育发展的系统性问题。

一 看不见：处于资源分配链最末端的村小

你所看见的村小，是你能够看见的村小，就像是水面之上的冰山；水面之下肉眼不能直接看见的冰体，数倍于你看得见的。

这里所说的"看不见"，并非指有村小在统计与管理体系之外，恰恰相反，教育部官网每年会公布上一年的教育统计数据，包括村小教学点的相关数据。全国每个教学点所归属的村小或中心校，每一所村小所归属的学区或主管单位都是非常明晰的。

如果去乡村学校调研，和当地行政人员一起，看到的往往是当地政府部门想让你看的村小；通过民间途径与学校直接联系，看到的大抵是有能力争取外部支持的村小。那些既不在政府关照范围，也没有意识和能力争取社会支持的村小，是事实上不被看见的村小。这类村小处于以城市为中心的圈层结构的最外围，是乡村小规模学校中最弱势的一拨。

乡村小规模学校处于当前教育资源分配链条的末端，那些看不见的村小则处在末端的末端。以生均公用经费为例，国家标准是 600～650 元/生·年，学生数少于 100 人的按 100 人核定，那么，一所学校每年最少的公用经费是 6 万元。但事实上，很少有乡村小规模学校获得足额的公用经费，且不说经费拨付的时间与方式，公用经费的一部分常被学区或县级政府"统筹使用"，名义是统一采购或组织培训等。尤其是没有独立身份的教学点，他们比一般村小多了一个管理层级。笔者在调研中了解到，许多教学点每年能够报销的办公经费通常只有几千元。

学校的公用经费中除了用于人员工资和基础建设之外的日常开支，对于能够足额报销的乡村小规模学校来说，通常也只能勉强实现"温饱"。有经验的校长心里都有一本账，记着学校每年必须支付费用的类目和额度，并排好优先级：支付必须支付的，忍受可以忍受的。前者如水电费、北方冬天的取暖费、一些必不可少的办公用品和差旅费等，后者如教学设施的修缮、图书和设备的采购、教师培训学习等。久而久之，学校就会出现基础设施年久失修、图书陈旧、教学设施落伍、教师学习成长机会少等问题。这些情况通常会年复一年地累积，有时可以通过每年补充一点点经费来逐步解决，但有些支出额度比较大的项目，就完全不能指望公用经费，只能申请专项经费，如教学楼防水工程。这样几千元甚至上万元经费的项目往往需要多次申请才能获批。村小处于资源分配链条的末端，是一个持续被动的客体。问题累识、被忽视，都被视为理所当然。

国家为提高农村教育质量，实施了农村义务教育薄弱学校改造计划，为农村学校配置教育装备，进行校舍改造。项目旨在补偿对农村薄弱学校的亏欠，促进教育均衡发展。许多乡村学校也都获得了薄改计划的项目，但城乡之间的差距并没有因此缩小——因为资源配置的规则并没有改变。在区域的整体规划里，基层的村小和教学点依然处于最末位，由于学生进一步流失，村小所能获得的资源和机会就更少了。对于乡村小规模学校的校长来说，他们中的多数连向领导当面提出需求或是诉苦的机会都没有。

社会组织为乡村学校提供支持，也会出现"看不见"的情况。那些薄弱的村小，在表达需求和获取资源方面的能力通常也最弱。这导致它们不但从政府渠道获得的资源最少，从社会支持渠道获得资源也很难。社会支持本身具有灵活性，通常优先支持最贫困、最有需求的对象，但在实际执行过程中，最薄弱的那些村小在沟通支持工作、执行支持项目、反馈信息等方面，往往也是不如人意的。这一点和贫穷的道理相似，穷人会更加怀疑想象中的机遇，怀疑其生活产生任何根本改变的可能性，他们做出有价值的改变需要很长时间。①

---

① 〔印度〕阿比吉特·班纳吉、〔法〕埃斯特·迪弗洛：《贫穷的本质》，景芳译，中信出版集团，2018。

所以，在现有的圈层结构中，处在最外围的乡村小规模学校，如果其办学的主体地位依旧不明确，学校的基本财务、人事等权利得不到保障，它们在学校与政府的关系、学校与社会的关系中就只能处于等待被看见、等待被给予的被动地位，走出困境将格外艰难。

二　失序：工作积极性不高的村小教师

在我们调研过的乡村小规模学校中，留守儿童的比例大约为 2/3。一些老师没有门路或暂时没有通过考试，不得已只能待在村小教书。家长抱怨教孩子的是一些不够优秀的老师，老师抱怨教的是一群被留下的父母疏于管教的孩子。

在调研中，我们看到了一些这样的现象：一所学校上课铃声响起后，经常有教师不在课堂，学生们不知所措，乱成一锅粥；一所学校的厕所脏乱差，学生宿舍气味熏天，路过的掩面而逃；一所学校开饭时，学生们一窝蜂地涌向饭盆，七手八脚地争抢油水不多的饭菜……。在这种情况下，学校要探讨教学方式、课程体系、校园文化等这些学校发展中的关键因素，就显得力不从心。

一个教学点的校长说："我觉得我们这样的学校不应该保留，国家应该办'正规'的学校，让我们都到正规的队伍里去。"他说这话的时候"真诚"且"无奈"，是一种深度绝望后的自我判决。他真的想走，老师们也想走，但是走不掉。他们中的一部分是本地人，所以留下；一部分是刚刚入职的新教师，还在乡村服务年限内，无法离开；还有一些是在当地教师评价体系中居于末尾者，被调整至教学点。

心思不在于此的教师群体，会在上班时间最后一刻把车子开进学校，在下班铃刚刚响起就离开校园。只把教室之内、讲台之上的事情视为工作，走下讲台后都会抗拒工作。有一位调研者曾说，作为一个家长，如果自己生活在这里，也会想方设法把孩子送到县城学校去。乡村的大多数家长也是如此选择的。因而，目前仍留在乡村小规模学校读书的孩子，大多是当地家庭经济条件较差的。

对于乡村学校来说，先进的教育理念和教育技术在学校中的应用是相对滞后的，而乡村学校安稳与质朴的特质，却受到社会变化的强烈冲击，几乎不复存在。所以上面描述的"失序"情况，也是巨大冲击下人人自危的一种外在表现。

在这样的乡村学校中，单纯的资源补充策略难以获得显著的效果。我们在调研中发现：社会捐赠的物资被锁在仓库里；图书哪怕已经配置到班级图书角，但阅读率依然不高；开发好的课程连同教具被打包送到学校，但是课程却迟迟开不起来。其中的重要原因是"系统不兼容"。一个系统通常包括目标、要素和内在连接，要素是系统中最容易被看到的部分，而要素之间的内在连接对改变系统起到至关重要的作用。① 许多社会支持项目是对学校要素的替换或升级，但是如果内在连接不改变或者不匹配的话，就会出现上面说的不兼容。

对于学校来说，各个要素之间的内在连接是学校的管理制度，是学校的文化，这些连接方式决定学校之中各个要素的运行。也就是说，无论是政府还是社会组织，如果注意力仅仅在要素层面，比如，发现乡村学校教学楼破旧了，就帮助其重建或者修缮教学楼，那么学校的教学环境或许会因此获得改善，但是教学质量并不必然会有所提高。再比如，发现乡村教师的教育教学理念和方法落后，就为他们提供培训学习的机会，但是教师并不必然会在课堂中运用他所学到的理念和方法——因为如果对学生和教师的评价机制不改变，教师运用新知识的行为就不会持久。一个个人能力优秀的教师，在一个不合时宜的系统中是不稳定的，要么选择离开，要么逐渐和系统的要求保持一致。所以，在改善要素的需求获得一定满足之后，改变学校内在连接方式的需求就变得更加迫切起来。

一所学校是一个系统，学校的管理者在法律和政策范围内建立和维持学

---

① 〔美〕德内拉·梅多斯：《系统之美——决策者的系统思考》，邱昭良译，浙江人民出版社，2012。

校的管理秩序，是其基本职责。出现失序的情况，与学校所处的外部系统也有关。学校与外部系统的现实关系，导致学校是一个并非真正独立的系统，学校在经费、人员、课程、问责等多方面都不具备自主权。事实上，学校更像是上一级系统的一部分，而不是独立的系统，因此很难形成一个相对独立的系统所应具备的功能。

另外，学校这个系统运行是否良好，是否实现学校的育人目标，很难通过单一的要素去衡量。一旦将学校评价和管理简化为部分要素，甚至只是部分要素的量化，那么就会出现学校要素量化达标但系统目标尚未实现的情况。

三　失败：在学业和全面发展上双重"失败"的村小

在乡村小规模学校的调研中，我们了解到，不少学校数学、语文双科及格率在50%以下。学生的考试成绩是学校的底线目标，在许多村小甚至是唯一目标。师生全部时间和精力用来"磨"数学、语文，老师在奉献，学生在消耗，残酷的现实是成绩没保住，其他能力素质得不到培养，许多乡村家长对村小最后的期冀也在逐渐破灭。不能不说，这是许多乡村学校最惨烈的"失败"。

按照国家课程标准，小学阶段每周课时数26～30节，在实际执行方面，有些地方由于增加早自习和课后辅导，或者是寄宿制学校，学生实际在校时间更长一些。在乡村，学生在校时间长往往也是家长认可的。对于这些孩子来说，学校教育几乎就是全部教育。学校利用这些时间来为社会和家庭提供合格的教育产品这一公共服务，是学校的根本功能。①

笔者在一所乡村小规模学校调研时，曾记录一所学校一、三、五年级一周内实际上课的情况，并将其与国家、当地课程要求进行对比。其中：一年级实际上数学课9节（课标4节）、语文9节（课标8节），占用的课程包

---

① 杨东平主编《2035：迈向教育治理现代化》，人民出版社，2019。

括 4 节体育课、1 节美术课、1 节品生课；三年级实际上数学课 6 节（课标 4 节）、语文 9 节（课标 7 节）、英语 3 节（课标 2 节），占用的课程包括 1 节音乐、1 节美术、1 节劳动、2 节地方课程；五年级实际上数学课 6 节（课标 4 节）、语文 11 节（课标 6 节）、英语 3 节（课标 2 节），占用的课程包括 3 节品社、2 节美术、1 节劳动、2 节地方课程。这所学校由于当地主管部门严格控制在校时长，所以每周总课时数都不超过 30 节，校长也因此很头疼于"发挥"空间太小。从数学、语文、英语三门主课占用其他学科的情况来看，这所学校并不算严重。

在另外一所小规模学校，实际执行的课表是每周（三年级）有 13 节语文、13 节数学、2 节英语、1 节音乐、1 节美术。30 节课以外每天 1 节自习，多数时间上数学或语文课。这大概是非常极端的一种情况了。

一些关于学校是否开足开齐课程的调查研究显示，乡村学校由于教师数量不足和结构性缺失，音、体、美、英、科学、信息等课难以开足开齐。换一个角度来看，在校时间不变的前提下，那些无法开足开齐的课程，几乎是由数学、语文来替代的。

许多乡村老师表示，即便如此，课还是上不完，学生还是学不会。所以一旦提出减少课时，或者提出将现有的数学、语文课还给音、体、美等课，就会招致强烈反对。老师们更希望利用这些时间来上数学、语文课，哪怕他们自己的工作量已经远超出一般水平，但他们仍愿意去上课。可想而知，许多课的效率是极其低下的。

这样超长的课时，让老师们多少感到心安。他们希望学生取得好成绩，他们也为此付出了更多的时间。如果在此情况下，学生的成绩仍然不够理想，他们也算是"问心无愧"了。但实际上，上上下下做出努力的姿态，拼尽全力维持教育的表象，最终的结果是轰轰烈烈地集体掉队。老师们只增加了时间投入，并没有增加对教育思考方面的有效投入。

这里存在两个问题，数学、语文课占用了大量的课时，在学校自身看来，最重要的原因是老师不够，或者已有老师没有相关的专业能力。现实是，许多学校有了音、体、美方面的老师，但也被安排教数学、语文。归根结底，这并不是资源匮乏的缘故，而是教育认识的偏差。因此，在理念和支持系统跟不上的时候，仅仅提出开足开齐课程的要求，对于许多村小来说就是一件"完不成"的任务。与此同时，在考试成绩要求面前，课程标准又是"没有必要"达成的事情，村小在权衡利弊之后，选择了以追求考试科目成绩为第一要务的课程方案。

无论是经费拨付方式，还是教师配备结构与数量，都更有利于有一定规模的学校，这也是小规模学校会遇到许多发展困境的原因之一。虽然在同样的标准下，甚至按照这一标准，小规模学校获得了更高的师生比，但实际的教育能力及在对教育和学校的理解上，不少地方和学校依旧是工业时代的思维模式[1]，即把学生当作统一流水线上的产品，在规定的时间内，希望学生习得一定量的知识，最终形成规格类似的产品。这一点，在规模较大的学校更容易实现。因为规模较大的学校天然更接近工业时代工厂模式的学校，所以，这类学校不但可获得更好的政府资源，并且能更好地实现这一工业目标。

而乡村小规模学校在这方面本来不具备优势，但仍要加入这样的竞赛，所以，大多数输得比较惨。但实际上，国内外的实践经验和理论研究都指向一个朴素的事实：在信息时代，基础教育阶段的学校最好是小规模的，因为这更容易实现个性化的以人为本的教育。这一前提是把培养人、让人获得更符合自身条件的发展当作学校的目标。"小"是乡村小规模学校为数不多的优势，"小而弱"还是"小而美"，一字之差，有时也是一念之差。

四 从扶贫到现代化：村小改革的思路探讨

从前文关于乡村学校所处大环境的观察和分析来看，处于困境的居多，但即便如此，近年来仍不断有乡村学校优秀案例涌现。比如：践行"生活

---

[1] 〔美〕查尔斯 M. 赖格卢斯、詹妮弗 R. 卡诺普：《重塑学校——吹响破冰的号角》，方向译，福建教育出版社，2015。

即教育，教育即生活"的云南楚雄分众美丽小学，践行"乡土人本教育"的贵州正安兴隆田字格小学，用一个足球队给山里孩子带来希望的贵州毕节元宝小学，从一所普通村小到无论成绩还是学生素质都让当地人刮目相看的河南商丘王二保小学，将上海、成都等大城市孩子吸引到乡村来读书的四川广元范家小学……。每一所走出困境且探索出一些经验的村小，都必定有一个拼尽全力的校长和不计回报的教师团队。他们一方面有理想主义的情怀，对好的教育持有坚定的信念；另一方面，在现实世界中想尽一切办法克服所处环境的羁绊。这些学校在很长一段时间，都将作为"特例"存在。

一所学校和它的主管部门以及学区内其他学校，具有天然紧密的连接，因而，这所学校若因改革创新而崭露头角，那么它就会显得与其他学校格格不入。学校无论是要融入主流，抑或是影响所在区域，都将承受巨大的压力。[1] 但是，它们的先锋价值不可磨灭。

在国家脱贫攻坚取得全面胜利之后，在乡村教育亟须从教育扶贫转向教育现代化的当下，要改革村小，更需要系统思维，从资源支持走向系统转变。基于此，本文建议如下。

第一，乡村学校亟须建立现代学校制度。国家政策一直在推进现代学校管理制度建设，对此乡村学校却几乎没有波澜，实际上乡村学校比任何其他类型的学校都急需现代学校制度，因为这关乎学校存亡。

现代学校制度首先要明确政府和学校的关系，政府放手不要再做"总校长"，让乡村学校获得真正的办学自主权，保障其财务、人事等方面的自主权。保障乡村学校的财务自主权，至少保证学校有独立的账户，能够及时且足额获得国家政策许诺的办学经费，并能够在政策范围内自由支配。尤其对于最底层的非独立学校的教学点来说，要真正落实教学点经费，避免被上级学校或学区统筹掉。保障学校的人事权，避免乡村学校成为末位教师的"流放地"。乡村学校在制度体系中确保了真正独立的地位，才能够真正被

---

① 〔美〕查尔斯 M. 赖格卢斯、詹妮弗 R. 卡诺普：《重塑学校——吹响破冰的号角》，方向译，福建教育出版社，2015。

看见。乡村学校只有真正被看见，它们所面临的困境才更容易被理解，困难才能更快地被解决，才不会继续在积贫积弱的漩涡中越陷越深；否则，难免有一天上学的需求还在，学校却被"自然消亡"。

在政府和学校的关系上，学校的办学自主权难以落实，而在学校内部，校长的权力没有被有效制衡。① 或者说，校长的职责也不十分明确，校长只要完成上级所要考核的部分和上传下达的工作即可胜任。于是就会存在这样的情况：一所均衡验收达标的学校，可能村小学生人均图书占有数量是充足的，但是适合学生的图书几乎没有，或者有适合学生的图书，但是学生没有机会去阅读。现代学校制度主张建立多元主体的治理结构，形成教师、家长、学生、社区、教育专家共同管理学校的结构，则学校真正的育人目标更容易被落实，出现无序或伤害学生成长的风险就会降低。

学校的发展务必有家庭及所在社区的参与，这和学校的根本功能是为社会及家庭提供教育产品这一公共服务相关。② 尤其是对于在教育体系中处于弱势的农村小规模学校来说，近些年来，农村小规模学校始终没有真正摆脱被撤并的危险地位。家长可以选择送孩子进城上学，因为择校是家庭的权利，但是提供就近入学的机会是政府责任。当政府出于经济原因要撤销学校时，最后能够出来保护受教育权利的就是家庭和社区自身。但出于一些历史原因，乡村社区和乡村学校之间的关系一度是没有关系，需要从建立现代学校制度的角度，将乡村学校和乡村社区的紧密关系重新建立起来。

第二，乡村学校需增加专业支持的份额。单一资源导向的乡村学校支持方式几乎到达平台期，要向综合支持转变，从关注乡村学校的单一发展要素向关注乡村学校发展系统转变。截至 2019 年底，我国有 99.8% 的义务教育学校（含教学点）通过了义务教育均衡验收③，这意味着全国的乡村教育工作向教育公平迈进了一大步，绝大多数乡村学校的底线需求获得大致满足。

---

① 杨东平主编《2035：迈向教育治理现代化》，人民出版社，2019。
② 杨东平主编《2035：迈向教育治理现代化》，人民出版社，2019。
③ 靳晓燕：《确保贫困地区义务教育有保障——改善教育面貌的格局之变》，《光明日报》2021 年 1 月 29 日。

但是距离实现公平且有质量的教育，还有很漫长的路。无论是薄改计划，还是乡村教师支持计划，其实施都要有重要且必要的资金投入。硬件条件方面虽然依旧有欠账，但随着现有乡村学校办学条件的不断改善，资源导向的乡村投入，对于乡村学校改善的效益已经不那么显著了。

这一规律符合投入模式的"时间－效益 S 曲线"。在这一曲线的第一个阶段，乡村学校面临极大的资源匮乏时，投入效益并不明显；第二个阶段，在有了一定基础的情况下，随着资源投入的增加，乡村学校发生明显改善，进入效益明显的阶段；第三个阶段，当资源投入持续一段时间（经历了第一和第二两个阶段后），再持续增加单一的资源投入，乡村学校的改善效果开始不那么明显了。这说明，单一资源投入这一方式的红利期基本结束了，需要转变支持模式，从资源导向走向综合支持。

资源导向的支持模式关注学校发展的要素。而综合支持模式一方面关注学校整体的运行情况，致力于让学校进入一个基本的、正常的运行秩序里，并为此提供所需的专业支持；另一方面则是资源与理念方法并重，在回应学校资源需求的同时，建立有效的落实途径，让投入学校的资源被利用起来，发挥教育价值。

在社会支持中，资源导向的支持模式被许多资助者和服务对象喜爱，因为这种显性的资助模式能够更直接地表现资助价值，受助者需要做的工作也不复杂。对于资助者来说，综合支持模式需要对问题进行更深入的分析，提供更复杂的服务，而成果又不一定迅速显现或者量化；对于服务对象来说，综合支持模式需要服务对象参与其中，一起思考并付出行动。这样的模式转变是有困难的。在这一转变中，人发挥越来越重要的主体作用，而这恰恰也是教育最基本的特点。所以，这一转变也是从教育扶贫思路向教育现代化思路转变的重要标志。

第三，真正树立以儿童为中心的基本观念。乡村小规模学校在工业化教育模式下很难突破，需要从根本教育理念上返璞归真，落实为社会和家庭提供好的教育产品这一功能。乡村小规模学校无论是管理上的失序，还是学业上的失败，都是在原有思维模式和管理模式下形成的，并不是简单增加资源投入就能解决的。

规模较大的学校在工业化模式下能够过得很好，表现也不错，但是小规模学校学不来，且不是一个好的追求方向。如果学校的功能归根结底是为家庭和社会提供好的教育产品，那么首先应该考虑的是家庭和学校需要怎样的教育，乡村小规模学校所服务的家庭需要怎样的教育。总有学校说农村家长不懂教育，只在乎成绩，所以村小就只追求成绩。事实真的是这样的吗？家长们最爱在孩子问题上攀比，在和亲朋好友交流的时候家长们是否也会谈起谁家的孩子更懂礼貌，谁家的孩子能帮父母干家务，谁家的孩子处事沉稳像"小大人"，谁家的孩子会唱歌跳舞多才多艺……？家长很难用专业的语言表达他们的教育诉求，对成绩的要求或许只是他们的保底需求，而不是唯一需求。

今天的乡村儿童面临的是一个更加变幻莫测的未来，家长肯定希望孩子在未来社会能有更多的选择，社会也需要能适应不同工作场景、解决复杂问题的人，而学校的育人目标，正需要从这些方面综合考量。

在探讨构建怎样的课程体系以实现教育目标前，乡村学校更需要的是把理解儿童、尊重儿童落实在生活和教学中。前面所列举的几所突出的乡村小规模学校，它们各自有特色，但有一个共同点，就是他们首先把学校最基础的事情做到符合教育规律，比如把学生吃喝拉撒睡的事情做到卫生、安全、文明、有尊严，学生在学校里免于恐惧，老师和学生的关系是一种和谐亲密的关系等，这和前文所列举的"失序"的现象形成鲜明对比。这些不直接和考试成绩挂钩，却是一所好学校必然的样子。

把人作为目的，真正树立以儿童为中心的理念，应该是教育现代化一个重要的底色。

乡村学校社会工作的现状与建议

董　良*

　　摘　要： 学校社会工作实践存在城市先行和乡村零星开展的现状。在乡村开展学校社会工作服务面临知晓度低、开展服务的时间和空间受限、与学校教育系统中的相关工作之间的关系没有厘清、岗位的设置没有明确、缺乏专业化的队伍等困境。因此，建议：加强学校社会工作的宣传和推广；政府部门积极推动乡村学校社会工作的发展；突破学校社会工作服务的时间和空间限制，为学校社会工作者开展学校社会工作服务留出专门的时间和空间；厘清乡村学校社会工作与学校教育系统中的相关工作之间的关系；明确学校社会工作的设置方式；加强乡村学校社会工作队伍建设。

　　关键词： 乡村学校　社会工作　学校教育

　　学校社会工作（school social work）起源于 20 世纪初的美国，最初称访问教师，1945 年才更名为学校社会工作。在我国，现代专业意义上的学校社会工作在 20 世纪 90 年代以后才获得恢复和发展。所谓学校社会工作是政府、社会各方面力量或私人经由专业工作者运用社会工作的理

---
　　* 董良，北京教育学院基础教育人才研究院讲师，研究方向为教育社会学、学校社会工作。

论、方法与技术，对正规或非正规教育体系中全体学生，特别是处境困难学生提供专业服务。其目的在于帮助学生或学校解决所遇到的某些问题，调整学校、家庭及社区之间的关系，发挥学生的潜能和学校、家庭及社区的教育功能，以实现教育目的乃至若干社会目标。目前我国学校社会工作的开展仅仅处于起始阶段，主要集中在大中城市，乡村学校亟待加强。

一 乡村学校社会工作实践的现状

我国学校社会工作的发展具有明显的城市先行和乡村零星开展的特点，目前的工作也主要以大中城市为对象。较早开展学校社会工作服务的地区主要是北京、上海、广州、深圳以及四川德阳和广元地区[①]，它们积累了开展学校社会工作的宝贵经验，出版或发布了具有重要参考价值的实务成果。这些实务成果主要是学校社会工作案例汇编和学校社会工作实务手册性质的出版物，如罗观翠主编的《学校社会工作案例汇编》、文军等所著的《迷茫与超越：学校社会工作案例研究》、史柏年主编的《希望社工经典案例评析》和《希望社工常规服务十法》、香港社会服务发展研究中心撰写的《学校社会工作实务手册》等。此外，2016年成都市质量技术监督局发布了《学校社会工作服务规范》、2019年深圳市社会工作者协会发布了《学校社会工作服务指南》、2020年在广州市海珠区团委和区教育局指导下发布了《广州市学校社会工作运作手册》，这些重要的成果是当地学校社会工作实践经验的总结和提炼，对进一步开展好学校社会工作服务具有重要的指导意义和参考价值，为乡村学校社会工作的实施奠定了重要的基础。

---

① 四川德阳和广元地区并非发达地区，这一地区的学校社会工作服务源于四川"5·12"汶川大地震后，由中国社会工作教育协会、中国青少年发展基金会、宝洁公司及国内的九所高校联合推出的"抗震希望学校社会工作支援服务"项目，学生受益后，学校社会工作已在当地实现了制度化。

但目前真正在乡村开展学校社会工作的还很少，如成都基督教青年会与香港中华基督教青年会在成都针对乡村小学开展的"燃亮号"流动教室学校社会工作项目，回应学生的一般性需要，主要包含适应学校环境、完成学习任务、协调人际关系、处理情绪和避免不良行为等。具体目标为学生知识拓展、促进个人成长、培养班级凝聚力、增进亲子关系，采用的社会工作介入方法以小组工作为主、社区工作为辅，社会工作介入形式为轮换式接力服务。① 这个项目实施的第二年增加了教育支持在整体服务中的比重，服务形式以课堂教学为主，服务功能以知识传授为基础，这实际上发挥了教师的职能。偏远落后乡村地区的中小学缺乏教师确实是一个重要问题，但从专业的学校社会工作的角度来讲，学校社会工作者不能代替教师的角色，这种服务的提供可能是了解到这些学生需求后的无奈之举。其他的研究和实务主要从不同的角度聚焦于乡村留守儿童②、乡村寄宿制学校的学生③、乡村隔代抚养儿童④，此外，不少硕士研究生将学校社会工作的理论和方法应用到乡村中小学，完成学位论文⑤，但并没有形成乡村学校社会工作的气候。

---

① 严桦：《成都市第三圈层农村学校社会工作模式研究——以"燃亮号"流动教室项目为例》，《西南石油大学学报》（社会科学版）2013 年第 6 期。

② 崔效辉、晏凤鸣：《农村留守儿童现状及引入社工服务的必要性——基于苏北农村学龄儿童的对比研究》，《社会工作》2013 年第 4 期；华红琴、张雯雯、李佩欣：《留守儿童成长支持与学校社会工作服务探索——基于江西某贫困县 B 村留守儿童调研》，《都市社会工作研究》2019 年第 1 期；刘艺、浦威东：《可行能力视角下学校社会工作介入农村留守儿童教育研究》，《中国社会工作》2020 年第 4 期。

③ 刘卫华、沈小草、朱晗：《社会工作介入农村寄宿制学校的探索——基于留守儿童的依恋与自我力量研究》，《社会福利》（理论版）2016 年第 3 期；曾富生、张文喜、东波：《社会工作介入农村寄宿制学校的模式建构》，《江苏师范大学学报》（教育科学版）2014 年第 S2 期。

④ 刘如月、刘亚男、王滕滕等：《农村隔代留守儿童心理问题及学校社会工作介入研究》，《热带农业工程》2017 年第 Z1 期。

⑤ 截至 2021 年 3 月，在中国知网上可查到的 2012 年以来与乡村学校社会工作相关的硕士学位论文有 21 篇。

骡马口板房学校学生个案工作案例①

一 案例背景

（一）服务对象基本资料

服务对象小云（化名），女，14岁，现读初中一年级，身体矮小瘦弱，性格内向，寡言少语。

（二）服务对象背景资料

小云1岁左右时父母因夫妻感情不和而离异，小云由年迈的外婆单独抚养长大。"8·3"鲁甸地震后案主外婆家的房屋受损严重，不宜居住。案主平时跟其他11个同学挤在学校的板房宿舍里，周末返回政府资助的帐篷里跟外婆度过周末。案主的母亲长期在昆明打工，因收入原因很少回家看望案主，案主的父亲现状暂时无法了解。据老师反映案主上课认真听讲，课下学习也很努力，但是成绩始终处于中下等。

二 服务过程

（一）建立关系，做出评估

工作者与小云通过简单对话建立初步关系，对小云的身体状况做初步评估。运用同理心体会案主面对危机时所面临的压力，借助简洁易懂的语言、专心的聆听、感情的支持等技巧稳定她的情绪。

（二）链接医疗资源，处理身体危机

案主的外婆第一时间赶到学校，对于案主受伤之后表现出来的身体上的痛苦和精神上的恐惧，外婆没有很好的解决办法，用3根筷子沾水、对案主进行类似占卜的迷信仪式为案主"驱邪祛痛"。案主当时的情况比较复杂，

---

① 《北京服务队骡马口板房学校学生个案工作案例》，社工中国网，http://practice.swchina.org/case/2014/1218/19666.shtml，有删减，最后检索时间：2021年6月16日。

跟案主进行初步交流时发现案主意识较清楚，四肢虽然麻木但是仍有知觉。工作者根据医学常识断定案主的伤未及脊柱。

首先工作者建议案主的外婆将案主送往县医院就医，采用现代医疗设备对案主的病情进行诊断。案主自身也表达了就医的强烈意愿。由于学校离县医院较远（30 公里山路），天色已晚，考虑到年幼的案主和年迈的外婆在路上及医院可能遇到的问题，工作者决定陪伴案主一同前往医院。在救护车上工作者运用安抚、安慰等社工理论对案主及外婆进行情绪疏导，使案主极度紧张和恐惧的情绪得到抚慰。之后在医院缴费时，案主外婆所带现金不够，工作员自掏现金将费用垫上。最后在经过一系列检查之后，案主的身体并无大碍，经医生解释得知案主只是后腰的轻微软组织挫伤，稍加休养即可，更无须吃药。案主出院时已经是晚上 9 点多，工作者出于对案主安全的考虑，决定从县城连夜赶回学校，将案主及外婆护送回她们在学校附近的帐篷中。

（三）引入学校社会工作方法，加强班级支持

案主休息数日之后回到课堂继续学业。工作者通过走访和谈话形式与案主的同学进行交流，发现案主身边有几个要好的朋友，经问询得知她们与案主从小一起长大，而且同样是父母离异的留守儿童。工作者根据社会支持网络理论中"人无法自绝于社会而存在，人类生存需要与他人共同合作，以及仰赖他人协助"的理念，建议案主与小伙伴们组成互助支持网络，互相关心关怀。在开展班级活动时，工作者也多次强调安全问题，提醒同学们在课间活动时一定要注意人身安全，不开过分的玩笑，不做危险的举动，不追跑打闹，不欺负弱小。

（四）寻找教育资源，处理学业危机

针对案主的学业，工作者从案主的实际情况出发，结合工作者自身的经验教训，为案主总结归纳了一套学习方法。通过几次针对性的辅导之后，案主基本上掌握了为之量身定做的方案。案主的任课老师也向工作者反映案主的学习主动性有很大提高，上课时积极回答问题，下课后主动请教老师。而最近几次小测验的成绩也有较大提升。

（五）提升自我效能，处理信心危机

案主的母亲长期在外打工，承担着抚养案主的责任，由于经济能力有限，每年只能回家几次，案主自幼与外婆相依为命，缺少父母关爱，对于亲情非常渴望。外婆年事已高，在学业上不能给案主任何帮助，在工作者和案主好友的鼓励和陪伴下，案主参加了驻校社工组织举办的"在你身边"趣味兴趣小组活动。趣味兴趣小组以社工带领做游戏的方式，陪伴学生，疏解学生情绪，丰富课余生活。通过励志、阳光、积极向上的活动方式及内容，激发学生的学习兴趣，提升学生的沟通表达能力和学习能力，引导学生建立起良好的团队协作能力和人际关系支持网络。

通过参加这个活动，案主认识了其他班级的同学，结识了新朋友，逐步扩大了交际圈，案主的自主性、能动性、积极性也被调动起来，逐渐找回了自信，原本内向寡言的性格也开朗不少。

（六）结案

结案原因：社工通过服务成效评估，认为服务目标基本达成，适合结案。

工作者帮助案主回顾整个个案过程，巩固案主已经取得的成果，增强结案后案主自己面对问题的信心和信念。

三　评估和反思

（一）成效评估

工作者通过每次的观察以及多次的访谈，归纳总结出案主的改变主要表现在以下几个方面：与工作者的关系方面，从最开始的低头沉默和不信任到可以敞开心扉交谈，再到主动关心问候工作者，最后在结案时亲手制作了6个精美的纸灯笼送给工作者；情绪方面，工作者运用社会支持网络理论，引导案主与身边同学建立起互助支持网络，鼓励案主参与活动小组，案主由刚介入时的悲观失落、情绪不稳定到情绪稳定，由介入前的自卑、胆小到介入后的自信、开朗；学习方面，工作者帮助案主链接有效的教育资源，为案主进行学习方法的指导，案主的成绩从一开始的中等偏下，上升到了结案时的中等偏上。

（二）个案反思

处理好移情，做到"不以物喜，不以己悲"。在危机介入时，工作者的角色是提供信息、建议和陪伴。当案主的危机过去之后，转入一般个案工作流程。

要有耐心与爱心，不能急于求成，不宜采用"高压式"的指导方法，不要对案主的改变期望过大。在小组活动中有意识地安排一些群体游戏使案主参与其中，在此过程中加强引导，培养案主的表达能力、交际能力，提高案主的自信心。

个别化原则强调社会中的每一个人都有自己的特点，都有自己的独特性，社工应根据案主自身的特点和需求，灵活运用社会工作的方法和技巧，有针对性地开展个案工作。本案中，案主主动配合，第三方也积极配合工作者的工作，这是本案成功的关键。

年轻夫妇因经济问题、夫妻感情不和等原因离异，留下年幼孩子给隔代长辈代为扶养的情况在当地非常常见。众所周知，父母是孩子的第一任教师，也是长任教师，良好的亲子关系能促进儿童身心健康发展；相反，则阻碍其发展。隔代长辈由于素质、见识、思维方式等的局限性，往往不能胜任孩子的第一监护人的职责。"留守儿童"已经成为一个严重的社会问题，社会工作在这方面没有很好的解决方案。希望随着社会的发展、相关政策制度的完善，这种社会现象能够慢慢地消除。

二　乡村学校社会工作服务面临的困境

从一般意义上讲，虽然在一些大中城市的中小学已经出现学校社会工作服务，但就全国来说，学校社会工作在社会工作诸多分支领域中的发展相对缓慢，在乡村开展学校社会工作服务可能面临更多问题，目前面临的主要困境如下。

（一）学校社会工作的知晓度低，不利于社会工作服务开展

虽然近年来学校社会工作在教育领域不断被提及，但其知晓度仍然不

高，甚至在一些已经开展学校社会工作的发达地区，还有当地教育行政部门的官员和中小学校长、教师不断问到学校社会工作到底是干什么的。[1] 教育行政部门的官员、中小学校长、教师和社会公众对学校社会工作者的岗位职责不清楚，再加上当前我国政府对教育系统编制的严格控制，使得系统性地在学校内部设立社会工作岗位遇到困难。[2] 这大大限制了乡村学校社会工作的发展。

（二）乡村学校社会工作开展服务的时间和空间受限

在现有的教育制度下，学生在校的时间被划分到需要学习的各个学科和各类活动中，难以有空余的时间提供给学校社会工作者开展学校社会工作服务。学校社会工作开展服务的空间也面临类似的问题。学校现有的教育教学设施是适应现有教育制度的产物，它可以有自然科学的实验室，可以有专门的美术教室和音乐教室，但没有设置开展学校社会工作所需的个案教室、小组教室及相应的设备设施。

（三）乡村学校社会工作与学校教育系统之间的关系未厘清

在现有的学校教育体系内存在着德育工作、心理工作、班主任工作、共青团或少先队工作、后勤保障工作等，这些领域所处理和解决的问题，学校社会工作从专业的理念、理论和方法的角度也可以介入，特别是学校社会工作中的个案工作、小组工作与心理学的专业方法非常相似，非专业人士很难看出他们之间的区别，进而否认学校社会工作开展的必要性。

（四）乡村学校社会工作岗位的设置问题没有明确

在一般意义上而言，学校社会工作岗位的设置有内设与外置之分。所谓

---

[1] 蔡屹：《浦东新区学校社会工作本土化发展历程及经验反思》，《华东理工大学学报》（社会科学版）2006年第2期。

[2] 王思斌：《积极促进我国学校社会工作的发展》，《中国社会工作》2018年第28期。

内设，就是将学校社会工作者岗位纳入学校内部编制，学校社会工作者以学校正式成员的身份为学校师生提供专业服务；所谓外置，就是在学校外部成立服务机构，学校社会工作者以外派驻校的形式为学校师生提供专业服务。学校社会工作岗位的内设和外置各有利弊。内设有利于学校社会工作与学校工作的一体化规划与管理，有利于增进学校社会工作者对于学校的归属感和身份认同，有利于学校社会工作的持续稳定开展。内设不利于保持学校社会工作的独立自主性，学校社会工作者的时间精力有可能被学校的中心任务所占用，与学校利益的一致性不利于客观地分析评估学校的问题，无法得到专业团队的支持。外置的利弊得失正好与内设相反。[①] 然而，对于学校社会工作岗位的设置到底是内设还是外置，目前还没有统一的说法。

（五）乡村学校社会工作人才队伍建设的问题

2021 年 2 月，中共中央办公厅、国务院办公厅印发《关于加快推进乡村人才振兴的意见》（以下简称《意见》），《意见》把乡村社会工作人才作为乡村治理人才，指出要加快推动乡镇社会工作服务站建设，加大政府购买服务力度，吸引社会工作人才提供专业服务，大力培育社会工作服务类社会组织；加大本土社会工作专业人才培养力度，鼓励村干部、年轻党员等参加社会工作职业资格评价和各类教育培训；持续实施革命老区、民族地区、边疆地区社会工作专业人才支持计划；加强乡村儿童关爱服务人才队伍建设；通过项目奖补、税收减免等方式引导高校毕业生、退役军人、返乡入乡人员参与社区服务。其实乡村学校社会工作人才也可以看作教育人才，因为学校社会工作者不仅对处于困境中的学生开展教育辅导，还提供预防性和发展性的服务，对于学生的成长成才具有重要的促进作用。上述《意见》提到的"加强乡村儿童关爱服务人才队伍建设"完全可以包含学校社会工作者，而乡村地区经济社会发展程度远低于城市地区，对于包括学校社会工作人才在

---

① 史柏年：《学校社会工作：从项目试点到制度建设——以四川希望学校社会工作实践为例》，《学海》2012 年第 1 期。

内的各类人才缺少吸引力。所以，如何使乡村学校社会工作人才进得去、留得住是一个值得思考和研究的问题。

三 对开展乡村学校社会工作服务的建议

在乡村振兴的背景下，在乡村中小学开展学校社会工作具有重要意义，这对于提高乡村学校教育质量，为乡村学校的学生提供更好的教育具有重要的促进作用。要开展好乡村学校社会工作服务还有很长的路要走，目前对于中国绝大部分乡村中小学来讲，开展学校社会工作是从零开始，所以挑战也很大。

（一）加强学校社会工作的宣传和推广

要加强学校社会工作对乡村学生成长成才所具有的作用的宣传。让教育行政部门官员、中小学校长、教师、学生以及社会公众认识到学校社会工作可以促进教育机会均等、形成家校社共育的合力、协助学生获得实用的知识与能力、协助学生获得适应变化的能力、促进学生社会化人格的正常发展。[1] 各种媒体要结合学校社会工作案例来宣传学校社会工作服务的成效，学校社会工作者在工作过程中也要不断向他们介绍自己的角色和职责以及学校社会工作的理念、方法和技巧，不断提升学校社会工作在各类人群中的知晓度。

（二）政府推动乡村学校社会工作的发展

在中国大政府小社会的境况下，政府推动乡村学校社会工作的发展十分重要，某种意义上，政府是推动乡村学校社会工作发展的主导力量。从近年来我国有关学校社会工作的政策来看，政府部门，特别是民政部门、共青团、妇联以及教育部门已经对学校社会工作有了一定的认识，而乡村地区的

---

① 林胜义：《学校社会工作》，巨流图书公司，1998，第29～34页。

学生以留守儿童、隔代抚养的学生和寄宿制学校学生居多，学校社会工作在辅导这些学生解决所面临的特殊问题方面恰恰能很好地发挥作用，他们对学校社会工作服务的需求更为强烈。在乡村振兴的背景下，政府在推动学校社会工作发展方面应优先考虑乡村学校社会工作的发展。

（三）为社会工作者开展服务留出时间和空间

要将学校社会工作服务的开展纳入日常的教育教学活动中，安排专门的时间为学生提供学校社会工作的服务，在每所学校建好个案工作室、小组工作室并配齐相应的设备设施，同时要积极推进学校社区工作，在更广阔的范围内开展学校社会工作服务，留足开展学校社会工作服务的时间和空间，更好地实现学校社会工作所倡导的家校社共育，实现对困境学生的全方位干预。

（四）厘清社会工作与学校教育之间的关系

不管是乡村学校社会工作，还是学校教育系统中的德育工作、心理工作、班主任工作、共青团或少先队工作、后勤保障工作，其育人目标是一致的，都是要培养德智体美劳全面发展的社会主义建设者和接班人，但它们之间是有区别的，厘清它们之间的关系，才能更好地为学校社会工作服务的开展找到一席之地（见表1）。

表1　学校不同的专业助人者的情况

项目	德育工作	心理工作	班主任工作	团队工作	社会工作	后勤保障工作
知识基础	伦理学、思想政治工作	心理学	教育学、管理学	共青团理论、少先队理论	社会工作理论	医学、营养学、生理学
工作取向	思想品德	心理困扰与障碍	集体意识与行动	思想觉悟	发展社会功能	身体健康
涉及层面	思想、道德	心理、情绪	规范、服从	组织约束	人与环境	人身安全
工作方法	说教	诊断、测验、治疗	谈话、会议	活动	个案、小组、社区等	物质提供

续表

项目	德育工作	心理工作	班主任工作	团队工作	社会工作	后勤保障工作
对象范畴	个人、大团体	有需要的个人	班级	团员、少先队员	学生、家庭、学校、社区	个人
专业资格	教师资格、思政专业	教育心理、心理咨询与治疗	教师资格、教育学	政治素质	社工资格、社会工作专业	医师、保安、医学、营养学

资料来源：许莉娅主编《学校社会工作》，高等教育出版社，2009，第15页。

（五）明确学校社会工作的设置方式

从最理想的状态来讲，每所乡村中小学都设置学校社会工作岗位，专业的学校社会工作者是有编制的体制内的正式工作人员，至少实现"一校一社工"。但就目前来说，这一目标的实现还很遥远，一种变通的方式是从校内现有人员中发展学校社会工作者，可以通过培训学校德育工作者、心理工作者、共青团或少先队工作者、校医及其他有意愿的教师掌握学校社会工作的理念、理论、方法和技巧，把他们转化为学校社会工作者，并鼓励他们考取社会工作师，这在一定意义上也实现了内设学校社会工作岗位的目标，但其专业能力可能会有一定的欠缺。而外置学校社会工作岗位也可考虑，一种方法是政府或学校向社会工作机构（或其他公益组织）购买学校社会工作服务，社会工作机构向学校派驻学校社会工作者、提供相应的服务，这一做法目前主要为一些城市地区所采用，在乡村地区特别是偏远的乡村地区采用这些做法可能成本会增加很多。还有一种折中的方法是学校社会工作岗位设置在乡镇的社会工作站或教育行政部门，根据乡镇或教育行政部门辖区内的中小学数量设置学校社会工作岗位，学校社会工作者获得公务员、事业单位编制，每个学校社会工作者负责几所学校的学校社会工作服务。这也是一种外置的方式，但这需要政府部门的机构改革和提供相应的编制。至于哪种方式更为合适，还需要进一步探索，但上述最理想的状态应该是我们追求的目标。

（六）加强乡村学校社会工作队伍建设

乡村学校社会工作服务的直接提供者是学校社会工作者，因此乡村学校社会工作队伍建设就显得十分重要。然而从乡村中小学的实际情况来看，乡村地区经济社会发展相对落后，对学校社会工作人才的吸引力有限，构建一支留在乡村、甘于奉献的专职社会工作人才队伍，乡村地区政府应做的要比城市地区政府更多，相应的条件应更具吸引力。在一定时期内，如果说在城市地区通过政府购买学校社会工作服务的方式能在一定程度上解决城市中小学的学校社会工作服务问题，还可以吸引一部分专业社会工作者投入其中，那么在乡村地区，十分重要的一点是学校社会工作者进入体制内，成为体制人，才是更具吸引力的做法。此外，在加强乡村学校社会工作人才队伍建设中，在强调其专业能力之外，更应完善人才引入机制、管理机制、激励机制和约束机制。在当前最为重要的是体制内岗位的设置和足够吸引人的薪资待遇。与上述乡村学校社会工作岗位设置相关的是，不管是采用何种设置方式，学校社会工作人才队伍的本地化和在地化是其更好发挥作用的重要条件。

新生代特岗教师的道德养成及其支持系统

钟芳芳[*]

摘　要： 这一代特岗教师是独具"转型特色"的一代，他们的生活中折射着中国社会转型中所经历的成长之"阵痛"——内外交织的矛盾与摩擦、道德生活的困境与博弈、价值观的更新与重建以及新的生活方式带来的机遇与挑战。本文采用人文主义立场，以整体观、关系论和专业视角介入，呈现多元价值观交织中乡村教师的道德养成机制，并基于此，提出新生代特岗教师的道德支持系统及其支持策略。

关键词： 新生代　特岗教师　道德

"扶贫先扶智，扶智先强师，强师先立德"。"特岗计划"是我国教育制度的创举，自 2006 年特岗计划实施以来，截至 2021 年已历经 15 个年头，累计公开招聘的 95 万名特岗教师，是中华人民共和国成立以来数量最多、学历最高、待遇保障最为齐全的一代乡村教师，他们已成为发展乡村教育、实现乡村振兴的重要力量。特岗计划是乡村学校教师补充机制的创新之举，近百万名特岗教师，占中西部青年教师的 2/3，覆盖中西部省份的 1000 多个县，为 3 万多所乡村学校注入新鲜血液和青春活力，成为乡村教师队伍"换血的新生代"。

* 钟芳芳，南京晓庄学院讲师，主要研究方向为教师教育、乡村教育等。

一 新生代特岗教师的群体特点

新生代乡村教师，以乡村生源地的"80后"师范类大学生为代表。一方面，他们都曾拥有乡村儿童的乡土生活及乡村受教育经历，更熟识乡村儿童的精神世界与内在需求，他们生长于乡村，走出乡村，又反哺乡村，乡土情结已被植入，乡村教育情怀更易激发、生长；另一方面，随着升学、向城市迁徙的经历，他们脱离土地与乡村，身份认同、精神世界与生活实践发生根本改观，信息化、城市化、商品化、市场化、智能化带来的现代性冲击着他们的世界观与人生观，促使他们重构自我认同。较之其他乡村教师群体，较为优秀的特岗教师群体在道德生活方式、人格特质、文化取向、精神追求方面有着显著的差异。在乡村学校工作中，他们不仅以自主创造的方式顺利完成"教师专业化成长"，同时也彰显出个性化的教育实践，形成本土化特征的乡村教育理念与切实可行的乡村教育方式和美好的道德生活观，最终实现他们自我价值的超越，为乡村振兴和乡村学校发展带来了前所未有的活力。

（一）"转型特色"的新一代

当下乡村学校的主体力量是由20世纪80年代之后出生的"新生代"乡村教师汇聚而成的。在笔者走访的30所乡村学校中，80年代以后出生的乡村教师至少占学校教师数量的80%。笔者发现这批"80后"乡村教师从出生到求学、从就业到组建家庭的人生经历与20世纪90年代开启的社会转型和教育变革是同轨并行的。他们是第一代在国家特岗教师政策的推进下顺利完成学业、取得教师资质、告别农户身份的，有意愿长期留守乡镇学校在编在册的乡村教师。由于新生代乡村教师主要以特岗教师招聘计划面向社会的统一考试引进并纳编的，"特岗计划"对于他们的人生经历和个人命运以及他们对乡村教育的创造均有着深远的影响。

北京师范大学的郑新蓉教授把中华人民共和国成立以来的乡村教师划分为4~5个代际群体，第一代为中华人民共和国成立之初任职的教师，第二代指 50 年代中期至 60 年代中期的教师，第三年代主要指 1965 年至 1978 年的乡村教师（含知青教师），第四代主要指改革开放后主要由传统的中等师范学校培养出来的乡村教师，新生代教师即第五代乡村教师。新生代乡村教师，主要是 21 世纪以后招聘的在乡村学校任职的教师，相对于他们之前不同年代的乡村教师，有许多生活方式和文化特质上的显著差异。[①] 这批新生代乡村教师既沿承了上一代乡村教师的实践经验，体验着作为乡村教师所面对的职业生活，同时他们以自身独立的姿态彰显具有时代感的乡村教师形象。"80 后"（含 70 年代末）的特岗教师这一代是独具"转型特色"的一代，在他们的生活中折射着中国社会转型中所经历的成长之"阵痛"——内外交织的矛盾与摩擦、道德生活的困境与博弈、价值观的更新与重建以及新的生活方式带来的机遇与挑战。

（二）新生代特岗教师个性化特征

以"80 后"大学毕业生为代表的新生代特岗教师，他们的现代化程度相对较高，在多元化价值观并存的城乡文化选择中，他们彰显的是更为多向度的社会价值追求。在对 50 名优秀特岗教师深度访谈后，笔者发现在他们的道德生活营造过程中，较之传统乡村教师，他们愈加珍视"特岗教师"的精神价值，多数人认为这是人生的宝贵经历，是奋斗的青春印记。同时，他们更加重视利用多种渠道丰富自我价值、打造多元化专业成长的路径，对于跨专业及整合不同领域的教育资源更是有探索的兴趣。另外，他们关注自我的独特性，尤其是在与他人教育性交往过程中生成的人格特质与教育风格，善于自我反思与自我发现，并且他们对新生事物和先进文明往往持有宽容与尝试的心态，有意保护主观能动性与实践开放性，敢于亮剑，勇于承担；而面对足下的土地、眼前的教育生活，他们多数是在理想的感召下，自我悦纳、独享其乐，内心富足，对自己有自信，对教育有信心。

---

① 郑新蓉、王成龙、佟彤：《我国新生代乡村教师城市化特征研究》，《河北师范大学学报》（教育科学版）2016 年第 3 期。

新生代特岗教师拥有更多的创新力和创生空间。他们积极生成富有乡土特色的教育理念；他们敢于尝试适合乡村儿童的学习方式，自主生成独具特色的教学技艺；他们拥有广阔的乡土自然资源和丰富的民间文化，可以将其作为课程创设的优势资源，从而生成特色的校本文化；他们职业认同度较高、教育使命感强，在专业成长方面能够主动突围与创造；他们的自我效能感、自我认同感与主观幸福感较强，他们专业成长的理想、道德生活的意愿、自我价值的追求、自我情感的觉知，比任何一代乡村教师都要强烈。

二　新生代特岗教师道德形成的内外机制

《乡村教师支持计划（2015—2020 年）》颁布以来，各地纷纷加大支持性政策的供给，力图破解乡村教师队伍建设的痛点难点，"激活"乡村教师工作状态和内在动力。不仅在物质生活方面大幅度地甚至翻倍提升乡村教师的薪资水平，而且还在专业生活方面全面部署落实乡村教师国培计划。一方面，不断提高乡村教师的生活补助，大力兴建乡村教师安居工程，全面改善乡村教师的生活面貌，大力保障他们的安居乐业，促使绝大部分乡村教师过上相对富足宽裕的小康生活。另一方面，各地纷纷建立优质的乡村中心校以改善乡村教师职场环境，优化乡村教育资源，同时大力创建乡村教师的荣誉制度，落实适切当地的乡村教师专业及师德培训方案。可以说，当前政府和行政部门颁布并落实这一系列的惠及乡村教师的优厚政策的力度是空前绝后的。这一切外部的支援都意在让那些有意愿投身于乡村教育事业的乡村教师真正得到宽松、优越、和谐的发展环境，可以拥有更大的独立发展空间，促进他们在职场中能够更活跃更自主地进行自我教育，在属于自己的教育天地里大显身手。

然而，少数特岗教师未能如人所愿，未能将外部物质支持完全转化为内部道德生活的力量。换句话说，那些外部政策、物质支援在局部地区尚未能真实地发生内化作用。只有内、外因素通力合作才能促成乡村教师师德的形成。两方面的因素缺一不可。内因是其"内在价值"系统的"生命动力与生长机制"，它是促使乡村教师师德形成的根本原因。富有情感性特征的"内在价值"系统是人的最基本的感知觉与社会情感的支持系统，它体现了人类在演化过程中的高级神经系统的进化发育，是人区别于动物的重要标志之一，同时，它又是人类支持自身生存与发展的重要机制。因此，没有"生命内在价值"系统的支持，特岗教师的师德无从谈起。而外部的"社会－文化"的模塑机制则是特岗教师师德形成的外部条件，它起着加速或者延缓的作用，它是特岗教师成长的必要条件，但它一定是通过"内在价值"系统的运行机制而起作用的。没有乡村教师"内在价值"系统的支持，就没有他们要为自己做出改变的道德意识的唤醒，没有道德生活的意识，就根本谈不上外化的自我价值实践。但是，若没有可以实施道德生活的文化环境及社会等外部因素的参与，个人的道德生活也只能停留在意识之中。因此，特岗教师师德的形成一定是内外因素共同参与、综合作用的结果。

基于内外因素的认识，对特岗教师师德的培育也应考虑到这双方面的支持，既要积极呵护引导"内在价值"系统的生长发育，又要为营造适宜特岗教师师德形成的可感触的社会文化而付出努力。只有立足于双方面的综合考虑，才能保障他们师德生成所需要的基本条件。

三　新生代特岗教师道德修养的支持系统

（一）政府支援层面

一是以人为本，精准关怀。2020 年 7 月，教育部等六部委联合印发的《关于加强新时代乡村教师队伍建设的意见》中，要求健全以政府投入为主、多渠道筹集经费的投入机制，为进一步加强贫困地区乡村教师队伍建设提供了政策保障。同时，职称评聘向乡村教师倾斜，提高乡村教师生活待遇。在"十四五"时期，要切实加大对乡村教师队伍教育投入保障政策的落实力度，对落实不到位的要严肃问责。不可否认，乡村教师的工作待遇以及生活条件在历届政府的努力下已经得到了巨大的改善并得到了长足发展，乡村教育的质量有了明显提高，乡村教师的队伍面貌发生了明显变化，乡村教师支持政策也由"基本温饱型"逐渐转向"精准关怀型"，政策显示出前所未有的社会温度和人文指向。

二是精准发力，彰显人文关怀。乡村教师的成就感、获得感的增进不仅需要政府的外界支持与干预，还需要各地方自发形成的典型以及乡村教师自我经验的推广。乡村教师的获得感一定是与自我产生深切联结并伴有积极发展指向的体验感受，甚至可以说，重视乡村教师的获得感就是重视在外部的支援下乡村教师道德生活的实现。那么所谓"精准发力"，说到底还是要依靠各个地方的人力，依靠那坚守在一线的拥有高度成就感、获得感的乡村教师自己的生命经验以及自我价值的抵达。因此，我们需要更多地去接触那些优秀的乡村教师，感受他们平凡而又伟大的生命体验，不断汇聚这种自我发力的成就与经验，正视并支持这股力量不断强大，帮助他们在政策语境中找到"合法化"的立足之地，让政策真实地落在每个乡村教师自我谋求发展、自我追求完善的心坎上。

（二）学校组织文化层面

一是学校要转变乡村教师的发展观、进步观。承认学校是一个处处需要用情感维系的地方，是净化人的心灵、丰富人的精神世界、培育人的社会情感系统的地方。教师几乎所有的工作都与他本人的心灵、精神世界、情感状态、品质密切相关。检视当下在教师教育、教师工作方面，在教师发展观、进步观方面，是否真正做到从教师本身出发，为教师服务，促教师发展。对不协调、不够健全的进步观、发展观需要反思、需要调整、需要弥补、需要完善。[①] 学校应该深入调研，立足实际，革新观念，将教师的发展还给教师，将规定式的教师被迫进步让位于教师自我教育，将管理教师转变为教师民主自治。

---

① 朱小蔓：《提升教育质量：关爱教师，创造更加人文的教育环境》，《生活教育》2016 年第 13 期。

二是以关怀的路径，从建立和谐关系的视角，立足于实际情况，采用更加人文化的管理方式和评价方式。我们希望从关怀的路径，从建立和谐关系的视角审视、反思、调整、补益教师工作、教师教育的政策和实践，采用更加人文化的，从实际出发的，从具体的地域、地情、人的情况出发的管理方式和评价方式。① 这就需要一个着眼于全局的人文主义教育方法。在学校组织管理层面，我们应该通过建立教师之间和谐促进的同侪关系，师生之间相互关心、共同进步的情感型师生关系，不断地实施人文关怀，在处理具体事务中，彼此多一些情感上的理解、包容与支持。将那些人文性、发展性、内质性的评价纳入组织文化之中，尤其是要重视教师道德生活的情感维度对其工作的积极促进作用，为教师创造更优质的情感－人文环境，助力他们道德生活的实现。

三是充分相信乡村教师道德生活的力量，形成良好的组织文化保护教师、激励乡村教师。教师职业属性决定了他们一直都是在用心做创造性的工作。他们善于从学校的实际出发，从教师、学生的实际出发去工作。因此，我们要充分相信乡村教师自我教育的能力。管理者应该善用教育管理的智慧，形成良好的组织文化以保护教师、激励教师。只有在可以沉下心做教育的组织文化氛围里，教师才能拥有相对宽松的小环境、拥有道德生活的力量和职业的自信心，学校也会拥有良好的秩序和有温度的师生关系。

（三）教师教育层面

一是要转变乡村教师教育观念，由"内在价值"系统出发，从生命根部"浇水"。乡村教师培训首先要来源于他们的生活、符合他们自身的情况、基于他们的真实现状，尤其要弄清楚他们的所思所感所期许。同时，我们还要对其主体性有深刻的理解，珍视他们生命体验中不断被唤醒或是自主创造的契机，充分认识到促成其道德生活的"内在价值系统"的重要价值。

---

① 朱小蔓：《提升教育质量：关爱教师，创造更加人文的教育环境》，《生活教育》2016 年第 13 期。

我们需要转变他们的教育观念，使其避免城市文化的大量侵蚀以及对城市校经验的囫囵吞枣。对待他们，更需要摒弃教育技艺的粉饰，要肯放得下"架子"、拿得出关心、舍得出情感，要从他们真实的生活出发，从生命的根部"浇水"。

二是探索"情感－人文型"乡村教师德育课程体系。从生命"内在价值"系统出发，关注乡村教师道德生活的实现，需要"情感－人文型"教师德育课程体系的支持与指导。第一，要深入挖掘那些与乡村教师生命"内在价值"系统密切相关的教育资源和课程模式，形成情感性德育课程模块。让从事乡村教育的师范生首先具备教师道德敏感性与教师情感自觉的能力，教师通过情感教育拥有对道德生活的自觉力、自信力与支持力。第二，要设置针对特殊时期尤其是在转型社会中的乡村儿童的情感德育的课程。将乡土文化、乡土情结、乡村儿童心智发育特点、留守儿童情感特征与心理状况以及乡村家庭教养方式等与乡村儿童教育密切相关的内容纳入乡村儿童校本课程体系中。

三是珍视并呵护乡村教师职后教育中的道德生活体验与生命经历。谈到乡村教师的职后继续教育，我们往往忽视了他们自身的实践智慧或自我经验。因此，我们要珍视并呵护乡村教师与我们分享的每一次生命叙事，尊重他们在其中表达的真实体验，用欣赏的眼光和包容的心态去看待他们生活中的欣喜、愉悦、疲惫、抱怨、无奈、苟且、踏实、坦然……，无论是何种不如人意或事与愿违，我们要有聆听的勇气和对他们人格的尊重。除此，我们还要多创造关于他们生命情感叙事、道德生活分享的工作坊或心灵交流的机会、平台，多倾听他们的心里话，替他们着想，为他们说话，给他们办事，成为他们心灵的温馨港湾，珍视呵护并鼓励他们点滴的成长和进步。

乡村振兴背景下农村中职教育发展的现实困境及其破解路径

李兴洲　侯小雨*

摘　要：当前，我国农村中等职业教育面临"空心化"——农村中职教育发展基础薄弱，"普教化"——农村中职教育办学定位不明，"内卷化"——农村中职教育发展模式僵化等诸多现实困境。在乡村振兴战略实施所带来的人才、技术与文化机遇面前，我国农村中职教育需通过城乡融合以助力农村生计恢复力提升、明确定位以提升农村中职教育吸引力、扩容提质以探索农村中职教育新模式等路径突破当前发展藩篱，助推乡村振兴进程。

关键词：乡村振兴　中职教育　农村职业教育

农村、农业和农民问题历来是党和国家关注的重大问题，党的十九大着眼于实现"两个一百年"的奋斗目标，提出的实施乡村振兴战略，成为新时期建设中国特色社会主义的重大决策。职业教育作为一种不同于普通教育的教育类型，在乡村振兴中被赋予了新的历史使命，不仅承担着基本的教育功能，技术的传播和创新、优秀乡村文化的传承与发展

---

* 李兴洲，北京师范大学教育学部教授，研究方向为职业教育原理与教学实践；侯小雨，北京师范大学教育学部 2019 级博士研究生，研究方向为职业教育原理。

等功能，而且在培养新型职业农民、培养农村各领域的专业人才、提升农村居民整体素质方面发挥着无可取代的作用。① 2018 年中共中央、国务院发布《中共中央 国务院关于实施乡村振兴战略的意见》，更加明确地提出要加强农村职业教育发展，培育新型职业农民，满足乡村产业发展和振兴需要。农村中职教育作为农村职业教育的重要组成部分，理应充分发挥自身优势，成为推动乡村振兴的重要力量。置身于乡村振兴战略大背景下，我国亟须明确当前农村中职教育发展的现实困境，进而提出新时期我国中职教育发展的破解路径，助力农村中职教育真正成为乡村振兴的助推器。

一　乡村振兴背景下农村中职教育发展的现实困境

（一）"空心化"：农村中职教育发展基础薄弱

二元教育制度导致包括农村中职教育在内的农村教育发展基础薄弱，且由于城乡之间的割裂，农村中职教育逐渐表现出"空心化"的发展困境。

一是农村中职教育存在供需结构失调的现实困境。从需求方面来说，城市在公共产品供给方面占有绝对优势，农村人口倾向于以城市为中心进行就业选择，滞留农村的人口大多是丧失劳动能力的老弱病残群体，农村"空心化"问题突出，人口缺失导致农村中职教育陷入无主要需求群体的困顿局面。从供给角度来说，农村中职学校所能提供的教育资源和教育机会有限，无法面向农村经济社会发展提供有效的教育和培训服务。此外，由于当前农村滞留群体的特殊性，对传统的中职教育需求较小，使得农村中职教育缺少发展基础。

---

① 覃兵、何维英、胡蓉：《基于乡村振兴战略的农村职业教育问题审视与路径构建》，《成人教育》2019 年第 8 期。

二是农村中职教育存在优质资源匮乏的现实困境。改革开放以来，我国实施重点学校制度，重点学校优先发展导致我国的优质教育资源，包括办学经费、师资力量、基本条件等均向城市倾斜，农村中职教育在争取办学资源方面处于弱势地位，同时，高等教育优先发展导向加深了人们对中职的轻视，致使农村中职教育在一定程度上沦为普通教育的补充，结果成为许多学生无法升入高中之后的无奈之选。

（二）"普教化"：农村中职教育办学定位不明

受我国长期以来"重普教轻职教"观念的影响，我国农村中职教育在办学和发展过程中忽略自身办学定位，表现出"普教化"倾向，人才培养也逐渐丧失"职业性"和"农村性"，将农村中职教育办成了"升学教育"，直接影响了我国农村中职教育的特色发展。通过调查得知，当前农村地区的职普比在很多地区已经跌破了40%。[①] 为了自身的生存与发展，许多农村中职学校逐渐走上"普教化"的办学道路，以培养学生升学考试能力为主，忽视了对学生职业技能的培养。在走访调研过程中，有一些农村中职校长无奈地说："我们学校将学生划分为就业班和升学班，但就业班的学生就业率底，就业对口度差，而升学班的学生可以对口升学，获得更高的学历，所获得的工作机会也相对较多，大家当然更愿意选择升学这一途径。"

此外，农村中职教育专业设置逐渐呈现"去农化"特点。当前许多农村中职学校为了适应市场需求，盲目开设一些新兴的热门专业，与当地的特色产业对接不畅，难以为当地产业经济发展提供支撑和后续动力。同时，新兴热门专业大多是非农专业，与农村经济社会发展相隔甚远，所培养的人才无法为当地农业发展服务，更难以支撑乡村振兴的实现。

（三）"内卷化"：农村中职教育发展模式僵化

内卷化一词最早出自美国人类学家吉尔茨，指一种社会或文化模式在某

---

① 数据来源于课题组面向浙江、河北、河南三地发放的农村中职教育发展问卷。

一发展阶段达到一种确定的形式后，便停滞不前或无法转化为另一种高级模式的现象。黄宗智把内卷化这一概念用于中国经济发展与社会变迁的研究，称没有发展的增长为内卷。[①] 农村中职教育由于办学定位不明、资源缺失等问题，形成了相对固化的发展模式，陷入了"内卷化"的发展困境。其一，农村中职教育在适应当地农村产业发展需要的人才培养上存在较大缺口，无法满足当地经济社会发展对于农业人才的需求。其二，农村中职教育人才培养模式较为单一。当前，农村中职学校大多仍然以"课堂讲授＋企业实习"的模式进行人才培养，无法真正做到理论与实践相结合，直接影响农村中职学校的人才培养质量。其三，农村中职学校学籍挂靠现象愈演愈烈。随着国家对"职普比"要求的进一步严格，许多农村中职学校寻求到"挂靠学籍"这一生源增加方式。长此以往，农村中职教育将彻底沦为"空架子"，失去长远发展的基本动力。

二　乡村振兴背景下农村中职教育发展的关键机遇

（一）人才机遇

人才振兴是乡村振兴的基础和前提。乡村振兴战略的实施为农村中职教育提供了后续发展的人才机遇，具体可从人才需求和人才供给两方面展开论述。

从人才需求角度而言，乡村振兴战略的实施促使国家宏观政策与惠民导向不断向农村地区倾斜与辐射，进而导致农业新业态的蓬勃发展。农村新兴产业的发展对于职业教育与培训的需求空前增加，为我国农村中职教育提供了广阔的发展空间。从人才供给角度而言，中职教育可以根据当地农村产业发展的实际需求，为乡村振兴培养、输送大批农村实用人才。由于农村中职学校的生源大多来自本地区和邻近地区，毕业生或结业生也大多会选择在本

[①] 〔美〕黄宗智：《长江三角洲小农家庭与乡村发展》，中华书局，2000。

地区或邻近地区就业，从人才贡献率的角度来说，农村中职教育亦具有其他教育所不具备的优势。

（二）技术机遇

农村中职教育拥有多种学科的技术技能人才和技能实训中心，是许多技术的孵化与转化基地，可在一定程度上为农村经济社会发展提供技术支持。相关数据显示，当前我国农村农业机械化率自 2004 年以来逐年稳步上升[①]，农业生产已从之前主要依靠人力畜力转向主要依靠机械动力，进入了机械化为主导的新的历史阶段。同时，随着互联网在国内的普及和发展，"互联网＋乡村"已成为一种农村数字经济发展新模式。[②] 从学校层面来说，农村中职学校可以真正成为技术的孵化与转化基地，并为农村经济社会发展提供技术支持。一方面，中职教育可通过产教融合、校企合作，实现与农村经济接轨、与涉农企业结合，通过相关学术研究、项目开发，孵化出促进农村经济社会发展的先进技术与专利，直接应用于实际。另一方面，农村中职教育可以通过将最新的科学技术和科技成果融入培训之中，提高农民对最新技术的理解与应用能力，进而转化为实际的劳动生产力，为农村经济社会发展做出贡献。

（三）文化机遇

文化振兴作为乡村振兴的一个重要组成部分，是乡村振兴的重要精神支撑和铸魂工程。农村中职教育作为与农村经济社会联系最为紧密的教育类型，可以通过知识传递、技能传承、文化影响等多种方式，提升学生对乡土文化的认同感，推动优秀文化在社会上的广泛传播。农村中职教育在继承和弘扬中华优秀传统文化方面，具有天然的地理优势，它与乡村文化处于同一

---

① 方师乐、黄祖辉：《新中国成立 70 年来我国农业机械化的阶段性演变与发展趋势》，《农业经济问题》2019 年第 10 期。

② 朱德全、石献记：《职业教育服务乡村振兴的技术逻辑与价值旨归》，《中国电化教育》2021 年第 1 期。

片农村空间之中，可形成中职教育助力乡村文化振兴的空间界域。农村中职教育可通过直接的文化宣讲、村校共建等形式，将乡土文化直接引入学校之中，农村中职学校可以发挥自身教育优势，培养农村文创型人才，让本地区的非遗文化、民族服饰、绿色产品形成品牌效应，进一步打造乡村特色文化产业。由此可见，农村中职教育应借乡村振兴战略所带来的文化东风，走特色化发展路径，突破自身发展藩篱，由"内卷化"发展向"特色化"发展转变。

三　乡村振兴背景下农村中职教育发展的破解路径

（一）城乡融合，助力农村生计恢复力提升

当前农村中职教育发展基础薄弱的问题大多是由城乡二元结构所导致，在新时期乡村振兴战略实施的大背景下，农村中职教育应走城乡融合发展之路，突破城乡二元教育困境，实现城乡中职教育的均衡发展，助力农村生计恢复力的提升。

其一，要以法律法规的完善奠定农村职业教育发展基础。破解城乡二元教育结构需通过上升至法律法规层面的国家意志来保证农村中职教育的发展。一方面，要健全农村中职教育法律法规，从法律层面落实职业教育作为类型教育的法律规定，并在《中华人民共和国职业教育法》中增加有关保障农村中职教育发展的法条，促进城乡中职教育特色发展。另一方面，建议健全与农村中职教育相关的法律法规，如教育法、教师法、学位条例等，为农村中职教育发展提供法律体系支撑。此外，建议通过法律形式确定农村中职教育发展的补偿性政策。在招生就业、技能培训、资源配置等方面，明确对农村中职教育的支持力度，缩小其与城市中职教育之间的差距。其二，要加大对农村中职教育办学经费的投入。建议中央政府加大对农村中职教育的公共财政投入，可适当以高于城市中职学校的经费投入水平，来弥补农村中职教育与城市之间的差距。同时，鼓励有条件的地方政府通过设立专款账户

增设农村中职教育经费。此外，可通过一些税收减免和其他优惠政策调动社会其他主体投入农村中职教育的积极性，保证农村中职教育的快速、稳定、健康发展。

（二）明确定位，提升农村中职教育吸引力

针对当前农村中职教育"普教化"倾向明显的问题，须在明确农村中职教育办学定位的基础上，综合考虑所面向群体的实际教育需求，服务于新时期农村、农业、农民发展，提升农村中职教育的实际吸引力，助力乡村振兴战略的实施进程。

首先，要明确农村中职教育的办学定位。农村中职教育在一定程度上要兼顾就业和升学两方面的教育需求。建议将农村中职教育的办学定位确定为"服务多元主体职业发展"，即在类型教育的基础上，满足包括适龄学生、新型职业农民、退伍军人等多元主体的职业发展需要。一方面兼顾满足职业发展中的学历提升需要，另一方面也应保证满足职业发展中的职业技能需要。其次，要面向农民群体的实际就学需求，制定适当的培训方案和实践计划，帮助他们在短时间内成长为实现乡村振兴战略所需的新时代农民。最后，要强调服务"三农"的价值取向。农村中职学校作为农村实用人才培养培训的主要办学机构，应将服务"三农"定为办学初心，将助推"农业强、农村美、农民富"作为办学价值取向，以培养新型职业农民、提高返乡创业人员的技能水平等为己任，为乡村振兴的实施提供优质的人力资源和技术支持。

（三）扩容提质，探索农村中职教育新模式

基于服务乡村振兴的新使命，农村中职教育需突破自身发展障碍，破除"内卷化"倾向，走"扩容提质"之路，通过供给侧结构性改革和特色的专业群建设等具体措施，探索农村中职教育新模式，推动农村中职教育向更高层面发展。

其一，从农村中职教育供给侧改革出发，推动农村中职教育供需对接。

面对当前农村中职教育供需结构失衡的问题，建议改变办学思路，在结合农村经济产业发展需求和学生需求的基础上，合理调整自身的专业布局，使其与地方经济社会发展相适应。同时，建议丰富农村中职教育形式，可通过开展成人技能培训和社区教育，增加中职教育供给，将中职教育办到田间地头、办到村镇街道，可直接面向农村人口的现实所需，进一步提高农村人口的综合素质。其二，重视农村中职教育涉农专业群建设，探索农村中职人才培养新模式。农村中职学校应充分发挥自身办学优势，将一些与农村经济产业融合发展联系较为紧密的优势专业、特色专业在教学内容上进行优化调整，加强专业群类建设，为乡村振兴提供人才保障和技术支持。同时，农村中职教育应实行灵活的农村人才培养模式，把教育活动和真正的农业生产实践联系起来，不拘泥于教学课堂的实际表现形式，帮助新型农业经营主体掌握切实有用的农业技能。此外，农村中职教育还应充分利用信息技术的优势，灵活开展教学活动，可将教学资源上传至云端，供时间较少的学习者下载使用，满足不同学习者的多种学习需求。

乡村音体美教育：困境、创新及建议

刘胡权　龚瑜[*]

摘　要： 乡村教育是国家振兴的基石，事关中国教育的未来。当前，乡村教育仍是中国教育的短板，面临着地位孤立化、资源稀缺化、关系断裂化、生态危机化等问题。受此影响，乡村学校开展音体美教育也面临观念落后、师资短缺、课时有限、设施缺乏等问题，使得乡村音体美教育不受重视、质量不高。国家、地方政府及部分乡村学校、公益组织等发挥各自优势，做了相关的探索创新。面向 2035 年，发展乡村音体美教育需要加强考核评价，重塑育人观念；完善制度设计，缓解师资短缺；加强教师教育，提高专业能力；发挥区域优势，挖掘乡土资源；打通各维边界，促进各类资源的深度融合。

关键词： 乡村　音体美教育　五育并举　素质教育　美育

一　乡村音体美教育的重要意义及价值

（一）音体美教育是"五育并举"的重要组成部分

"五育并举"并不是一个横空出世的新概念，它经历了特殊的历史演

---

* 刘胡权，博士，北京教育学院副研究员，主要研究方向为乡村教育、教师教育、传统文化教育等。龚瑜，北京新艺动社会工作发展中心创始人、理事长。

进，是近代以来我国教育理念经过不断实践、反思与修改而形成的一种价值共识，它汲取了"人的全面发展"以及全人教育、终身教育等教育思想内涵，是实现德智体美劳全面和谐发展的教育。

19 世纪末，严复提出了"鼓民力（体育）、开民智（智育）、新民德（德育）"的"三育并举"思想；20 世纪初，王国维从人的个体发展角度出发，提出了德、智、体、美"四育统合"思想；民国时期，蔡元培对严复、梁启超以及王国维等的教育思想进行了整合，提出了"军国民教育（体育）、实利主义教育（智育）、公民道德教育（德育）、世界观教育、美感教育（美育）"的"五育并举"思想；张伯苓主张德智体"三育"并行并进、全面发展，还"特别注重于人格教育，道德教育"；梅贻琦对蔡元培"五育并举"教育思想进行了继承和发扬，提倡"德、智、体、美、劳、群""六育并举"，并在长期担任清华大学校长期间对学生进行"知""情""志"的统一和"全人格"的培养。"五四运动"期间，杨贤江汲取了马克思主义关于"人的全面发展"理论精髓，提出在品行、智慧、健康、劳动、审美五个方面全面发展，做到"五育并举"。

新中国成立后，党和国家领导人以及各级教育主管部门遵循全面发展的教育方针，不断探索关于人的全面教育问题。毛泽东提倡"德、智、体""三育并重"，"德智体"全面发展便成为我国人才培养的具体标准，长期引导着学校的教育教学工作。培育"四有"新人是社会主义建设时期我国教育的具体遵循，邓小平指出："坚持五讲四美三热爱，教育全国人民做到有理想、有道德、有文化、有纪律。"培养德智体美等全面发展的社会主义建设者和接班人成为 20 世纪初我国教育改革和发展的目标，1999 年，江泽民强调："使德育、智育、体育、美育、劳动技术教育和社会实践等方面相互渗透，培养德智体美等全面发展的社会主义事业建设者和接班人。"这是第一次将"美育"正式纳入素质教育，提出了德、智、体、美"四育全面"发展的教育方针。

党的十八大以来，以习近平总书记为首的党中央高度重视教育的全面发展，新中国成立以来第一次将德智体美劳上升到党和国家教育方针，将原来的"四育并举"（德、智、体、美）提升为"五育并举"（德、智、体、美、劳），赋予了我国教育全面发展新内涵。2019 年，《中国教育现代化2035》提出要"更加注重学生全面发展，大力发展素质教育，促进德育、智育、体育、美育和劳动教育的有机融合"，明确提出了"五育并举"的教育发展目标。2019 年 7 月 8 日，中共中央、国务院印发《关于深化教育教学改革全面提高义务教育质量的意见》，其中提出坚持"五育并举"，全面发展素质教育。2020 年，中共中央办公厅、国务院办公厅先后印发《关于全面加强和改进新时代学校美育工作的意见》《关于全面加强和改进新时代学校体育工作的意见》等重要文件，将"五育并举"的要求进一步落地。

然而，在推进国家教育治理体系和治理能力现代化进程中，由于受传统价值观念和社会环境等因素影响，教育领域还存在一些现实困境，诸如"应试教育""五唯至上"等弊病依然没有彻底根除，"五育"中还存在着短板和弱项，造成"五育"之间相互割裂和不平衡、不协调发展等问题依然存在，制约了人的全面发展。综述已有的研究，主要存在以下问题。

一是"五育"之间存在失衡。"唯分数"依然存在，表现为"长于智、疏于德、弱于体美、缺于劳"，重智育，忽视德育，体育、劳育、美育缺失，而智育独大。

二是"五育"之间失联。德智体美劳"五育"之间本来应该是相辅相成、彼此共存、不可或缺的有机整体。教育本身就是整体发生的，不存在所谓的单独德育、单独智育或单独体育等某一孤立的教育实践活动，但在实际教育工作中，"五育"常常被分割、被隔离，出现"五育"之间相互不联系状态。

三是"五育"之间融合不充分。德智体美劳分别代表着"善真健美实"五种不同的教育价值追求，其中健和实为教育的手段价值，而真、善、美为教育的终极价值，它们本应和谐统一在一起，共同实现完整的、全面的教育宗旨，但在很多情况下"五育"并没有得到充分融合发展，尤其是德体美劳"四育"遭遇弱化。

针对当前教育过程中出现的"五育融合"失衡、失联及融合不充分问题，加强音体美教育，探索融合的共同点、路径及机制等，实现从"五育"失衡，到"五育"并举，再到"五育"融通、"五育"共生和"五育"共美这一过程，最终完成培养德智体美劳全面发展的社会主义建设者和接班人这一根本目标，具有重要的意义和价值。

（二）乡村音体美教育是全面实施素质教育的关键

乡村教育是整个国民教育的基础。面向 2035 年，即使城镇化率达到 80%，依然有 2/3 的人口在乡村，国家及其教育现代化的关键还在乡村。[①]实现国家及其教育现代化必须振兴乡村及其教育，实现乡村及其教育现代化，必须全面实施素质教育，构建"五育"融合的教育体系，这关系到每一个乡村儿童身心的全面发展。

现实中的乡村教育是朱自清先生所言的"跛的教育"[②]。人们似乎只看重语文、数学、外语、物理、化学、历史、地理等，而不关注体、音、美的学科价值。实际上，正如前文所言，德、智、体、美、劳五育之间是相互依存、相互促进、相辅相成的，每一个方面的教育都包含其他各方面教育的成分和内容。如果某一个方面的教育受到损害，必然影响或损害其他方面教育的效果。比如：对美的追求是音乐的精神灵魂，也是德育的最终目标，是"人的发展的基本力量"（杜威语）；而美术中的绘画包括大量几何线条和图形，是智力教育的延伸；体育不仅能够增强青少年的体质，而且能够培养他们热爱国家、热爱集体、团结协作的精神，饱含着德育的功能。因此，为学生提供的教育必须是使学生获得全面发展的教育，而不仅仅是智育，即"跛的教育"。"跛的教育"只能使人获得"跛"的发展。

乡村音体美教育对培养德智体美劳全面发展的人、对实施全面素质教育和全面提高教育教学质量都很重要。近几年来许多县市及其学校招聘音体美教师的比例大多占招聘教师总数的约 1/3，有的县市及其学校招聘音体美教

---

① 郝文武：《论为振兴乡村教育着力培养更多具备音体美教学素质的全科型教师》，《教师教育研究》2020 年第 4 期。
② 朱自清：《朱自清全集》（第 4 卷），江苏教育出版社，1996。

师的比例甚至达到招聘教师总数的一半。这充分说明乡村学校音体美教师的短缺程度和对音体美教师的需求程度。而且招聘音体美教师都有特别或专门的广告，这说明音体美教师的特殊性和招聘的困难性。这还只是规模型学校所需的专门型音体美教师，小规模学校所需的具有音体美素质的全科型教师更多。[①]

音体美教育之所以如此重要，是因为它有如下积极作用：丰富表情，促进儿童积极情绪的增长；修复亲情，促进家庭关系的和谐；平复心情，促进安全感的强化；点燃激情，促进学习能力的升级。音体美课程的开设能有效地培养留守儿童具备适应终身发展和社会发展所必需的品格和特定的能力，为实现留守儿童终身发展奠基。

二 乡村音体美教育的困境

乡村学校是开展音体美教育的主阵地，是乡村最为重要的文化机构。音体美教育主要依托乡村学校及其课堂教学展开。然而，现实中音体美教育是基础教育的薄弱环节，乡村学校开展音体美教育面临诸多困境，除存在缺乏上述对音体美育人功能的认识之外，师资队伍仍然缺额较大，停上、挤占、应付音体美课程，缺乏音体美学科教育教学评估机制等较为普遍。

（一）观念落后，不受重视

乡村地区的学校对美育、体育、劳育不够重视，甚至存在偏见。受应试教育的影响，教师无法摆正其他四育与智育之间的关系，在实际教学过程中将艺术课、体育课置于边缘位置。家长们对体美劳教育的偏见更甚，观念还停留在"美育不过是吹拉弹唱""体育容易让孩子受伤""劳动教育会给孩子增加负担、影响学习"的层面，认为体美劳教育与升学无关，没有充分

---

① 郝文武：《论为振兴乡村教育着力培养更多具备音体美教学素质的全科型教师》，《教师教育研究》2020 年第 4 期。

认识到其对孩子综合素质发展的作用。同时，一些山区的家庭经济条件比较差，家长更希望孩子通过学习实现阶层跨越，希望孩子考上好大学，改变自己的家庭境况，因此家长只能将有限的资源和精力投入回报率更加明显的语数外"主科"学习中，在这样的理念下，家长难以支持学生接受更多的体美劳教育。

受此观念影响，教育行政部门没有完整的、可操作性的监督和评价办法。一些乡村的教育管理者虽然为了贯彻国家的教育方针形式上开设了这几门课，但在实际管理中却对之颇为轻视。尽管每一所学校都有针对每一门课程的评价标准，但在实际操作中只是任凭任课老师随便给学生打个分数应付一下，把主要精力用在语、数、外这几门在升学考试中占有举足轻重地位的课程教学管理上。至于那些缺乏相关师资的学校，学校管理者要么让其他专业教师兼任，要么把这几门课改为语、数、外或自习课，这几门课程也就变成名副其实的"副课"。因此，部分教育行政部门和学校管理者的轻视是音体美教学被弱化的原因之一。

（二）师资短缺，素质不高

由于城乡义务教育的长期非均衡发展，音体美专职教师基本上严重短缺。近几年教育部增大师资配备，并利用特岗计划，专门向音体美教师倾斜。但乡村偏远地区学校的音乐、美术教师十分缺乏。调查显示，"乡村地区学校平均每校只有 0.59 名音乐教师，0.49 名美术教师"[①]。宁夏泾源县 2019 年招聘中小学编制外教师 83 名，其中高中 23 名，初中语文、数学、英语、物理、历史和体育等 9 名，小学语文 20 名、数学 16 名、英语 2 名、美术 3 名、音乐 3 名、体育 5 名、信息技术 2 名共 51 名，音体美教师在当年招聘小学教师中占 21.6%。[②] 教育部办公厅《关于 2018 年农村义务教育阶段学校教师特设岗位计划实施情况的通报》也显示，音乐、美术等紧缺学科岗位报名

① 涂皓：《农村艺术教育调查》，《教育》2015 年第 13 期。

② 郝文武：《论为振兴乡村教育着力培养更多具备音体美教学素质的全科型教师》，《教师教育研究》2020 年第 4 期。

人数较少。中国艺术教育促进会、清华大学中国经济社会数据中心 2016 年发布的《全国义务教育阶段美育师资状况分析报告》指出，中西部地区相较东部地区缺口更大，"若要使各个省份都能满足最低开课目标的需求，全国尚缺美育教师 45566 名"。绝对缺额主要分布在乡村学校，其中广西、青海、甘肃、江西、河南、海南等省、自治区，美育教师缺编超过 50%。①

在乡村教育体系中，由于中小学的乡村教师往往是一专多能，尤其是音体美这样的不具有考核要求的课程，多数是由其他教师兼任或是很少开设，乡村中小学音体美教师队伍的质量整体性不高，而且专业化的教师数量很少。2020 年 5 月，21 世纪教育研究院进行了一次关于乡村美育教师培训需求的调查，在广东省 7 个市级以下乡村学校调研了 1719 位教师，其中受访者中有 43.86% 的教师近 3 年未参加过培训。这份调查问卷显示：教师对自身美育工作能力提升的热情还是较高的，分别有 74.17% 和 73.47% 的教师希望能够"获得新的理念和教育教学案例"和"获得适用的新知识"；有 64.11% 的教师希望获得"可以在工作上应用的有效技巧或技术"；24.6% 的教师希望"理顺教学工作中的一些模糊概念"；另分别有 14.72% 和 11.75% 的教师希望"帮助对过去的工作进行总结反思"和"结交志同道合的同行"。乡村音体美教育缺乏专业的教师队伍，缺少相应的理论基础以及教育理念基础，直接降低了音体美教育的质量，影响乡村素质教育的质量。

究其原因：一方面，音体美教师待遇以及生活保障措施不完善，教师的日常生活质量不高，无法吸引专业的教师人才参与到乡村教育中来，直接导致了教师队伍的更新换代速度无法满足乡村教育需求的变化，影响了乡村全面开展素质教育的措施；另一方面，乡村教师长期待在山区中，接触的信息资源有限，能力提升缓慢，教学模式和内容逐渐固化，教学观念落后于时代潮流。②

---

① 中国艺术教育促进会、清华大学中国经济社会数据中心：《全国义务教育阶段美育师资状况分析报告》，2016。
② 范先佐、郭清扬、赵丹：《义务教育均衡发展与农村教学点的建设》，《教育研究》2011 年第 9 期。

（三）课时有限，质量不高

许多乡村学校几乎不重视音、体、美三学科的教学。排课少是主要问题，教师抢课很常见。这直接导致了音、体、美三科目的教学时间少、学生不能完成基础知识的学习，以及学生不能获得专业能力的培养。抛开教师抢课问题，不少音体美学科教师也不能正确、有效地开展教学。比如，课堂氛围营造不明确、学生参与度不高等问题，这都直接影响着音、体、美三个学科的教学效率。以音乐学科来说，小学阶段的音乐教学要有相应的教材和明确的目标，教师的工作开展都应围绕新课改标准去执行。但是，乡村地区的教师常常将课堂作为学生的"听歌课"，让学生独自利用多媒体设备播放音乐。在这个过程中，教师并没有发挥出自己的作用，学生的学习积极性不高。

此外，为缓解师资力量不足现象，选择由语文、数学教师兼任音体美课程教师是乡村中小学通行做法。由于"专业本位"思想的左右，许多兼任教师存在任意停上、挤占、应付音体美课程现象，经常将音体美课程调整为语文课或者数学课，学生上音乐、体育、美术课的机会被人为减少。兼任教师虽自身对音乐、体育、美术有些兴趣，但是由于没有接受过音乐、美术、体育方面的专业素养教育，缺乏专业技能，在教法上显得非常无奈，教师无法指导学生掌握准确的专业知识，有课程无实效的教学现状普遍存在。学校也缺乏对音体美日常教学的监督，没有建构完整有效的音体美教学评估机制。对于兼课教师的评价，均以其主体教学情况为考核内容，所兼职的音体美教学情况未纳入教师综合工作情况评价之中，使教师在心理上更为忽视音体美教学。

（四）设施缺乏，使用率低

近年来，我国不断加大对乡村教育事业的投入，尤其是"十一五"时期开始全面实行乡村免费义务教育后，乡村地区教育设施建设得到了明显改善。尽管如此，由于基数大、底子薄，乡村中小学办学条件差、设施不足、资源分配不均等问题仍未从根本上改变，乡村教育经费投入与城市相比仍然严重失衡。有调查指出，我国 80% 的西部农村学校没有专门的音乐教室或音乐活动场所，美术教学场地也十分缺乏，也没有石膏像、画架等设备，体育馆、塑胶跑道等更成了"奢侈品"。①

第一，音乐教学的开展主要围绕乐器，与城市地区学校音乐器材齐全相比，不少乡村小学只有电子琴和小提琴等单一设备。这在阻碍教学开展的同时，严重削减了学生个性化教育和对学生音乐素养的培养。第二，乡村体育课堂以学生的自由活动为主，没有办法提供一定的体育器材供教师开展多样化的体育教学。第三，乡村小学美术的材料以水彩笔和蜡笔为主，材料的限制会阻碍该学科开展多样化的教学。

三 乡村音体美教育的探索创新

尽管乡村音体美教育面临上述诸多困境，仍有一些力量在努力突破已有的困境，寻求一些改变创新。这种勇于探索、寻求多元发展可能的精神值得我们学习借鉴。

（一）国家、地方政府及部分乡村学校的探索

2019 年，教育部启动实施"体育美育浸润行动计划"，依托高校体育美育教师和学生力量，为本地区特别是革命老区、民族地区、边疆地区、贫困地区和广大乡村地区的中小学校体育美育课程教学、社团活动、校园文化建设、教师培训等提供持续性的定向精准帮扶和志愿服务，推动中小学体育美育日常化、多样化、特色化发展，切实提高教学水平和教育质量，努力让每一个学生都能享有公平而有质量的体育美育教育。

2020 年，中央文明办三局、教育部思政司、教育部体卫艺司、文化和旅游部艺术司、新华社全媒编辑中心和中央音乐学院联合开展"美育云端

---

① 杨胜慧：《西部农村贫困地区学校音乐教育困境探因》，《中国成人教育》2010 年第 20 期。

课堂"，面向全国各级各类学校和广大青少年推出"五个一百"计划——包括百部红色经典优秀剧目展播、百所高校音乐党史系列活动展演、百所中小学音乐美育教育成果展播、百名小小音乐党史讲解员、百名新时代文明实践文艺宣讲骨干培训。活动以美育云端课堂的形式为主，线下现场演出宣讲并行，线上线下相结合的方式开展，内容丰富、形式多样，是音乐美育深入青少年心灵、走进公众的一次创新实践。

为破解乡村学校艺术教育专业教师短缺问题，提高种子教师美育课程的教学能力，开足开齐开好学校美育课程，广东清远市先行先试乡村学校"全科美育"，让文化和艺术一家亲。将乡村学校艺术专业师资的短板转化为全科发展的潜力板。全科美育课程将美术、音乐和语文、数学、英语进行了深度融合，使得语文、数学、英语的课堂更具活力，提升学生的学习兴趣。

部分乡村学校结合区域民俗特色，开设特色课程或社团。例如，河南滑县小规模学校联盟小田小学引进传统的民族运动项目——抖空竹，这成为学校的特色课程。昆明市官渡区白汉场中心小学的毕首金老师为解决校内体育器材缺乏的问题，自制了 108 种 10000 余件体育教具，烧火棍、废电线、破轮胎、塑料瓶、旧铁丝、PVC 管……都是他眼中的宝贝，经过一阵捣鼓，就能变成一件件像样的体育器材。

（二）公益组织干预乡村音体美工作的实践探索：以美育为例

2019 年，国内八家公益机构发起成立"乡村儿童美育公益行动网络"，搭建了推动行业交流与发展的平台。他们致力于通过网络机构的协作与联合行动，共同促成乡村儿童美育实践的专业化发展与资源整合，联合多方力量共同发声，传播美育理念，促进公众参与，倡导一个更加有利于乡村儿童美育发展的生态环境。2019 年 11 月，广东省时代公益基金会成稿了《田间花开一朵朵——乡村美育领域公益行动扫描报告》，并于 2020 年 4 月发布，这可以视为美育公益行业系统性审视自身工作领域生态环境与发展态势的开端。浙江致朴公益基金会 2020 年 6 月发布的《乡村儿童美育公益领域扫描报告》显示，截至 2020 年 3 月，据不完全统计，仅以视觉艺术教育方式开展美育的项目就有 79 个。同时，我们也欣喜地了解到乡村儿童美育工作的质量，在局部也有着不输于城市教育的亮点，可见这股新生力量发展的势头和成效。

纵观目前公益组织干预乡村儿童美育工作的策略，主要有提供教学内容、培养乡村美育教师、艺术支教、夏令营、艺术家驻留、物料支持、美育空间打造、社区陪伴、传播倡导、县域美育生态构建等。我们可明显看出，公益资源由传统的物料支持转变为更多关注人的改变，有的直接服务于学生，有的服务于在地教师。

1. 提供面向乡村儿童的美育教学内容

各类项目中有超过 60% 选择了线上线下课程或教学产品的分发，重点回应乡村学校因师资力量不足艺术课开不起来或质量不高的问题。有的课程侧重改善教学策略，有的侧重教学内容要与儿童生活相关、课程本土化，有的直接指向强化艺术课程的美育性，有的侧重艺术教育与其他学科的整合，有的侧重运用标准化的教学产品降低非专业教师参与的门槛。例如：阳光未来艺术教育基金会"爱的启蒙"儿童美育创新公益项目、深圳市罗湖区艺启梦想公益服务中心"艺启梦想"课堂，是侧重于关注儿童情感发展的艺术课；上海真爱梦想公益基金会的"艺术生活"美术课，注重与学生日常衣食住行内容的结合；广东省岭南教育慈善基金会的"童绘盒子"以挖掘和传承乡村本土文化为特色，追求相同目标的上海浦东新区禾邻社区艺术促进社《呜哩哇啦的语文书》进一步强调语文学科和乡村自然与人文的结合。

公益项目资源能关注到教育系统规定的学校教育内容，更好地满足了老师日常工作本身的需要，且改善了教学策略、延展了课本内容。支教中国 2.0 与北京新艺动社会工作发展中心联合发起的"乡村校远程艺术统整课程"，进一步从部编版语文教材单元课文中提取大概念研发艺术课，以概念为本的课程设计让原本就身兼多门学科教学的村小老师们看到了学科间的关系，使学科融合有了可能。除了关注填补和提升课内艺术课外，还有一些项目主要为课后社团活动提供内容，如友成企业家扶贫基金会—益教室的"P＋1课程"。艺术表现形式除了传统的绘画、手工外，还有成都微扬社会工作服务中心的摄影课程、武汉市武昌区种太阳社会发展与创新中心的夏令营主题工作坊等，这些都丰富了视觉艺术领域的表现形式。相比很多机构运用自身专业力量研发课程内容支持在地教师，浙江致朴公益基金会传统节日美育课程是与乡村教师共同研发的成果，广东省廖冰兄人文艺术基金会"人文艺术课程"也是邀请当地社工一起设计的基于在地人文资源的艺术课程。

2. 美育教师培养

超过60%的美育项目是通过乡村教师群体实施，同时有60%的被访项目选择了教师培养的干预策略。广东省时代公益基金会发起的时代中国"田埂花开"在地教师孵化项目，通过孵化乡村音体美教师，为乡村学校培育一支稳定的师资队伍，以改善乡村学生的素质教育现状。该计划主要由前期调研、集中培训、线上教研、持续的教师发展支持等工作组成，在经历孵化阶段之后，给予符合条件的种子教师以教研资金的支持，帮助他们进阶，同时也鼓励他们与更多的在地教师分享，开展二级培训，层层扩散。

广东长江公益基金会的"苔花开"乡村美育教师培育计划、广东许钦松艺术基金会"乡村美术教师培育计划"等，都是很典型的以支持教师能力成长为核心的美育公益项目。其他支持教师发展的项目都会结合面向乡村儿童的美育教学内容的使用，做配套系统的教师培训计划，也对在地教师能力成长起到了积极的作用。一公斤盒子公益创新机构2013年起研发"创育者盒子"，并启动"创育者计划"，通过一系列课程研发的模板和工具卡带领乡村学校老师围绕身边的素材进行课程共创，生长出一系列乡土特色的课程，其中不乏具有美育性的内容。"创育者计划"同时也为教师规划了四个成长阶梯，从仿效开始，期待最终能自成风格。在澳门同济慈善会的资助下，全国乡村儿童美育公益行动网络也在积极推进乡村教师美育能力素质模型的开发，希望能探索出更科学有效的乡村美育人才培养路径。

3. 志愿者支教

有些机构通过选拔或招聘有一定专业背景的志愿者、艺术家或师范生进入乡村学校担任美育教师。有的支教是线下长期驻扎或定期前往，有的是通过互联网的方式远程参与。广东时代公益基金会发起的时代中国"田埂花开"艺术素质支教项目通过邀请有音乐、美术、体育特长的青年志愿者加入，用1年的时间沉浸于乡村，为当地的孩子们开展优质的艺术素质教育，同时通过教学实践和公益实践，遇见人生的另一种可能。此外，深圳市罗湖区艺启梦想公益服务中心"和山里孩子艺启梦想"、深圳市传梦公益基金会"资教工程"、广东省乐道公益助学促进会等都是专门招募艺术专业志愿者长期驻地支教的项目。中华思源工程扶贫基金会——新浪扬帆公益基金会的"扬帆艺术课堂"就近邀请艺术机构教师定期前往支教，法国巴黎银行"DREAM UP"在四川省青神县主要支持县城学校教师定期下乡支教。更多艺术支教项目多为阶段性或利用寒暑假时间短期集中开展，如桂馨基金会的"馨艺术课堂"、北京尤伦斯艺术基金会支教项目等。

其中，与一般的支教项目不同，时代公益基金会的"田埂花开"项目是为数不多的以美育、体育为支教内容的长期支教项目。对于主要来源于高校应届毕业生的支教志愿者，时代基金会在招募阶段就有专业和特长的限制和要求——只接受音乐、美术、体育或相关专业的毕业生报名。志愿者在接受培训后，进入为期一年的支教生活，通常会承担所在乡村学校的大部分乃至全部美育类课程的教学工作与校园文化建设工作。在长期生活与工作在乡村学校的过程中，志愿者对乡村教育尤其是乡村学校美育具有更为直观与深刻的理解，并且在长期的教育和陪伴中与学生建立紧密的关系，对学生产生深远的积极影响。

由于互联网技术覆盖提供的便捷，远程支教项目也逐渐增多，覆盖面较广的是沪江网发起的"互+夏加儿网络艺术课"，通过CCTalk平台开展直播，截至2020年，已经完成400节课程。另外还有美克美家"艺术·家"企业社会责任项目"艺术启蒙"课程、为中国而教"远程艺术教育"项目、U来公益"在线支教"项目等都是邀请艺术专业的志愿者（校外艺术机构教师、艺术家、艺术专业大学生）参与支教。

4. 夏令营

夏令营也是乡村儿童集中获得丰富教育形式和美育资源的项目，多由艺术家、设计师或专业的艺术教师下乡带领，有的也重视城乡儿童的联谊和互动。2003 年发起的"蒲公英行动"是少儿美术教育专项课题，是教育部艺术教育委员会和中国美术家协会艺术委员会主办的"成就未来——少儿课外美术教育工程"的一个组成部分，旨在推动少数民族地区和边远贫困地区的艺术教育，并借此传承民间美术文化，帮助儿童了解植根本土文化的美术，在学习过程中形成基本的美术素养和对本民族文化艺术的感知能力。近年来一直坚持组织高校志愿者暑期深入项目地，开展学生夏令营暨教师工作坊，充分利用本土文化资源，改善乡村孩子对于当地非遗文化、民间美术的感受。本着"全员美育"的理念，邀请村小全体教职工与学生共同参与，激发更多人内在的美育潜能，也为学校美育活动培养骨干力量。武汉市武昌区种太阳社会发展与创新中心的夏令营主题工作坊为弥补乡村儿童在成长和发展阶段社会教育的缺失和多样性教育的严重不足，积极动员社会力量——如专业的音乐人、建筑师、艺术家、策展人等——作为专业导师，协同创造，共同参与设计、测试与优化主题工作坊内容，形成体验式和项目式学习方式的营地活动。湖南永州宁远县大元社每年暑期会在当地举行大元社青少年艺术节，夏令营的内容也会被这个任务所驱动。活动会邀请不同专业的艺术家分组带领，协同共创。北京新艺动社会工作发展中心发起的"影像桥"儿童美育创新公益性项目希望鼓励不同地域的儿童创作影像作品，并进行交流，以促进城乡儿童的连接。

5. 艺术家驻留计划

有的项目鼓励艺术家长期参与社会服务，结合自己的资源开展艺术家驻留计划。如：香港福幼基金会的艺术助养计划，邀请艺术家到学校带领项目并培训教师；北京尤伦斯艺术基金会发挥自身在当代艺术领域的资源优势，邀请一些知名艺术家在项目地驻留，并开展教学或教师培训工作。

6. 物料支持

美育课程需要丰富的物料支持，社会慈善力量通过物资捐赠提供了积极的支持，美育公益项目更多会结合教学内容做配套材料的提供。一部分项目也会注重对于乡村本土材料的运用，在降低成本的同时，更有效地探索出具有乡村地域特点的美育课程内容。一公斤盒子公益创新机构的"村童野绘"美育实验项目、北京尤伦斯艺术基金会"小小策展人"等主题艺术项目、广东省麦田教育基金会"彩虹口袋"项目都将内容做了产品化的设计。

7. 美育空间创设

许多机构在提供教育服务的同时，也着力通过空间改造与设施完善，为乡村美育提供硬件保障。例如：广东省时代公益基金会发起的时代中国"田埂花开"多功能艺术教室通过原创设计打造，在同一空间可灵活切换美术、音乐、舞蹈、合唱等功能模式，打破空间与传统课堂的局限，满足艺术教育的多种空间与物资需求，实现空间的多功能、多场景使用。多功能艺术教室内还配有钢琴、尤克里里、彩色画笔、画本等艺术课教学设备和物资，为艺术课的教学提供了极大的便利。此外，还有阳光未来艺术教育基金会的阳光未来艺术教室、芭莎公益慈善基金会"芭莎·课后一小时"的美育教室、北京市糖果儿童关爱中心面向留守儿童发起的"糖果计划"在乡村社区用集装箱搭建的美育空间、北京尤伦斯艺术基金会与中国扶贫基金会合作的"加油计划"贵州咸宁艺术空间等。

8. 社区美育陪伴

针对乡村留守儿童缺乏家庭美育、缺少优质艺术教育资源和公共艺术活动的问题，很多社区中心会选择艺术活动和课程来陪伴留守儿童。与在学校开展的艺术课程有很大不同，这些课程由于不受学校课时和空间的限制，更生活化和日常化，能够更多结合乡村社区的人文自然环境来开展活动。例如：廖冰兄基金会"艺术呼唤社区"项目，课程设计团队会与驻村社工一起去发现竹编、宗祠文化等社区资源，并研发成课程，交由社工完善并带领教学；榕树根儿童教育公益机构的"榕树根之家"以"无条件的爱与接纳"，让饱受原生家庭伤痛的孩子在这个自由的空间和艺术活动中获得情感与心灵的疗愈；湖南永州宁远县大元社儿童之家，通过举行多种艺术活动陪伴留守儿童，激发他们的内在力量；重庆市南川区山水乡愁自然中心的儿童空间一直以台湾花莲的"五味屋"为榜样，希望陪伴当地乡村的孩子获得更丰富的体验与能力成长，开展环保倡导、活力农耕、保护蜜蜂并建立蜜蜂博物馆等活动，提供不限于艺术教育的更广义的美育。

9. 美育倡导

美育项目因为有大量的创作作品产生，天然就具有传播性，所以很多项目会在一定范围用举办展览的方式来展示成果、传播儿童美育理念，让乡村儿童的表达在更大范围内被看见，鼓励更多资源参与、支持乡村儿童美育工作。展览不仅要让乡村学校的校长、教师、家长、社会公众理解美育不是锦上添花的技艺学习，而是关于儿童情感和审美的教育，也是促进儿童生命完整发展的重要组成部分。

10. 美育县域模式

新颁布的《关于全面加强和改进新时代学校美育工作的意见》，鼓励推进农村学校艺术教育实验县等综合改革实践政策，如果想获取可持续的美育项目影响力，就需要考虑整个县域的美育生态问题。友成企业家扶贫基金会"益教室"项目积极建立与地方政府的合作关系，以 P+1 综合艺术课程体系为支点，一方面向全体学生提供艺术普及公共课程，另一方面针对部分有艺术兴趣和天赋的孩子开展专业能力培养，以扶持在地教师成长为核心，以开展教师、学生测评为推动力，形成了一整套"益教室县域中小学艺术美育解决方案"，目前已在全国 9 个区县开展项目。浙江致朴公益基金会也一直在探索县域模式，整体构架不限于学校美育的工作，还拓展到社区，试图推动家庭和社会美育，四年来只在浙江省衢州市常山县做精耕。跟"益教室"不同的是，致朴基金会的县域模式是从抓艺术教师培训开始，自下而上做推动，逐渐获得了政府力量的关注、重视与支持，常山县也有计划将"儿童友好"发展为自己的一张名片。常山县的成果也激励了浙江丽水市的缙云县，这是一个原本就在教育创新领域较为活跃的县域，致朴公益基金会"一日之美"美育项目在该县几所学校的初步尝试，也让地方教育部门看到美育对乡村儿童个体生命发展的作用。因此，整个县小规模乡村校的教育改革也将从美育项目抓起，致朴公益基金会也将开始一个新的自上而下的县域模式探索。广东省时代公益基金会的"田埂花开"计划自 2021 年年中起也开启了县域合作模式的探索，以美育体育长期支教、校园环境改造、在地教师培训、美育成果展示平台搭建等多个切入点为抓手，整体提升县域内小学美育教育质量，形成示范效应。

尽管乡村儿童美育工作取得了一定的进展，但公益组织自身的发展也有一系列问题要面对。例如：项目资金不稳定，难以做长期的项目规划；公益组织团队的美育专业性有待提升；公益组织面临激活在地教师的巨大挑战；公益组织缺乏有效的连接、资源缺乏整合；等等。这就需要公益组织对乡村音体美教育的协同育人目标进一步明确，对工作的方向进一步聚焦，进一步丰富教育的方式方法，进一步完善科学、适宜的评价系统，为乡村儿童的全面素质教育、"五育并举"探索一条适切的道路。

四　发展乡村音体美教育的建议

乡村音体美教育是乡村素质教育的重要组成部分，也是义务教育均衡发展的重要一环，承载着人民群众对教育公平和优质教育的热切期盼。因此，如何基于更好地发展乡村音体美教育，在乡村构建"五育"融合的教育体系，实现立德树人的根本任务，是一个十分重要的问题。面向 2035 年，提出如下发展性建议。

（一）加强考核评价，重塑育人观念

针对乡村地区忽视音体美教育的问题，应加强民间宣传，学校可带领学生做艺术类、劳动类公益活动，积极宣传全方位协同育人对学生发展的意义，从而改变农村社会坚持的"智育独大"的普遍看法，提升除"智育"外其他四育在教育中的地位。教育主管部门可适当加大"五育"融合教育开展情况在学校评估和校长考核中的比重，让学校认识到教育是一个整体，认识到"五育"融合对健全人格发展的作用。

国家颁布的相关文件明确了音体美教育组织实施、质量监测和督导制度等要求，顶层设计框架已经具备，但一分部署需要九分落实，要真正调动各级政府落实文件精神的责任心和自觉力，还需采取有效措施加以监督。上级部门要加强对各级政府、各教育主管部门、各所学校落实音体美教育工作的教育督查，全面、真实地掌握实际情况，采取奖励和问责相结合的机制，实施常态化指导和督导相结合策略，使各级政府充分认识到落实上级文件的重要性，真抓实为，不敢不为，把督查整改情况纳入对政府部门、教育主管部门的综合评估之中，积极运用考核结果，奖励优秀先进，树立标杆示范。坚决杜绝"上有政策、下有对策"的消极应付。

同时，要加强校长岗位职责的落实。明确校长是学校落实音体美教育的第一责任人，强化校长培养德智体美全面发展的社会主义事业的建设者和接班人的使命意识。要强化校长对音体美课程的规划能力，加强对校长落实音体美教学的理念、措施的指导培训，使校长有能力积极策划学校音体美工作，不断发掘和利用校内、当地的资源开发好音体美课程。要加强校长对音体美专任教师的职业道德的培养，要通过加强政策理论学习、谈心谈话、调查研究等方式，鼓励和引导教师干一行爱一行精一行，尽心于专业教学，不断提高专业素质，以娴熟的教学技巧开展教学，让学生受益。要加强校长对音体美教学设施、资源的保障判断能力，减轻教师自制课件的资源短缺的压力，通过大量包含时代信息的、生动有趣的网络资源丰富课堂教学形式，切实提升教学质量。各级主管部门要把校长落实音体美工作的情况作为各级教育主管部门对校长职业能力绩效考核的重要依据，对于无心或无力于改变停滞不前的教学现状的校长要予以换岗。

（二）完善制度设计，缓解师资短缺

配足配齐音体美学科教师是音体美课程得以实施的必要条件。各级政府应该按照国家相关文件的规定，在根据师生比核算教师总量的基础上，按照开足开齐音体美学科课时的标准，细化音体美学科教师数量，形成"总量达标，学科足量"的配置格局，在编制上为音体美老师留出一定额度，保

证每年有新增编制。

同时，要在采取多重方式稳定教师队伍和提高教师教学水平上集思广益。首先，要事业留人，在职称评定、课时计算、奖励评估等方面一视同仁地对待各学科教师，坚决纠正"偏科"的不平等错误观念，要有导向地分学科进行评估评定，扶持薄弱学科，让音体美学科教师看到希望，根本性杜绝在各项评比评选中音体美学科"零入围"现象。其次，鼓励有音体美特长的教师兼任音体美课程，充分发挥教师擅长多学科教学优势，倡导教师一专多能，有意识地进行跨学科整合，围绕同一教学主题内容将不同学科的概念、内容和活动等整合在一起，让不同学科的认识论、方法论、价值观、情感态度等内容对学生产生潜移默化的影响。最后，可以通过"大学生顶岗实习"、代课教师聘用、城乡教师轮岗交流、教师走教等方式，为乡村音体美教师短缺解围；可以通过"特岗教师计划"，进一步补齐乡村义务教育均衡发展的师资短板；也可以加大投入、培养本土艺术人才，如江苏扬中市教育局每年会与相关艺术专业学校签订免费师范生培养协议，培养费用由本地教育局承担，这些艺术类师范生毕业后要按协议服务地方学校至少五年。

（三）加强教师教育，提高专业能力

在职前培养阶段，师范院校应该深化认识、挖掘潜能，加强音体美专业教师队伍建设，扩大音体美专业招生数量，重视教育目标修订、教育教学内容和方式改革，提高教育教学质量，满足乡村学校特别是乡村小规模学校对音体美专业教师的需要。通过设置音体美本科和研究生第二学位，引导素质潜能较好和有兴趣爱好的语数外等专业的学生辅修音体美专业，培养更多具有更高音体美专业素质的教师。[①]

针对乡村音体美教师专业素养不高的问题，需要当地教育部门加大对教师培训的投入，通过国培、专培、对口交流等方式提高教师的专业水平和教

---

① 郝文武：《论为振兴乡村教育着力培养更多具备音体美教学素质的全科型教师》，《教师教育研究》2020 年第 4 期。

学能力。在"国培计划"等教师培训项目实施中，一方面设置音体美紧缺薄弱学科教师专题培训项目，加大培训力度；另一方面针对乡村学校专职音体美教师较少、兼职教师较多等实际，可以启动"乡村学校兼职音体美教师能力提升计划"，整体提升乡村学校音体美教师专业水平和能力。学校本身也应重视教研的作用，利用学校间联合教研、建立学科教研基地、组建"学科共同体"、构建学科教研网络等形式，多组织开展集体教研活动，提升教师成长成就感。

（四）发挥区域优势，挖掘乡土资源

在现代文明发展的影响下，乡村地区的教育若是一味地学习城市教育的发展模式，只会导致乡村教育与乡村社会、乡村文化渐行渐远。在乡村，尽管没有城市丰富的社会文化场所的资源，但是乡村的自然环境、民间的物质文化遗产，如一栋老房子、一件旧物，里面都蕴含着与人有关的故事，是地域历史、文化的载体，博物馆化的教学可以在更广阔的空间进行。乡村也有自己的公共文化活动，民间艺术在节庆与礼俗中的使用、展示与演出，也是乡村音体美教育可用的资源。更可贵的是，拥有非物质文化遗产的手艺人就在身边，他们不一定都是大师级人物，但能让孩子体验到带着温度的手艺。因此，乡村学校应立足当地区域优势，因地制宜，充分利用乡土资源，开发地方性教材和校本课程，形成"一镇一主题""一校一基地"的教育特色。例如，在大别山区，许多中老年人都会"拉花底"的手工艺，教师便可以邀请这些老年人来学校进行教学辅导，将艺术课程与民间手工艺相结合，让"乡土艺术进校园"，开发出具有特色的课程，使课堂生动有趣，吸引更多的学生参与艺术活动，同时也可以增强乡村学生的自豪感，让学生融入课堂，使学生明白艺术并不是空中楼阁，自己与身边的人都可以是艺术家，实现"以艺育人"，引领"一育带全育"的融合育人之路。

（五）创新教学方式，提升教学质量

充分利用"互联网＋"，创新乡村学校音体美教育教学途径和方式。切

实贯彻执行国务院相关文件要求，加强音体美教育优质资源建设。一是组织优秀教师，大力开发中小学校音体美课程优质数字教育资源；二是建立音体美教育网络资源共享平台；三是鼓励和辅导教师用好中小学校音体美课程优质数字教育资源和多媒体远程教学设备，实现将优质音体美教育资源输送到偏远地区和乡村学校，让优质音体美教育资源惠及更多的乡村、更多学校和更多学生的目标。

（六）打通各维边界，促进各类资源的深度融合

通过音体美教育，探索"五育"融合的责任主体不仅仅在于学校，要实现"五育"并举、协同育人的局面，关键在打通各方面的边界，促进各类资源的深度融合。一方面要打通学校、社会、家庭之间的边界，形成学校、家长、社会"三位一体"协同育人。首先，要创新家校合作育人模式，如各校间建立家委会联盟，加强家校联系，有利于化解很多家校矛盾。其次，要发挥社会的力量，构建全社会协同育人的机制，如合力建设音体美实践活动基地等，在各类教育场馆、平台建设上花时间、花精力。另一方面要打破行政职能部门间的边界，推动体、教、文资源的深度融合。教育局、体育局、文化局可以开展合作，以提升学生综合素养为共同目标，实现协同管理，场地共建共享、赛事活动共同组织，将学生体育训练与品德培养、文化课程学习结合起来。

附　录

"十三五"期间乡村教育研究综述

（2015~2020）

21 世纪教育研究院

乡村教育作为教育现代化进程中的薄弱项，如何定位、发展一直是政策制定者、学术研究者关心的话题。乡村学校重建构想和理念均由来已久，并且与时代的变革保持着呼应，在研究问题的把握上、研究视域的转换上、研究方法的使用上逐渐走向精细化和丰富化。本文基于 CNKI（2015~2020）收录的文献，从"教育现代化、乡村振兴、乡村/农村教育、教师队伍建设、教育技术、信息化+教育均衡、农村/乡村学校、农村小规模学校/教学点、职业教育等"中依次选择术语组成一对"并含"关系的检索关键字进行检索，形成对"十三五"期间乡村教育的研究综述。

一　关于乡村教育现代化的研究

一是关于农村教育现代化的内涵研究。农村教育现代化的内涵，学术界主要以两种方式来界定。一是直接定义，凡勇昆、邬志辉对农村教育现代化的内涵进行了直接界定，他们从功能、区域结构方面考虑，认为农村教育现代化是社会现代化的一个重要构成部分，它的存在、发展和改革不仅能积极促进区域中各级、各类教育体系的整体进步，也构成了社会、政治、经济、文化走向现代化的重要因素。① 二是间接定义，学者们借用教育现代化的内涵来界定农村教育现代化，从教育现代化的过程、结果、内容、功能及特点等多个角度加以界定。

二是关于农村教育现代化的现状与困境研究。我国农村教育现代化不是一个整体向前推进的过程，它是参差不齐的。有的省区远远走在了教育现代化的前列，有的省区则远远落在后面。如果要客观地把握我国农村教育现代化进程，就不能一刀切，必须要分区域进行研究。因而，目前的研究也都是分区域的，农村教育现代化的发展也是多样化的。目前农村教育的研究，已不仅仅是从农村教育的内部寻找问题，更要将其放置在社会宏观背景下进行思考。也有学者将农村教育现代化的困境归纳为三个难题：隐性难题——认识问题，显性难题——资金问题，难中之难——队伍问题。

三是关于农村教育现代化的对策研究。学者对农村教育现代化的对策研究，主要针对农村教育现代化的现状和面临的困境展开，包含以下几种。有学者在考察了河北省农村教育现代化的状况后认为，推进农村现代化进程，一要搞好规划，二要进一步做好六个方面的工作：一是激活灵魂，推进教育思想现代化，二是放眼高远，推进教育事业发展水平现代化，三是夯实基础，推进办学条件现代化，四是丰富内涵，推进教学体系现代化，五是构筑高地，推进师资队伍现代化，六是追求精致，推进教育管理现代化。也有学者提出，要加强师资队伍建设与完善、合理配置人力物力资源、完善"以县为主"的教育投入体制、制定发展规划、构建评估指标体系，同时加强督导。

二 关于乡村振兴战略背景下农村职业教育发展研究

在大力实施乡村振兴战略的背景下，农村职业教育体系的模式必须适应乡村经济发展的大前提，只有这样才能真正把振兴乡村经济放在首要战略位置。国内学者主要就农业现代化发展、人力资本与农村经济增长关系、新型

---

① 凡勇昆、邬志辉：《农村教育现代化的解释逻辑和价值定位》，《教育科学研究》2015 年第 7 期。

职业农民的培养、精准扶贫要求、劳动力剩余的转化、互联网下的职业技术教育、城镇化的发展等方面对于职业技术教育如何在农村开展进行分析和探索，综合农村职业教育不同的研究方向，大致总结出以下几点。

徐晔以各个学科的基础知识和技能为基础，在对各个领域的农民进行调研后，做出了相对精准的定位，即从不同的角度、不同的方面对农民进行培养，这种教育培养模式可让农民学习到不同的知识和技能，即促进"新市民、新型农民、留守非农民、社区民众"的发展。① 何艳冰针对农村职业教育对精准扶贫的作用方面提出提高扶贫的针对性，使农民摆脱贫困、发家致富，同时指出，农村职业教育在精准扶贫方面也不是完美无缺的，仍有许多不足：仍有大部分人不愿意通过农村职业教育以提升自身素质；农村教育教学资源相比城市更少；农村教育机制也存在一些缺陷。② 冷静以湖北省为例，运用模型对农村地区进行了研究，同时进行了许多实证分析，这些分析结果表明农村的经济增长和人力资源的供给都与农村的职业技术教育有关，农村如果想获得更多更快的发展，农村教育，特别是农村的职业技术教育必须发挥其不可或缺的作用。③

三 关于农村小规模学校的研究

"农小校"是我国偏远农村地区特有的组织形式，也是农村地区义务教育的重要组成部分。据统计，2016 年，我国农村小学和教学点数量为247890 个，不足 100 人的小学和教学点 120538 个，其中镇区 12208 个，乡村 108330 个。在农村，不足 100 人的小学和教学点占比为 48.63%。④ 2018

---

① 徐晔：《新型城镇化进程中我国农村职业教育培养目标的定位》，《教育与职业》2016 年第23 期。
② 何艳冰：《精准扶贫要求下农村职业教育发展新路径》，《继续教育研究》2017 年第 3 期。
③ 冷静：《浅议职业教育、人力资本与农村经济增长的关系——以湖北省为例》，《太原城市职业技术学院学报》2018 年第 2 期。
④ 秦玉友、曾文婧：《新时代我国农村教育主要矛盾与战略抉择》，《中国教育学刊》2018 年第 8 期。

年《关于全面加强乡村小规模学校和乡镇寄宿制学校建设的指导意见》把"农小校"建设摆在发展的突出位置；同年，《关于全面深化新时代教师队伍建设改革的意见》指出："实施义务教育教师县管校聘及逐步扩大农村教师特岗计划规模、教师编制向'农小校'倾斜等"，此外，《乡村振兴战略规划（2018—2022 年）》颁布，指出"全面建成小康社会和全面建设社会主义现代化强国，最艰巨最繁重的任务在农村，最广泛最深厚的基础在农村，最大的潜力和后劲也在农村"，明确提出"全面改善贫困地区义务教育薄弱学校基本办学条件，提升乡村教育质量，建好建强乡村教师队伍"。文件中"义务教育薄弱学校"特指"农小校"及农村的"教学点"。2019 年《中国教育现代化2035》再次要求，"办好寄宿制学校，保留并办好必要的乡村小规模学校（含教学点），保障学生就近享有优质教育，防止学生因就学不便而辍学"。随着相关农村教育支持政策相继颁布落实，我国城乡教育质量差距逐渐缩小，但相比城市学校发展，"农小校"先天弱势依然突出，严重阻碍农村教育资源均衡配置和教育机会公平，制约乡村教育振兴发展。因此，新时期如何推动"农小校"内涵式跨越发展已成为乡村教育振兴所面临的首要问题。

关于"农小校"概念界定，目前国内尚未达成统一认识，比较形象的说法有"麻雀学校""迷你学校""空壳学校""一生一师学校"等，都基于在校师生人数多少来阐释"农小校"概念内涵，具体特征为点多面广、规模小、师生人数少等。纵观目前已有研究，"农小校"指乡镇以下小学及教学点，且学生人数低于 100 人。"农小校"是历史发展的必然结果，也与我国地理情况所契合，其存在价值是保障城乡教育机会均等，使适龄儿童普遍获得接受义务教育的权利，真正成为"人人家门口的学校"。"农小校""复式学校""教学点"共同特征体现在"小"字上，即学生和教师人数少、办学规模小、分布面广、多处于偏远农村地区。

我国学者对"农小校"背景的探讨主要从自然环境、经济结构、政策调整、社会发展、教育改革等方面进行。"农小校"发展与撤销一直是学界的争论话题，随着城乡一体化加快、乡村振兴战略实施、教育脱贫攻坚计划落地生根，"农小校"生命价值越发凸显。截至 2015 年，全国共有"农小校"（不足 100 人的小学和教学点）111420 个，占乡村学校总数的 55.7%。[1] "农小校"数量由少变多，究其原因是，随着"后撤点并校"时代的到来，适龄学生减少、人口分散、交通不便、班级规模缩小、教师供给不足等现实困境决定了"农小校"长期存在并不断发展。

现阶段，乡村振兴视域下"农小校"发展面临诸多困境，主要包括政策支持乏力、学校内涵发展潜力不足、师资队伍建设滞后等。诸多因素严重阻碍"农小校"发展，不利于城乡教育一体化和乡村振兴战略实施。我国学者为了提升"农小校"内涵建设，分别从宏观、中观、微观层面提出对策建议，主要围绕宏观政策部署与落实、"农小校"恢复及内涵建设、提高教师教学质量和专业化发展、借鉴国外成功经验做法等进行了有益的探索。因此，激活"农小校"内生力成为强化新时代农村师资队伍建设的着力点，政策支持引领、教师奠基发展、优质资源配置堪比"农小校"师资队伍建设的"三驾马车"，必须通过精准施策、综合治理、协同发力提升"农小校"内涵式跨越发展能力。[2]

四　关于我国乡村教师队伍建设的研究

乡村教育精准扶贫是精准扶贫发展的重要组成部分，是消除贫困代际的重要举措，其中加强乡村教师队伍建设是促进教育扶贫有序进行的重要保障。2015 年，国务院办公厅印发的《乡村教师支持计划（2015—2020 年）》强调："到 2020 年，要努力造就一支素质优良、甘于奉献、扎根乡村的教师队伍，为基本实现教育现代化提供坚强有力的师资保障。"建设好乡村教师队伍，有利于促进优秀人才向乡村学校流动，提升乡村教师的整体水平。

从政策研究来看，"十三五"以来，涉及乡村教师的政策文件不断出台，体现了乡村教师队伍建设的必要性、重要性和迫切性。"纵观近些年的

---

① 秦玉友：《农村小规模学校教育质量困境与破解思路》，《中国教育学刊》2010 年第 3 期。
② 苏鹏举、王海福：《乡村振兴视域下我国农村小规模学校研究现状与审思》，《汉江师范学院学报》2020 年第 5 期。

相关政策，乡村教师队伍建设主要集中于乡村教师的师德建设、补充渠道、生活待遇、编制标准等方面"。① "推动提高素质与保障待遇政策相结合，严格准入与优化结构政策相结合，规约性政策与鼓励性政策相结合"。② 还有的研究提出："乡村教育问题错综复杂，教育政策只有与实际问题相吻合了，才能有效实施"，"当前民族地区乡村教师队伍建设面临政策着力点从外援走向内生、内容转型从经济转向文化两个基本问题"。③ 从对问题的回应来看，教师招聘、待遇保障与激励、专业发展与支持方面的政策较多，教师培养方面的政策较少。从政策结果来看，教师招聘的效果最为显著，尤其是"特岗计划"的实施较好地解决了农村教师总量不足的问题，但非乡村教师的顶岗、交流及特岗教师的补充仅能起到短期作用，乡村教师队伍要保持长期、稳定的发展需要本土化的师资补充。在从完善保障到优质培养的整个过程中，支持政策应达到"标本同治"的目的。

从理论研究来看，不同学者结合其他学科的理论对乡村教师队伍建设进行了研究，从不同的角度解释了乡村教师队伍建设存在的矛盾和问题。而不同理论阐释的依据大体有两种方向：一种理论认为，要发展和改变乡村教育，必须努力稳定乡村教师，使他们真正"留下来"，在乡村扎根；另一种理论则认为，乡村教师作为一个完整的个体有实现自身追求的权利，即在追求乡村教师"下得去、留得住、教得好"的同时，也得有"发展"的相应追求。从需要层次来说，基本的生活物资保障是能保证乡村教师基本生存的基础，而教师个人的成长所需不应局限于物质，其职业能力和道德素养也是需要不断发展的。不同理论从多种角度对乡村教师队伍建设提供了新的解决路径。

关于乡村教师队伍建设问题的研究指出，"下不去、留不住、教不好"三个方面是乡村教师队伍建设存在的主要问题。具体体现在以下方面：经

① 王鉴、苏杭：《略论乡村教师队伍建设中的"标本兼治"政策》，《教师教育研究》2017 年第 1 期。

② 石连海、田晓苗：《我国乡村教师队伍建设政策的发展与创新》，《教育研究》2018 年第 9 期。

③ 任胜洪、李祥：《民族地区乡村教师队伍建设的文化维度》，《中国民族教育》2017 年第 11 期。

费缺乏，乡村教师发展需求与可用经费不成比例；乡村教师职业吸引力不强，导致部分地区教师输入情况不佳；乡村学校管理体制问题导致教师补充不畅；教育资源配置不足、教师学科结构不尽合理、教师整体素质不高；乡村学校编制存在超编缺人、缺少编制的情况；教师队伍年龄结构不合理，队伍建设出现断层；"乡村教师队伍建设中文化观念与本土不契合，教师队伍培育见效慢、内容同质化、吸引力不足"；教师对自身身份认同度不高；等等。

从乡村教师队伍建设研究的问题来看，相关文章应立足乡村环境进行讨论，其中教师对自身的接纳、认同是最需要解决的问题，且应达成多方位的共识，接纳乡村的发展现状和乡村教师的存在，并认同乡村教师的身份。因为只有实现政府的重视、社会其他成员的认同、乡村教师对自身的认可三方面的共识，才能营造乡村教师队伍建设的良好氛围。

乡村教师队伍建设的策略研究也是围绕"下得去、留得住、教得好"的主题有针对性地进行。要解决"下得去"的问题，有关部门需要完善乡村教师的补给通道，除了数量上的补充外，也要关注乡村输入师范生的职前培养问题，增加乡村教师的职业吸引力，即在城乡一体化建设的背景下，要有力地保障乡村教师物质方面的需求，使其消除后顾之忧，同时增强乡村教师的社会身份认同。此外，有关部门还要构建相应的激励机制。有研究指出："乡村教师在核心素养的培养中存在的问题在于培养采取普适化的教育模式，导致教师教育课程设置缺乏乡村特色、乡村教师核心素养积淀不足。"[①] "乡村教师应该主动地建立起地方性知识与自身教学的联系"。[②] 即相关教育部门要关注乡村教师自身的文化认同，使其树立扎根乡村的意识，同时要关注乡村教师的应然发展和现实需求的契合。而"教得好"要求提升乡村教师的专业素养、专业能力，即在"国培项目""区培项目"之下可结合各地乡村教师的需求对其进行相应的培训。

---

① 时伟：《乡村教师核心素养与教师教育课程重构》，《课程·教材·教法》2019 年第 3 期。
② 龚宝成：《乡村教师专业发展困境与疏解：地方性知识的视角》，《课程·教材·教法》2019 年第 3 期。

五　关于教育信息化促进城乡教育均衡发展的研究

国内在该领域的探讨主要集中在教育信息化促进城乡教育均衡发展的作用机理分析、实施策略探索与实践案例总结三个方面。从本质上看，这三个方面正好回应了该领域的三个基本问题，即教育信息化为什么能够促进城乡教育均衡发展，如何应用教育信息化促进城乡教育均衡发展以及应用教育信息化促进城乡教育均衡发展的效果如何。

教育信息化为什么能够促进城乡教育均衡发展，这并不是一个不证自明的命题，其科学性与合理性需要我们认真审视与仔细分析，为此，国内部分研究者针对该问题展开了探讨。城乡教育不均衡发展困境，集中体现为城乡学校教育资源配置不均衡，以及由此导致的城乡教育不公平。而信息技术能够突破时空的限制，能够实现信息的高速传递与充分共享，这就决定了教育信息化能够有效促进教育资源有效集成与充分共享，进而能够破解传统教育中的不公平问题。从教育资源均衡配置、城乡教育公平实现等方面分析教育信息化促进城乡教育均衡发展的作用机理，成为该领域研究的重要方向。

应用教育信息化促进城乡教育均衡发展是一个实践性的领域，实施策略探索是该领域研究的核心内容。国内研究者对实施策略的研究主要集中在加强面向城乡共享的区域教育信息资源建设、完善农村学校教育信息化基础设施、提高农村学校师资水平、创新区域教育体制机制等几个方面。[①]

不同地区在城乡教育非均衡化发展的表现与致因上大致相近。一个地区在应用教育信息化促进城乡教育均衡发展方面的成功做法与模式，对其他地区具有借鉴价值，部分研究者与实践者对已有成功案例进行了总结与剖析。例如，梁林梅等人以参与"视像中国"网络校际协作项目的学校为例，系统总结和分析了应用同步互动课堂促进农村学校整体发展的实践经验，指出

---

① 雷励华：《教育信息化促进城乡教育均衡发展的国内研究综述》，《电化教育研究》2019 年第 2 期。

要关注人的发展，填平城乡教育发展的"数字使用鸿沟"，同时，也要对相关制度进行系统设计。① 黄涛等人研究设计了同步互动混合课堂和同步互动专递课堂两种教学结构，并验证了这两种教学结构的使用效果。② 王继新团队通过在长白山片区、武陵山片区、幕阜山和大别山片区及乌蒙山片区的实践，总结提出了四种应用教育信息化促进城乡教育均衡发展的实践模式。③

① 梁林梅、陈圣日、许波：《以城乡同步互动课堂促进山区农村学校资源共享的个案研究——以"视像中国"项目为例》，《电化教育研究》2017 年第 3 期。
② 黄涛、田俊、吴璐璐：《信息技术助力农村教学点课堂教学结构创新与均衡发展实践》，《电化教育研究》2018 年第 5 期。
③ 王继新、张伟平：《信息化助力县域内教育优质均衡发展研究》，《中国电化教育》2018 年第 2 期。

乡村教育大事记（2016～2020）[*]

2016年

1月27日，中共中央、国务院出台《关于落实发展新理念加快农业现代化实现全面小康目标的若干意见》（以下简称《意见》），《意见》提出，建立城乡统一、重在农村的义务教育经费保障机制，全面改善贫困地区义务教育薄弱学校基本办学条件，贫困地区定向招生计划将覆盖所有民族自治县，改善农村学校寄宿条件，办好乡村小规模学校，推进学校标准化建设，加快发展农村学前教育，坚持公办民办并举，扩大农村普惠性学前教育资源。

2月4日，国务院印发《关于加强农村留守儿童关爱保护工作的意见》（国发〔2016〕13号），对于农村留守儿童关爱保护工作的责任认定和系统安排提出明确要求，尤其强化家庭监护主体责任，依法提出加强家庭监护监督指导的政策措施，对于厘清家庭和政府的责任，督促外出务工父母依法履行监护职责，具有强烈的现实针对性。国务院出台的意见是国家层面的有关留守儿童关爱工作责权利的制度性安排，引发全国"两会"代表、委员热议。

2月5日，教育部印发《教育部2016年工作要点》（教政法〔2016〕6号），指出要全面实施《乡村教师支持计划（2015—2020年）》，优化乡村教师资源配置，落实集中连片特困地区乡村教师生活补助政策；推动地方落

---

* 资料整理：王依杉，21世纪教育研究院助理研究员。

实城乡统一的中小学教职工编制标准，国培计划集中支持中西部乡村教师校长培训；全面改善贫困地区义务教育薄弱学校基本办学条件，改善农村学校寄宿条件，办好乡村小规模学校；建立城乡统一、重在农村的义务教育经费保障机制，加快实施教育扶贫工程，让贫困家庭子女都能接受公平有质量的教育。

6月15日，国务院办公厅下发《关于加快中西部教育发展的指导意见》（国办发〔2016〕37号）（以下简称《意见》），《意见》将实现县域内义务教育均衡发展、保障教学点基本办学需求、标准化建设寄宿制学校、全面加强乡村教师队伍建设、加快改善乡村高中办学条件等内容作为重点发展任务，将中西部教育置于全国教育总体格局中谋划设计，统筹中西部教育与经济社会协调发展，为全面提升中西部教育发展水平，为促进中西部地区经济社会发展、缩小中西部地区与东部地区差距提供人才支撑。

7月11日，国务院印发《关于统筹推进县域内城乡义务教育一体化改革发展的若干意见》（国发〔2016〕40号），为适应全面建成小康社会需要，合理规划城乡义务教育学校布局建设，完善城乡义务教育经费保障机制，统筹城乡教育资源配置，向乡村和城乡接合部倾斜，大力提高乡村教育质量，适度稳定乡村生源，增加城镇义务教育学位和乡镇学校寄宿床位，推进城镇义务教育公共服务常住人口全覆盖，着力解决"乡村弱"和"城镇挤"问题，巩固和均衡发展九年义务教育，加快缩小县域内城乡教育差距。

2017年

1月10日，国务院印发《国家教育事业发展"十三五"规划》（以下简称《规划》），《规划》中提到，将进一步缩小城乡、区域、学校之间差距，通过加强农村学校布局规划、加强乡村教师队伍建设，全面推进教育精准扶贫、精准脱贫，逐步建成覆盖城乡、更加均衡的基本公共教育服务体系，进一步完善贫困县的教育扶持政策，让贫困家庭子女都能接受公平而有质量的教育。

4月17日，教育部等四部门印发《关于实施第三期学前教育行动计划的意见》（教基〔2017〕3 号）（以下简称《意见》），《意见》提到，将加快集中连片贫困地区乡村幼儿园建设，支持地方通过多种方式为农村和边远贫困地区培养补充合格的幼儿园教师，发挥乡镇中心幼儿园的辐射作用，加强对农村学前教育的业务指导，探索农村乡镇幼儿园和村幼儿园一体化管理，整体提升农村幼儿园教育质量。

7 月 28 日，国务院办公厅发布《关于进一步加强控辍保学提高义务教育巩固水平的通知》（国办发〔2017〕72 号）（以下简称《通知》），《通知》指出：提升农村学校教育质量，全面提高农村学校管理水平，强化对农村学校教育教学工作的研究和指导，鼓励教研员采取蹲点等形式帮助农村学校提高教学质量；加快特色而有质量的乡村小规模学校建设，完善对中心学校和乡村小规模学校一体化办学的评价标准和考核机制；落实乡村教师支持计划，提高乡村教师生活待遇；改善乡村学校办学条件，强化地方政府责任，优化财政支出结构，对贫困等财力薄弱地区，要加大倾斜支持力度。

8 月 28 日，据教育部统计，按照《政府工作报告》"继续扩大重点高校面向贫困地区农村招生规模"的部署，教育部会同各地各有关部门进一步完善国家、地方和高校专项计划招生政策，形成保障农村和贫困地区学生上重点高校的长效机制，2017 年三个专项计划共录取农村和贫困地区学生 10 万人，较 2016 年增加 8500 人，增长 9.3%。

12 月 14 日，国务院教育督导委员会办公室印发《加快中西部教育发展工作督导评估监测办法》（国教督办〔2017〕10 号），督导评估监测的主要内容包括：保障教学点基本办学需求、标准化建设寄宿制学校、全面加强乡村教师队伍建设；加快普及高中阶段教育，办好乡村高中；积极发展农村学前教育。

2018 年

1 月 20 日，中共中央、国务院出台《关于全面深化新时代教师队伍建设改革的意见》（以下简称《意见》），《意见》提出从加大乡村中小学教师培训力度，倾斜编制向乡村小规模学校，推动城镇优秀教师向乡村学校、薄弱学校流动，大力提升乡村教师待遇，全面落实集中连片特困地区乡村教师生活补助政策等多方面加强乡村教师队伍的建设。

1月24日，教育部、国务院扶贫办印发《深度贫困地区教育脱贫攻坚实施方案（2018—2020年）》（以下简称《方案》），《方案》中提出：统筹推进县域内城乡义务教育一体化改革发展，着力解决"三区三州"义务教育"乡村弱、城镇挤"问题，全面改善贫困地区义务教育薄弱学校；深入实施乡村教师支持计划，落实好连片特困地区乡村教师生活补助政策，逐步提高补助标准，自主扩大实施范围，稳定和吸引优秀人才长期在乡村学校任教。

8月27日，国务院办公厅发布《关于进一步调整优化结构提高教育经费使用效益的意见》（国办发〔2018〕82号），全面加强乡村小规模学校和乡镇寄宿制学校建设，推动建立以城带乡、整体推进、城乡一体、均衡发展的义务教育发展机制，严格按照现行政策规定落实乡村教师生活补助政策，及时足额发放艰苦边远地区津贴，加强教师周转房建设，提高乡村教师工作生活保障水平，引导优秀教师到农村任教。

9月26日，中共中央、国务院印发《乡村振兴战略规划（2018—2022年）》（以下简称《规划》），《规划》提出，要增加农村公共服务供给，优先发展农村教育事业，统筹规划布局农村基础教育学校，全面改善贫困地区义务教育薄弱学校基本办学条件，推动优质学校辐射农村薄弱学校常态化，推进乡村学校信息化基础设施建设，落实好乡村教师支持计划，落实乡村教师生活补助政策，建好建强乡村教师队伍等重要发展目标。

12月12日，《中国青年报》刊发的《这块屏幕可能改变命运》（原题为《教育的水平线》）一文引发了社会各界人士的广泛关注，在民间开展了关于在线教育对我国贫困地区教育影响的持续探讨，随后，教育部、地方官员也对关于教育信息化与教育公平的讨论做出回应，指出教育信息化这项工作还在路上，还需要继续下更大的力气。

12月29日，教育部印发《高等学校乡村振兴科技创新行动计划（2018—2022年）》（教技〔2018〕15号），加快构建高校支撑乡村振兴的科技创新体系，全面提升高校乡村振兴领域人才培养、科学研究、社会服务、文化传承创新和国际交流合作能力，使高校成为乡村振兴战略科技创新和成果供给的重要力量、高层次人才培养集聚的高地、体制机制改革的试验田、政策咨询研究的高端智库，为我国乡村振兴提供战略支撑。

2019年

2月27日，教育部办公厅印发《关于打赢脱贫攻坚战进一步做好农村义务教育有关工作的通知》（教基厅函〔2019〕10号），要求各地以县为单位制订完善农村义务教育学校布局专项规划，特别是乡村小规模学校和乡镇寄宿制学校规划工作，修订完善乡村小规模学校、乡镇寄宿制学校基本办学标准，制订两类学校教职工编制具体核定标准和实施办法，实事求是确定建设项目和内容，加快达标两类学校建设。

3月21日，教育部发布《关于实施全国中小学教师信息技术应用能力提升工程2.0的意见》，指出要缩小城乡教师应用能力差距，促进教育均衡发展，以"三区三州"等深度贫困地区、老少边穷地区为重点，国家示范、地方为主，整合资源、协同推进，因地制宜开展贫困地区乡村教师信息化教学示范培训，探索名师网络课堂和远程协同教研相结合的"双师教学"模式培训改革，提高乡村教师信息技术应用能力，推动乡村教育现代化。

3月29日，教育部办公厅印发《关于开展中西部乡村中小学首席教师岗位计划试点工作的通知》（教师厅函〔2019〕5号），决定启动实施中西部乡村中小学首席教师岗位计划，河南、安徽、陕西、甘肃为首批试点省份，四地省教育厅陆续公布了乡村中小学首席教师实施方案，并确定了22个试点地市名单。

8月21日，教育部办公厅、国家发展改革委办公厅、财政部办公厅发布《关于编制义务教育薄弱环节改善与能力提升工作项目规划（2019—2020年）的通知》（以下简称《通知》），《通知》要求：要科学合理设置乡镇寄宿制学校和乡村小规模学校，基本补齐两类学校短板；推进农村学校教育信息化建设，实现农村义务教育学校网络教学环境全覆盖；小规模学校应为规划长期保留的乡村学校。

11月29日，教育部发布《关于加强和改进新时代基础教育教研工作的意见》，其中指出，创新教研工作方式，建立教研员乡村学校、薄弱学校联系点制度，组织教研员到农村、贫困、民族、边远地区学校和薄弱学校持续开展教学指导，帮助乡村学校和薄弱学校提升教育教学质量。

12月4日至5日，农业农村部科技教育司、教育部职业教育和成人教育司召开"百万高素质农民学历提升行动计划"推进会。会议强调，打造涵盖中高等职业院校、涉农高校、科研院所、农业广播电视学校和县级职教中心等多方资源的100所人才培养优质校，显著提升涉农职业院校培养高素质农业农村人才的质量水平，基本形成遵循乡村振兴带头人成才规律和学习特点的涉农职业教育选才、育才、用才政策机制，为乡村振兴战略提供人才支撑。

2020年

2月5日，中共中央、国务院印发《关于抓好"三农"领域重点工作确保如期实现全面小康的意见》（以下简称《意见》），《意见》指出：提升农村基本公共服务水平，提高农村教育质量，加强乡村教师队伍建设，全面推行义务教育阶段教师"县管校聘"，继续改善乡镇寄宿制学校办学条件，保留并办好必要的乡村小规模学校，在县城和中心镇新建改扩建一批高中和中等职业学校，完善农村特殊教育保障机制，推进县域内义务教育学校校长教师交流轮岗，支持建设城乡学校共同体。

2月12日，教育部回应在疫情之下，为保障农村地区学生也能实现"停课不停学"，从2月17日开始，中国教育电视台第四频道将通过直播卫星平台向全国用户提供有关课程学习资源，覆盖偏远贫困农村地区，特别是网络信号比较弱和有线电视没有通达的地区，解决这些地区学生的学习问题。同时，要求各地各校逐一排查学生在线学习条件上存在的实际困难，建立精准帮扶机制，以学校为单位"一人一策"做好关心关爱帮助工作，确保"一个都不能掉队"。

3月16日，教育部发布《关于加强"三个课堂"应用的指导意见》（教科技〔2020〕3号），指出：要统筹多方资源，全力补齐农村薄弱学校和教学点在"三个课堂"硬件设施与软件资源等方面的短板，引导地方加强对农村、边远、贫困、民族地区"三个课堂"建设与应用的经费投入；到2022年，全面实现"三个课堂"在广大中小学校的常态化按需应用，建立健全利用信息化手段扩大优质教育资源覆盖面的有效机制，开不齐开不足开不好课的问题得到根本改变。

6月23日，中共中央、国务院出台《关于深化教育教学改革全面提高义务教育质量的意见》，其中提出多项改善和发展乡村教育的重要内容。如：推进义务教育薄弱环节改善与能力提升，重点加强乡村小规模学校和乡镇寄宿制学校建设，打造"乡村温馨校园"；落实乡村教师乡镇工作补贴、集中连片特困地区生活补助和艰苦边远地区津贴；加强乡村学校教师周转宿舍建设；实施乡村优秀青年教师培养奖励计划等。

7月31日，教育部、中组部、中编办、国家发展改革委、财政部和人社部六部门发布《关于加强新时代乡村教师队伍建设的意见》（教师〔2020〕5号）（以下简称《意见》），《意见》提出，要提高乡村教师地位待遇，让乡村教师享有应有的社会声望，职称评聘向乡村教师倾斜，允许乡村小学教师按照所教学科评聘职称，适当提高中小学中高级岗位结构比例，鼓励地方探索建立教职工编制"周转池"制度，挖潜乡村教师编制配备，确保乡村教师平均工资收入水平不低于或高于当地公务员平均工资收入水平。

9月，据财政部消息，"十三五"时期中央财政共安排700亿元，支持和引导地方加强乡村教师队伍建设，提升教育教学质量。"十四五"时期，中央财政将进一步巩固完善相关政策措施，优化经费投入结构，支持和引导地方继续把教师队伍建设作为教育投入重点予以优先保障，不断提升乡村教师队伍素质。

9月17日，教育部"民族地区'智能教育试验区试验校'建设工作落实会"召开，会议公布了教育部首批"民族地区'智能教育试验区试验校'"名单，首批共有 22 个试验区、121 所学校参加，通过打造智慧教育云平台，让城区优质教育惠及农村偏远学校。

10 月 15 日，中共中央办公厅、国务院办公厅印发《关于全面加强和改进新时代学校体育工作的意见》和《关于全面加强和改进新时代学校美育工作的意见》（以下简称《意见》）。《意见》中提到：各地要加强乡村学校美育教师培养，通过乡村教师公费定向培养项目，培养能够承担美育教学的全科教师；鼓励开展对乡村学校各学科在职教师的美育培训，推进农村学校艺术教育实验县等综合改革实践，建立校际教师共享和城乡学校"手拉手"帮扶机制；健全面向人人的学校美育育人机制，缩小城乡差距和校际差距，让所有在校学生都享有接受美育的机会。

12 月 12 日，中宣部决定授予云南省丽江市华坪女子高级中学党支部书记、校长张桂梅"时代楷模"称号，以表彰她用知识改变贫困山区女孩命运、用教育阻断贫困代际传递的先进事迹。

图书在版编目（CIP）数据

中国乡村教育发展报告 . 2021 / 黄胜利主编 . -- 北京：社会科学文献出版社，2021.10

（乡村教育新观察）

ISBN 978 - 7 - 5201 - 9051 - 0

Ⅰ.①中…　Ⅱ.①黄…　Ⅲ.①乡村教育 - 研究报告 - 中国 - 2021　Ⅳ.①G725

中国版本图书馆 CIP 数据核字（2021）第 187526 号

乡村教育新观察

中国乡村教育发展报告（2021）

主　　编／黄胜利

副 主 编／刘胡权　赵宏智　李成越

出 版 人／王利民
责任编辑／桂　芳
责任印制／王京美

出　　版／社会科学文献出版社·皮书出版分社（010）59367127
　　　　　地址：北京市北三环中路甲 29 号院华龙大厦　邮编：100029
　　　　　网址：www. ssap. com. cn
发　　行／市场营销中心（010）59367081　59367083
印　　装／三河市龙林印务有限公司

规　　格／开 本：787mm × 1092mm　1/16
　　　　　印 张：17.25　字 数：255 千字
版　　次／2021 年 10 月第 1 版　2021 年 10 月第 1 次印刷
书　　号／ISBN 978 - 7 - 5201 - 9051 - 0
定　　价／128.00 元